一部西方文学史的通俗入门书

西方文学简史

梳理西方文学的发展历程 解读各个时期的经典作家及作品

文聘元◎著

莎士比亚	雨果	拜伦	雪莱	托尔斯泰
（1564—1616）	（1802—1885）	（1788—1824）	（1792—1822）	（1828—1910）

江西美术出版社
JIANGXI FINE ARTS PUBLISHING HOUSE

图书在版编目（CIP）数据

西方文学简史 / 文聘元著 . -- 南昌 : 江西美术出版社 , 2019. 5

ISBN 978-7-5480-5300-2

Ⅰ . ①西… Ⅱ . ①文… Ⅲ . ①外国文学－文学史 Ⅳ . ① I109

中国版本图书馆 CIP 数据核字 (2018) 第 277507 号

出 品 人：周建森
企　　划：北京江美长风文化传播有限公司
策　　划：北京兴盛乐书刊发行有限责任公司
责任编辑：楚天顺　李小勇
版式设计：尹清悦
责任印制：谭　勋

西方文学简史

作　　者：文聘元

出　　版：江西美术出版社
社　　址：南昌市子安路 66 号江美大厦
网　　址：http：//www.jxfinearts.com
电子信箱：jxms@jxfinearts.com
电　　话：010-82293750　　0791-86566124
邮　　编：330025
经　　销：全国新华书店
印　　刷：固安县保利达印务有限公司
版　　次：2019 年 5 月第 1 版
印　　次：2019 年 5 月第 1 次印刷
开　　本：710mm × 960mm　1/16
印　　张：17
I S B N：978-7-5480-5300-2
定　　价：42.80 元

前言

Preface

我从小是个文学爱好者，小学的时候就写了第一首诗歌，歌颂了曼德拉和非洲人民为自由进行的奋斗。为什么要写呢？因为老师布置了一篇作文，说内容随意，而我恰好从广播中听说了当时在非洲发生的那些事儿，受到了感动，想要表达一下心中的情感，便写下了一首诗歌。

就这样，从小学开始，到初中、高中、大学、硕士、博士，直到现在，我从来没有中断过文学写作，写下了许多的诗歌、散文和小说，当然主要是小说，长篇的就有好几部，总字数有几百万吧。其中还包括一部史诗，想象了神秘的三星堆文明的起源与消失。这些作品如今正静静地躺在抽屉里。也许有一天它们会印成铅字，也许永远不会。

但我并不后悔，更不会觉得自己浪费了时间。

为什么呢？因为我写下这些文学作品，只有一个目的，就是为了表达心中的某种情感，或者说冲动。

如果说画家绘画是通过图像表达情感与冲动的话，那么文学家则是通过文字来表达这种情感与冲动。两者实质上是异曲而同工的，所以都可以称为艺术。也正因为如此，我们经常将文学与艺术合在一起来说。

什么是“文学艺术”？它有两个含义，一是文学和艺术，二是文学也是一种艺术。

艺术之为艺术的本质是什么？是情感，这是它与哲学和科学不同的地方。真正的文学是为了表达一种内在的情感，更精确地说，是一种强烈的情感，即冲动。

简言之，哲学与科学都是对世界的解释，角度不同罢了。而为了准确地表达对世界的解释，哲学与科学都需要克制情感，力图理性而客观地进行表达。

艺术，无论是图像的艺术还是文字的艺术则不一样，它表达了人自身的一种情感，这种情感当然也是来自这个世界的，但它不是对这个世界客观的、理性的思考，而是一种主观的体验。当这种体验达到某种强度之时，我们就产生了情感，而当这种情感进一步地达到了某种更高的强度时，我们就有了一种冲动，想要将这种情感与冲动通过图像或者文字表达出来。这时候就产生了艺术。

这种情感是非常非常古老的，可以说是当猿进化成为人之后就产生了，所以同时也就产生了想要通过某种方式来表达这种情感的需要。于是，早在万年之前，还生活在岩洞里的人们就在洞壁上画下了许多动物。

为什么要画下它们？因为人们为了获得动物的肉用以食用而展开惊险的搏斗，感动了史前的人们，使他们产生了强烈的情感。而这时候他们还没有文字，所以只能通过绘画来表达。

人类如此，个体的人也是如此。

很多人在年轻的时候，或多或少对绘画和文学产生过爱好。例如小孩子，他们为什么喜欢在墙壁上乱写乱画？这种幼稚的涂鸦本质上和原始人的岩画是一样的，都是想要表达心中的某种情感。而当他们稍稍长大、学会了用文字来表达后，就会写一些文学作品了，即使不会写，也会去读一些。一开始是漫画和连环画，然后是纯文字的童话，最后就是诗歌与小说这种成熟的文学形式了。这就是诗人与作家的起源，也是诗歌与小说的起源。无论中国最古老的诗歌《诗经》《离骚》，还是西方最古老的诗歌《伊利亚特》与《奥德赛》，无不如此。

从上面这个例子，我们可以看出中国与西方文学之间一个很有意思的区别，即中国与西方早期的文学特征是一致的，都是以诗歌为主要的文学形式。但到了后来就慢慢地变化了，走上了不同的道路：西方不但诗歌依旧发达，还出现了小说，并且小说逐渐地代替诗歌，成为主要的文学形式或者说体裁。而中国则在很长一段时间内没有变化，虽然早在唐朝就有了小说，但却一直是“小”的，文学之大者依旧是诗歌。

这种格局直到明清之际才有所改变。

中国很早以前就有了原始的戏剧，例如《史记·滑稽列传》中所记载的优孟等就像最早的演员。但这些可算不上是真正的戏剧。而古希腊则早在公元前6世纪就出现了埃斯库罗斯这样伟大的悲剧作家了。中国有名的戏剧家则到元代才出现，比如13世纪的关汉卿。

西方的文学不但形式多样，诗歌、小说、戏剧等都很发达，而且内容也极为丰富，个中的伟大文学家与文学作品可谓汗牛充栋、车载斗量，令人眼花缭乱。

这时候就产生了两个问题：

一是要通读所有这些西方文学千年以来的巨作几乎是不可能的，即使对于专业的文学研究者也不可能，何况广大普通读者，更是遥不可及。

二是西方文学史中的许多作品是大部头的，例如托尔斯泰四大卷的《战争与和平》；或者说虽然篇幅不大，但并不那么容易读懂，例如古希腊的悲剧。一般的文学爱好者很难把这些作品从头读到尾。

但与此同时，我们又想了解西方文学，了解那些文学巨作的优美动人之处。那么，如何尽快而有效地了解西方文学的精华与精彩呢？为此，我撰写了本书——《西方文学简史》。

这本书有两个特点：

一是内容经过了精心选择。

我从灿若繁星的西方文学中选择了那些伟大、非常值得我们阅读的作品。

二是形式经过了精心改造。

这些我所选择的西方文学巨作基本上都是大部头的，一部就是一本或者几本书，倘若只是原文节选，那只能从其中选择极少的一部分才行，这样既不可能了解其全貌，也不可能了解它的整体美。

所以我在这里采取了这样的方式：将整部作品进行浓缩，根据具体情形浓缩成原著的若干分之一，即用简洁的语言述说整部作品的内容。同时，当原著中有特别精彩的对话或者情节的时候，则原文引用。

如此一来，既可以使我们了解整部作品的全貌，又使我们能读到其中的精彩文字，让我们对西方文学有一个精准的了解：既了解她整体的优美，又了解她细微的精妙。

最后，我诚恳地邀请、热烈地欢迎读者朋友们批评、指正！以在未来的新版中改正。

文聘元

2018年9月4日于海甸岛

目录

Contents

第一章 古希腊神话

西方文学的萌芽是古希腊神话。

我们大都听说过许多古希腊神话故事，如特洛伊战争、金羊毛的故事、俄狄浦斯弑父娶母等等，这些故事有一个完整的系列，最早从天地的起源开始。

该亚——古希腊第一个神

传说在很早很早以前，天地间本来是一个空壳子，后来不知历经了几世几劫，渐渐地在其中有了一个东西，名叫“混沌”，它像一个鸡蛋，在茫茫宇空中慢慢孵化。一天终于有个东西破壳而出，它就是古希腊的第一个神——该亚。

这个该亚就是大地母亲，正是她诞下了我们极目所见的世界万物。她首先生下的是儿子乌拉诺斯，由于这个世界尚无别的男人，该亚便嫁了自己的儿子，共效鱼水之欢。与该亚的地母身份相对，乌拉诺斯则是天父。

他们生了许多的孩子，先是三个妖怪，例如有五十个头、一百条胳膊。此后又生了十二个孩子，儿女各一半。这十二个孩子都长得漂亮而且身材巨大，被称为提坦神族。

虽然如此，他们的父亲却恨他们，等孩子们一生下来就关进地底，该亚既伤心又生气，决心奋起反抗。

她找了最小的儿子克洛诺斯，制定了复仇大计。某天夜色朦胧，乌拉诺斯像往常一样走进妻子的卧房，宽衣解带，赤条条地走向在香榻上横卧、一丝不挂的妻子，克洛诺斯突然打暗处冲过来，一刀把他的“那话儿”割来了下来，乌拉诺斯就这样稀里糊涂地变成“宦官”了。

他痛苦得大吼，漆黑的血淌向大地，立刻化成了一些怪物，例如复仇女神乎里埃，还有巨人族，一帮身体像山一般巨大的怪物。最有趣的是他“那话儿”。它被割下来后掉到了海上，它漂呀漂，一直漂到塞浦路斯岛附近，在那里化成了一片雪白的泡沫，在泡沫之上慢慢浮起了一个绝色美女，有闭月羞花之貌、沉鱼落雁之容，就是爱与美之神阿佛洛狄忒。

失去了“那话儿”的乌拉诺斯再也没有力量控制有“那话儿”的强壮的儿子们了，克洛诺斯便将他的兄弟们释放出来，不过只释放了十一个健美的提坦，没有理睬那三个百臂独眼的妖怪兄弟。此后，以克洛诺斯为首建立起了第二代“神朝”。

克洛诺斯——第二代众神之王

克洛诺斯上台后，娶了姐姐瑞亚，父亲的下场令他感到自己也有可能面临同样的危机。于是，每当瑞亚生下儿子，他便一口吞到自己的肚子里。

瑞亚很伤心，就在生第六个孩子前，预先躲开了，来到克里特岛，在一个山洞里产下了孩子。

这个孩子名叫宙斯，他长大后，十分孔武有力，也很机灵。他有一次去见自己的父亲，说他有一副灵丹妙药，吃了后对身体大有好处。克洛诺斯天真地相信了这个陌生的年轻人，一口将那副“灵丹妙药”吞了下去，就像吞自己的孩子们一样。但一会儿之后他就感到一阵恶心，口一张，哇的一声，把肚子里五个活生生的孩子吐了出来，他们一出来便一拥而上，把父亲制服了。

从此便开始了以宙斯为首的“神朝”第三代。

宙斯——第三代众神之王

宙斯虽然当上了神王，但位子并不稳固，首先是原来当政的克洛诺斯的众提坦兄弟向宙斯所住的奥林匹斯山大举进攻，宙斯抵挡不住，万般无奈之下，只得从地牢里放出了一直被关押着的三个独眼百臂怪，这样宙斯一下子势力大增，战事也空前猛烈起来。宙斯不停地打雷放闪电，提坦们也到处煽风点火，翻江倒海。

经过十年苦战，宙斯获得了最后的胜利。提坦们被打下地狱，囚在一个暗无天日的地洞里。

并非所有的提坦都反对宙斯，也有一小部分同宙斯站在一边或者保持中立，以后他们还将扮演一些重要的角色。

打败提坦们后，宙斯接着又打败了前来寻仇的由乌拉诺斯的血化成的巨人族。

经过这两场血腥的神界大战后，宙斯方才坐稳了宝座，开始了对神界的大规模治理整顿。

在这个神的国度里，众神各有职务，有的是“国防部长”，有的是“交通部长”，如此等等，共有十二位主神，还有无数的小神，我们试举几例。

高高在上，居于统治地位的是宙斯。他是众神之王，手握雷电巨盾，决定着一切神与人的命运，并且像帝王一样给诸神委派职司。

首先，他和他的两个兄弟波塞冬和哈得斯分别统治天空、大地、海洋与阴间。宙斯自己统治最好的一部分——天空与大地，波塞冬统治海洋，哈得斯统治阴间。

他的妻子也是他的妹妹，名叫赫拉，她是天后，就地位来说仅次于丈夫，是婚姻和妇女们的保护神。

爱神——阿佛洛狄忒

阿佛洛狄忒是爱神，她是女神中最美丽也最放荡的，嫁给了长得最丑的神。关于她的身世有些复杂，我们前面说过，她是乌拉诺斯的“那话儿”掉到海里变出来的，但也有说法称她是宙斯的私生女。她的职责顾名思义应当是掌管爱情，但实际上不是这样，真正管爱情的是她那个儿子丘比特。他有两种箭，一种是金子做的，他要是用这个来射人呢，这人就会产生爱情；还有一种是用铅做的，他要是用来射谁呢，谁就会弃绝爱情。

智慧女神——雅典娜

古希腊神话中还有一个重要的女神雅典娜。

她是最受人尊敬的女神，是从父亲宙斯的头里身披银光闪闪的铠甲跳将出来的，伟大的雅典城就是以她的名字来命名的，这里面有一个故事。

据说雅典初建时并没有名字，后来打算以一个神的名字来命名，这个神也将成为雅典的保护神。许多神都来抢这个美差。经过一番争夺，最后剩下雅典娜和海神波塞冬。两人决定各自为雅典人献上一件礼物，看谁的礼物对雅典更有用，谁就是优胜者。

只见波塞冬用他的三叉戟在大地一顿，刹那间在人们眼前冒出了一匹马，扬蹄吐气，神俊无比。波塞冬为他这件威力无比的礼物而扬扬得意，雅典娜却不客气地告诉他：他这个礼物只会给雅典人带来战争与灾难，哪有什么好处？说罢她把自己给雅典人的礼物拿了出来：一棵绿油油的橄榄树。它全身都是宝，例如它的果实能榨油，油对人们生活的重要性不言而喻。

这样雅典娜便赢得了竞赛，城市也因她的名字命名，称为“雅典”。

太阳神——阿波罗

雅典娜之后，另一个重要的神是她的兄弟——太阳神阿波罗。

阿波罗也是古希腊人最崇拜的神之一，他是宙斯的儿子，在所有神当中权力仅次于宙斯，当他闪耀着万丈金光的身影一出现，诸神甚至要发起抖来。

关于阿波罗最有名的传说是他同达芙妮悲惨的单相思故事。据说阿波罗爱上了达芙妮，于是天天像哈巴狗一样跟在她后面，不停地赞美她的美貌。她确实很美，不但美，而且贞洁无比，所以心中压根儿没有爱情的影子。不管阿波罗在后面如何追她，如何絮絮叨叨着自己的伟大，她仍是一个劲地飞逃。

她逃跑时，风儿吹动着她单薄的衣衫，更衬托出她如诗如画的美，阿波罗被迷得如醉如痴了，本来他怕追急了达芙妮会摔倒，因此速度上有所保留，只是跟在后面求爱。现在，被情火烧得迷糊了的太阳神再也想不到其他了，他开始加快步子猛追。年轻的女郎哪有太阳神的脚力？不久便气喘吁吁，跑不动了。她听到后面的脚步声越来越近，情急之下，她对父亲——珀涅俄斯河的河神喊道："唉，父亲，帮帮我！唉，大地，裂开了吞我进去吧！或者将我这个百忧之源的躯体变了样吧！"

话刚说完，她的祈求立刻得到了回应，刹那间她的骨节便僵硬起来了：从她的脚下长出根须，深深扎入了大地；她的秀发变成了翠绿的树叶，在风中摇曳；她曲线玲珑的身躯化成了挺拔的树干。

阿波罗只有抱着这棵树接吻了。他一边伤心落泪，一边发誓要好好珍惜这棵树：让它成为优胜与荣誉的象征，一年四季翠绿长青，像青春永驻的仙姬。

这就是月桂树，现在仍是优胜的象征。在古希腊，无论是诗歌比赛还是奥林匹克大会，夺标者的奖品不是金银财宝，而是一个用月桂枝扎的圈儿，最优秀的诗人们也被称为"桂冠诗人"。

除了这几个著名的神之外，其他的神还有许多。例如：战神阿瑞斯，他是宙斯同他的天后赫拉唯一的孩子；狩猎女神阿尔忒弥斯，她是宙斯的女儿，阿波罗的孪生姐姐，掌管大自然的生灵们，也是贞洁的表率；还有酒神狄奥尼索斯，一个带有哲学意味的神；此外还有九位文艺女神缪斯、畜牧神潘等等，不一而足。

第二章　荷马史诗

在古希腊神话里，最有名的故事就是特洛伊战争，而特洛伊战争所诞生的不只是神话，还有古希腊最伟大也最古老的一部文学杰作——《荷马史诗》。

《荷马史诗》

在西方文学史上，我们应当深入了解的第一部经典之作就是《荷马史诗》。

现在的史家们一般认为荷马生活在公元前9世纪或者前8世纪，是小亚细亚的伊奥尼亚人。除了这点之外，我们对他其余的事迹简直一无所知，甚至有许多人认为荷马并不存在，只是一个传说中的人物，像赫拉克勒斯一样，而那两部史诗的作者也并非他，而是别人，甚或还是许多人在许多世纪中陆陆续续完成的民间集体创作。

《荷马史诗》分为两部：《伊利亚特》和《奥德赛》。《伊利亚特》本身所记录的只是阿喀琉斯，这位希腊盟军中最伟大的英雄被联军统帅阿伽门农侮辱、因而拒绝作战后发生的事，这些事发生于十年特洛伊战争的最后一年，主要情节只延续了约四天，然而荷马却通过这短短的四天把特洛伊战争的全部经过都一一道明了，其间所用的复杂技巧——无论是文字上还是篇章结构上——都令人叹为观止。

《奥德赛》则讲的是特洛伊战争中的英雄之一，“狡黠的奥德修斯”在战争结束后回转故乡时所历经的种种磨难，长达十年，书中的情节像《伊利亚特》一样，并不涉及整个十年，而只涉及其中最后六个星期。

我这里只讲第一部《伊利亚特》，而且不是按照史诗的顺序来讲，那样的话太复杂了，我将依据特洛伊战争的起因、发展、结束的顺序将这次不朽的战争细致地告诉大家。

特洛伊战争

传说在很久很久以前，有高贵的兄弟俩，他们是神王宙斯的儿子，哥哥叫伊阿西翁，弟弟叫达耳达诺斯，兄弟俩感情很好。但哥哥伊阿西翁竟然去追求女神得墨忒尔，被宙斯用响雷击死。

哥哥死后，弟弟伤心极了，不忍心待在故国，远走他乡。他来到了爱琴海对岸的亚细亚——透克里亚人居住的地方，在那里受到了国王透克洛斯的热烈欢迎，并把女儿嫁给了他，他所居的封国后来就以他来命名，称为达耳达尼亚。

此后，经过几代，王位到了拉俄墨冬之手，他残暴、刚愎而愚蠢，甚至敢违逆神意，于是诸神诅咒他和他的后人。

特洛伊的命运从这时候起就被决定了。

拉俄墨冬死后，他的儿子普里阿摩斯继位。他却是位极仁慈的君主，先后生了五十个儿子和好几个女儿。妻子一次怀孕时，预言家称这个孩子将带来灾难，他便将之扔到了荒山野岭。

然而小家伙命不该绝，先被母熊哺乳，后来丢孩子的仆人把他抱回了家，抚养长大，成了一个极英俊而壮健的年轻人，为父亲牧羊。他的名字叫帕里斯。

这天，他在一个深谷里放牧。三个女神，天后赫拉、智慧女神雅典娜、爱神阿佛洛狄忒来了，为了得到一个金苹果，相互比起美来。结果谁也不服谁，她们看到了帕里斯，便请他裁判，并都答应如果帕里斯判其为最美，便给予他以种种好处。赫拉许他以权力，雅典娜许他以智慧，而阿佛洛狄忒则许他以世界上最美的女人。帕里斯便毫不犹豫地将金苹果授予了阿佛洛狄忒。

帕里斯的裁判令爱神大喜，深深祝福了他，再次保证履行她的诺言，将人间最美的女人赐予他；天后与智慧女神则被气得七窍生烟，她们不但对帕里斯恨之入骨，而且发誓要把整个特洛伊当作复仇的对象，这里就埋下特洛战争的种子了。

一天，帕里斯偶尔到城里去参加一个运动会，打败了所有对手。老王还从先知口中得知他就是自己的儿子，立即认了他，把当初的神谕忘到九霄云外去了。

不久帕里斯就有差事了，他被父亲派到萨拉米斯去公干，他率领一支强大的舰队直奔爱琴海而去。

路上，经过斯巴达的锡西拉岛时，由于爱神的神庙正在这里，他前去祭祀。这时斯巴达王墨涅拉俄斯外出了，执掌国政的是王后海伦。

这海伦就是当时世界上最漂亮的女人。他们在这里相遇了，当他们四目相视时，立刻一见钟情。几天后，帕里斯就带兵冲进斯巴达王宫，带走了海伦，还把斯巴达王宫抢掠一空。

帕里斯劫走海伦的消息迅速传遍了全希腊，激起了全希腊邦国的愤怒，因为它是对全体希腊人的侮辱。不久后希腊人便聚集了一支庞大的军队，以墨涅拉俄斯的兄长、伟大的阿伽门农为首。

此外还有许多伟大的英雄，例如阿喀琉斯，这次特洛伊战争中最伟大的英雄，也是继赫拉克勒斯之后最了不起的战士。他乃是海洋女神忒提斯之子，他刚生下来时，忒提斯想让他成为神，因此每天晚上将他放在天火中焚烧，但当她快要完成、阿喀琉斯即将成为神的最后一个晚上，她丈夫看见了，吓得大叫起来，破坏了女神的工作，她气得飞离了丈夫，再也没有回来。这时的阿喀琉斯除了脚后跟之外的全身都已成为不死的神体——因此这脚后跟便成了他的命门。

奥德修斯，他有一个大名鼎鼎的绰号“狡黠的奥德修斯”，是所有英雄中最智慧的人物。

除了上面这些分量很重的人物之外，希腊英雄中还有大埃阿斯、小埃阿斯、神箭手透克洛斯和菲罗克忒忒斯、阿喀琉斯的挚友帕特洛克罗斯、狄俄墨得斯，等等。他们都为着一个伟大的目标——夺回海伦——集聚到了同一面旗帜下。

然而事情没有这么简单。就在希腊战船就要出发之时，阿伽门农由于得罪了女神阿尔忒弥斯，被迫将自己美丽的女儿伊菲革涅亚杀了，作为祭品奉献，才顺利驶出了港口。这也决定了阿伽门农未来的命运。

面对来势汹汹的希腊人，特洛伊人奋起迎战。在特洛伊人这边也有不少出众之士，例如几乎同阿喀琉斯一般伟大的英雄赫克托耳和爱神阿佛洛狄忒的儿子埃涅阿斯，等等。

与地上的两国相争一样，这时天上的神祇们也分成了鲜明的两派：一派是希腊人的铁血盟友，主要有天后赫拉、智慧女神雅典娜、海神波塞冬；另一派则是特洛伊的坚定支持者，主要有太阳神阿波罗、爱神阿佛洛狄忒、战神阿瑞斯。

战争之初，希腊和特洛伊互有胜负，希腊人有伟大的英雄阿喀琉斯，特洛伊人则有坚固的城池，双方虽然时有厮杀，但谁也征服不了谁。

僵持的局面一直延续了整整九年，直到第十年才风云突变。这次突变的起因如整个战争的起因一样，又是为了女人。

这个女人就是美丽的克律塞伊斯，阿喀琉斯从别的特洛伊城市里抢来的女俘，此外他还夺取了一大堆的其他战利品。

按照规矩，战利品要大家来分，阿喀琉斯获得了美丽的公主勃里撒厄斯，最美的克律塞伊斯则被分给了统帅阿伽门农，他是王，女人必须是最美的，金银必须是最多的，虽然他几乎从来没有出去攻城略地。

然而阿伽门农这次失算了。

这天，在希腊人军营外来了一个面相如天神般尊严的老者，他就是克律塞斯，阿波罗神的祭司，这次来是要赎取他那被希腊人掳去的爱女克律塞伊斯的。他带来了巨额的赎金，按照惯例，希腊人理当将女儿还给他——何况他还是一个如此令人尊敬的老者，伟大的阿波罗神的祭司！

当他提出他的要求时，希腊英雄们以热烈的掌声答应了他的要求。然而克律塞伊斯已经是阿伽门农的心爱之人，他无论如何也不愿失去，因此他极其无礼地辱骂了老人，把他从军营赶了出去。

老人伤心极了，他自知争下去只会惹来杀身之祸，默默地退了下去。他步履蹒跚地来到大海边，伸手向苍天，喊道：

> 银弓之神，克律塞斯和神圣的基拉的保卫者，
> 统治着特涅多斯，灭鼠神，请听我祈祷，
> 如果我曾经盖庙顶，讨得你的欢心，
> 或是为你焚烧牛羊肥美的大腿，
> 请听我祈祷，使我的愿望成为现实，
> 让阿开奥斯人在你的箭下偿还我的眼泪。

这是《伊利亚特》中的原话，阿开奥斯人乃是希腊人的别称。

太阳神在奥林匹斯山上听到了老人的祈求，愤怒立即像严霜般罩上了他的脸，他执起神箭，来到了希腊人的军营，把它们一支支朝希腊人射去。顿时在希腊军营里蔓延开了可怕的瘟疫，士兵像苍蝇一样死去。

到第九天，希腊人实在受不了了，他们也知道瘟疫的起因，于是，在阿喀琉斯等众英雄们的强烈要求之下，阿伽门农被迫将克律塞伊斯送回去，赎金也不敢要了。

气急败坏的阿伽门农立即跑到阿喀琉斯那儿，将他心爱的女俘、公主勃里撒厄斯抢走了，因为阿喀琉斯在众英雄面前责备了他，他要报复，他甚至还用言语狠狠地侮辱了最伟大的希腊英雄。

正所谓英雄可杀不可侮，阿伽门农的侮辱像利箭一般刺痛着阿喀琉斯的心，他来到海边，含着热泪呼唤他的母亲，海洋女神忒提斯。儿子的受辱也令女神肝肠寸断，她来到了神圣的奥林匹斯山，俯身在父亲——万神之王宙斯的

怀里，祈求他替她儿子复仇，惩罚希腊人，直到他重新得回他的荣誉为止，宙斯允诺了女儿正当的要求。

希腊人真正的灾难就此开始了。这就是著名的“阿喀琉斯的愤怒”。

《伊利亚特》

这时已经是战争的最后一年，却是伟大的《伊利亚特》故事的开始。它是如此开始的：

> 女神啊，请歌唱佩琉斯之子阿喀琉斯的
> 致命的愤怒，那一愤怒给阿开奥斯人带来
> 无数的苦难，把战士的许多健壮英魂
> 送往冥府，使他们的尸体成为野狗
> 和各种飞禽的肉食，从阿特柔斯之子、
> 人民的国王同神样的阿喀琉斯最初的争吵中
> 分离时开始吧，就这样实现了宙斯的意愿。

宙斯把对女儿的允诺付诸实践了。

在一次战斗中，最伟大的特洛伊英雄赫克托耳被神赋予无穷的力量，他像一头雄狮般疯狂地扑向希腊人，他双眼血红，像喷着火焰，口里发出惊雷般的吼叫。希腊士兵甚至希腊英雄们都给吓得手脚发软，四散奔逃。

赫克托耳和特洛伊人一直把希腊人驱赶到他们的船舷边，就像群狼追逐群羊，一直到夜神藏起阿波罗的光亮，把大地同天空变得混沌未分时一般漆黑。

入夜，赫克托耳没有如往日一样让特洛伊人回城。他大声地宣告：他们无须回城，要就地驻扎，明天拂晓再向希腊人的船只猛攻，只要突破这最后的防线，希腊人就只能用双臂从宽阔的爱琴海游回老家了。

是夜，希腊英雄们集聚在阿伽门农王的营帐里，沉浸在失败的悲痛和对明天深深的绝望之中。

该怎么做呢？英雄们其实都知道：只有阿喀琉斯才能把希腊人从毁灭的边缘拯救出来，自从阿伽门农侮辱他后，他就拒绝为希腊人作战。

为了避免希腊人被毁灭，阿伽门农终于承认了自己有错，愿意向阿喀琉斯道歉，并给他巨多的赔偿，但后者毫不迟疑地拒绝了，说他第二天便要扬帆出海，回到自己的故乡。

第二天，黎明一到，特洛伊人便杀上来了，希腊人比昨天更惨。他们不停地后退，一直退到了他们的船边，在甲板上抵抗特洛伊人。赫克托耳则不停地前进，直到把一支熊熊燃烧着的火炬扔到希腊人的战船上。

正在阿喀琉斯船上的他最好的朋友帕特洛克罗斯看见希腊人遭受了如此惨重的挫败，甚至有被毁灭的危险，由于阿喀琉斯仍拒绝出战，他便穿上了英雄的盔甲，代替他出战特洛伊人，结果英勇战死。

听到残酷的噩耗，阿喀琉斯像一座大山似的倒在了地上，发出震天的号哭声，发誓为朋友复仇。

他与赫克托耳进行决斗，砍死了他。

特洛伊人再也无力与希腊人对抗了，阿喀琉斯冲到了特洛伊城门之下，眼看要用他的神力撞断门柱，冲破城门。

但他被阻止了，阻止他的是太阳神阿波罗，他愤怒地张开他的神弓，一箭射中了阿喀琉斯那容易受伤的脚踵。阿喀琉斯倒下了，大地发出沉闷的巨响。

阿喀琉斯死后，希腊人攻克特洛伊的希望愈加渺茫了。

但他们仍然继续战斗，在战斗中帕里斯被杀死了，他是被菲罗克忒斯用无药可解的毒箭射死的，在极度的痛苦之中死掉了，这时候他已经和世上最美丽的女人好了十年。

但特洛伊依旧巍然屹立。

终于，奥德修斯想出了一个妙计，来攻破特洛伊，这个妙计想必大家都听说过，就是西方历史上最有名的一计——木马计。

过程如下：希腊人先造了一匹硕大无朋的木马，再把一批精兵强将藏在里头，然后将木马留在岸上，并留下一个人，诈称希腊人甘认失败，退走了，这个木马是他们用来献给雅典娜神的。

一切安排好后，希腊人就放火把军营烧了个干净，上船走了。

躲在高城厚墙里的特洛伊人看到希腊人的船只一艘艘扬帆而去，兴高采烈地涌到了海边，把木马运进了城。

深夜，希腊人偷偷自木马中钻出来，打开了城门，那些“回希腊去了”的战船也飞快地开回来，战士们一涌进城。

辉煌的特洛伊城就这样毁灭了，男人被杀，女人和孩子成为奴隶。

但也有一个人，埃涅阿斯，逃走了。他在海上历尽艰险之后，到达了意大利，在那里他将建立一座新的、伟大的城市——罗马。

《伊利亚特》语言中的力度、优美与哲理

就语言说来，《伊利亚特》可以用三个词组来表达：震撼人心的力度、如诗如画的优美、深邃隽永的哲理。

关于第一条我们用不着多说，只要打开史诗，随便翻一页，读上几句，大家就会品味出来，例如我们信手翻开一页吧，这是第41页。这是奥德修斯在说完那一条蛇吞食九只鸟儿之后的事，预言家卡尔卡斯对大家说：

> 长头发的阿开奥斯人，你们为什么不言语？
> 智慧神宙斯给我们显示重大的迹象，
> 来得晚，应验得晚，它的名声永不朽。
> 有如这条蛇吞食麻雀的小儿女和母鸟，
> 一共八只，生儿女的母亲算是第九只，
> 我们也将在那里打这么多年的战争，
> 第十年我们将攻下那个宽大的都城。
> 先知这样述说；这一切正在应验。

胫甲精美的阿开奥斯人啊，让我们在这里
留驻到攻下普里阿摩斯的宽阔的城市。
他这样说，阿尔戈斯人大声欢呼，
称赞神样的奥德修斯，欢呼声在阿开奥斯人的
船只周围不断回响，叫人畏惧。

这种独特的力度乃是荷马史诗最大的语言特色，也可以说是最了不起的特色，优美与诗意对于后来的作家，甚至对于我们这些不是作家的人，也不是很难的事，然而，自荷马以后，即有几人还能如此完美地写出这种如雷霆万钧般令人心跳加速的史诗气魄？恕我直言，拜伦不乏优美，托马斯·艾略特不乏深邃，我却还看不到另外的作家曾写过如《伊利亚特》一般的有如宙斯的惊雷般的力度。

至于如诗如画的优美，我们也可以举个例子，如天后赫拉为了能帮助希腊人——这时宙斯正禁止众神这样做，便打算用美丽来媚惑宙斯，好达到自己的目的。她于是先到自己的卧室里精心打扮一番，史诗这样写道：

她走进卧室，随手把闪亮的门扇关上。
她首先用安布罗西亚把姣美的身体上
所有的污垢去除，再浓浓地抹上一层
安布罗西亚神膏，散发出馥郁的香气。
只要把那油膏在宙斯的青铜宫殿里
稍微摇一摇，馨香会立即充满天地。
她用油膏抹完柔美的肌肤，又梳理
她那美丽的长发，用手把它们编成
闪亮的发辫，从不朽的头上动人地垂下。

《伊利亚特》语言的第三个特色乃是深邃的哲理。

在这部伟大的史诗里，经常可以读到极富哲理的话，这些话虽然出自几千年之前的人之口，然而今天读起来仍令人特别感动。例如在战场上希波科思的光荣的儿子回答狄俄墨得斯的问话，此前狄俄墨得斯曾问这位特洛伊英雄的家谱。他回答说：

> 提丢斯的勇猛的儿子，为什么问我的家世？
> 正如树叶的枯荣，人类的世代也如此。
> 秋风将树叶吹落大地，春天来临，
> 林中又会萌发，长出新的绿叶，
> 人类也是一代出生，一代凋零。

这样类似的令人感慨万千的句子在《伊利亚特》里不时突兀出来，犹如一望无际的大草原上凌空而起的座座纪念碑，令人在前面徘徊良久，满腹乡愁，甚或怆然而涕下。

以上是《伊利亚特》的语言特色，现在我们接着讲它的结构。

《伊利亚特》的结构：四天与十年

就结构而言，《伊利亚特》也是卓有特色的。我们知道，特洛伊战争是一场延续十年的持久战。如果按照一般的叙事顺序，从头至尾一一叙来，从第一年到第二年直到第十年，势必拖沓重复。为什么呢？因为，我们知道，特洛伊战争，它的第一年直到第九年其间所发生的事其实是大体一致的：无非是双方旷日持久的战斗，一场接着一场的屠杀，刀剑与铠甲相撞发出铿锵声，还有一个个英雄的死去，就这样。这些场景叙述一两次大家听起来会觉得有趣。但如果将所有场次一一写来，就算是做大幅度减少，一年一两场吧，也要一二十场呐，而且内容无非如此，读者们不会腻烦才怪！

但荷马用一种巧妙的法子把这个毛病掩盖了，他没有从头至尾，平铺直叙地述说十年发生的事，而是选取了其中最有代表性的一小段时间——大约四天——里发生的事。

这四天里发生的事大致如下：阿喀琉斯的愤怒，因此而拒绝出战⟶希腊的一连串失败，直到战船被焚⟶阿伽门农向阿喀琉斯求和遭拒绝，帕特洛克罗斯代阿喀琉斯出战，并战死⟶阿喀琉斯伤痛挚友之死，愤而出战，击杀赫克托耳。

在这四天里，整整十年所发生的事都得到了典型的表达，连战争的种种前因后果都在里面得到了适当的追忆。

正是由于把这一切放在短短的四天内集中叙述，因此全书显得结构紧凑、丝丝入扣，读来不但毫无拖沓冗长之感，而且引人入胜，令人不知不觉中一口气读下去，直到最后，读到英勇的赫克托耳的尸体被用大块大块的石头盖了起来。

第三章　古希腊三大悲剧家

除史诗外，古希腊另一种伟大的文学形式是戏剧。

古希腊的戏剧，尤其是悲剧，同荷马的史诗一样，把戏剧这种文学形式发展到了几乎是至高的境界。

古希腊有三大著名悲剧家：埃斯库罗斯、索福克勒斯、欧里庇得斯，他们像三颗巨星一般在古希腊文学的天空中交相辉映。

埃斯库罗斯小传及《奥瑞斯提亚》

埃斯库罗斯小传

我们要谈的第一个伟大的悲剧家是埃斯库罗斯。埃斯库罗斯在公元前525年或者524年生于雅典西北的埃莱夫西斯，父亲叫欧福里翁。他似乎是个戏剧天才，很年轻时就参加了雅典的戏剧比赛，并在39岁时第一次赢得桂冠，他一生共摘得了13顶这样的桂冠。不过他最引以为豪的事是曾参加希波战争并立下战功，捍卫了希腊的自由。

他根据希波战争写下了名剧《波斯人》，在公元前472年上演并获奖。这个剧作令埃斯库罗斯愈加盛名远播，连远在意大利之南的西西里岛上叙拉古的统治者都听说了，恳请戏剧家去西西里为他表演，他欣然前往。

但在公元前468年的戏剧比赛中，他败给了当时还名不见经传的无名小卒索福克勒斯。这沉重地打击了埃斯库罗斯，但他化悲痛为力量，更加刻苦地写作，第二年便重新赢得了胜利。他这次获得胜利的作品也是他所有作品中最有名的作品之一——《俄狄浦斯》。

公元前458年，埃斯库罗斯又上演了《奥瑞斯忒亚》三部曲，这是他最有名的剧作。这时埃斯库罗斯已经是69岁的老者了，但他的智慧并没有老，还可以创作出伟大的作品。然而所谓天有不测风云，人有旦夕祸福，一件令人瞠目结舌的事发生了。

此时伟大的剧作家已经退隐到了对他礼敬有加的西西里一座叫杰拉的小城里。有一天，他正在野外漫步，构思一部新的剧作。这时天上飞来一只雄鹰，它爪子里抓着一只大乌龟，不过这只乌龟把头尾牢牢缩进了硬壳，令得老鹰无从下手，聪明的它想找块石头，把龟扔下去，把壳砸个稀巴烂，这样就可以吃到肉了。它朝下一望，正好看见下面有一个亮亮的东西在反光，它想这一定是块光溜溜的石头，便将爪子一松，乌龟从高高的天空带着风声砸将下去，鹰儿得意地想着，哈，马上可以吃到美味的龟肉了。它一会便听到了一声闷响，随即是“哇”的一声惨叫……

原来鹰眼中那块光亮亮的石头并非石头，而是伟大的剧作家埃斯库罗斯光秃秃的脑袋！

一个亘古少有的伟大剧作家就这样不明不白地死了，真是祸从天降啊！

杰拉城的人们听到这个不幸的消息十分震惊，他们替剧作家举行了盛大的葬礼，特意在他的墓前举行了隆重的演出，后来雅典人也为他树立了青铜雕像。

他生前为自己写下了墓志铭：

雅典人埃斯库罗斯，欧福里翁之子
躺在这里，杰拉的麦浪翻腾，
马拉松平原称他作战英勇无比，
头发飘扬的波斯人心里最明白。

《奥瑞斯提亚》之悲剧三部曲

埃斯库罗斯的《奥瑞斯提亚》这部名剧和他的其他剧作一样，是以神话为题材的，这也是几乎所有古希腊悲剧的共同点。它由三部相互密切联系的剧组成：《阿伽门农》《奠酒人》《降福女神》。叙说的是特洛伊战争的领袖阿伽门农胜利归来后为妻所杀，他的儿子俄瑞斯特斯起来为父报仇并因之遭受复仇女神惩罚的故事。

由于古希腊戏剧严格遵循所谓的“三一律”，即一出戏要以一个情节为限，发生在一个地点并于一天之内完成。因此我们单从剧本来看也许更像是一个片段，但这片段就像荷马的那个片段一样，在短短的片段之中蕴含了长长的内容，将整个事件的前因后果说了个明明白白。

我们先来看看《阿伽门农》的剧情。

阿伽门农的王宫，守望人正站在王宫屋顶上眺望远方，远处闪现了火光，意味着特洛伊已被攻克。

不久，阿伽门农带着他在特洛伊城的猎获物女祭司卡珊德拉胜利归来，阿耳戈斯的长老们列队欢迎，设祭庆祝胜利。

在欢迎队列之中站着他的妻子克吕泰涅斯特拉，她也用一副热情洋溢的姿态接待了丈夫，用最热烈的话向他表达爱情与相思。这一切令她的丈夫十分高兴，毫不怀疑地跟着她走进了王宫的大门。

当卡姗德拉知道这就是阿伽门农的宫殿时，她发出了绝望的呼喊，说这就是为诸神所憎恶的家族，他们一代代都染上了鲜血，如今将受到神的惩罚。然而这也是她自己的命运，她只能走进宫门。

从宫里传出了阿伽门农的惨叫，卡珊德拉也倒在了血泊之中。

克吕泰涅斯特拉打开中门，她手握利剑，站在两具尸体之前。她振振有词地宣告了杀死丈夫的理由——为女儿报仇。我们前面讲荷马史诗时已经说过，希腊大军出发之前，阿伽门农杀了女儿伊菲革涅亚祭神，克吕泰涅斯特拉为之伤心欲绝，从此对丈夫恨之入骨，现在她终于报仇了。

接着她的情夫埃吉斯托斯也出现了。他进一步申述了他杀阿伽门农的根由：阿伽门农的父亲曾杀死自己弟弟的孩子，把他们的肉做成菜送给弟弟享用。而他，埃吉斯托斯，就是阿伽门农弟弟的儿子，被杀死给亲生父亲吃的孩子便是他的兄长。

剧本最后，这对情夫情妇与扮演歌队的长老们吵了一阵儿，胜利收兵，成为阿伽门农王宫的新主人。

这就是第一部《阿伽门农》的剧情，现在我们来看第二部《奠酒人》。

剧一开始，俄瑞斯特斯，阿伽门农唯一的儿子，从国外归来。父亲被杀时他还是孩子，他被送出了国，母亲与她的情夫认为他还小，不足为患，现在他已长大，要回来替父复仇。他杀死了母亲。

弑母的大逆之罪立即令他心里充满了负疚感，这时复仇女神也找上门来，要惩罚他。他开始四处逃亡，复仇女神像影子一样紧紧跟随着他，无论他逃到哪里也无法摆脱她们的追踪。终于，在这内心的负罪与复仇女神追踪的双重打击之下，俄瑞斯特斯发疯了。

他的逃亡之路似乎无穷无尽。

第三部《降福女神》的剧情是这样的：

本部的地点是德尔斐的阿波罗神庙，它是古希腊人最重要的神庙之一，门楣上大书“人啊，你要认识自己”。

杀死母亲后，俄瑞斯特斯被复仇女神到处奔逐追赶，现在他已经上天无路、入地无门，最后只得躲入阿波罗神庙。复仇女神们虽然恨俄瑞斯特斯，却不敢冲入阿波罗的神庙滋事。但那毕竟不是长久之计，阿波罗用神谕告诉他前去雅典，在那里接受对他弑母罪的审判。

遵循神谕，俄瑞斯特斯来到了雅典，在这里，贤明的智慧女神雅典娜组织了一个由公民陪审团参加的审判。审判中由复仇女神作检察官，对俄瑞斯特斯的弑母恶行提出起诉，阿波罗则担任了被告的辩护律师。双方控辩之后，由陪审团成员们投票看俄瑞斯特斯是否有罪。然而结果却出人意料：判他有罪与无罪的人各占一半。这时主持审判的雅典娜走上前来，投出了关键性的无罪一票，俄瑞斯特斯便被宣布无罪开释！

事情并没有完，挫败了的复仇女神们气愤至极，宣称将把整个雅典作为复仇对象。雅典人恐惧了，神的力量是可怕的，所有凡人加起来也无法同一个神匹敌，何况是凶暴的复仇女神！

为了所珍爱的城市不致蒙受无穷灾难，雅典娜巧妙地劝说复仇女神放弃她们复仇的欲望，因为雅典人愿将她们作为自己的保护神而膜拜她们，而她们也将像她智慧女神一样，定居在这座光荣之城。

一听只要她们不报复便能与伟大的智慧女神一样平起平坐，在这里接受光荣的雅典人的崇拜，复仇女神们如何不允？她们不但答应不报复雅典人，而且愿意从此保护他们，降福于他们！

这剧的大结局是，不但俄瑞斯特斯无罪开释，雅典人也因之获得了另一个女神的保护，这一切都是伟大而智慧的雅典娜的赐福，她真是仁慈的降福女神！

埃斯库罗斯剧作中的悲剧感　有三个方面造就了埃斯库罗斯悲剧中的悲剧感，第一个是英雄遭难。

埃斯库罗斯的悲剧中的主角无一不是英雄。也就是说，他们都是一些出身高贵，具有过人品质的英雄人物，因而这些人物的悲剧性遭遇自然能让人产生悲剧意识，他们的受难与毁灭就像拿破仑或者汉尼拔这样的英雄之死，乃是一种“悲壮的没落”。

第二是这些人之所以堕入这样的悲剧，其中的原因虽然有他们自己的过失，然而这同恶有恶报却有着极大的区分。首先是因为这些人之所以有这恶行可能是因为神：是因为神看见人类太伟大，或者生活太完美，于是产生了一些类似“嫉妒”的情绪，从而令人类受难。

然而神却并没有直接地去伤害人，像恃强凌弱的恶霸一样。相反，神在处理人类时总是很公正的，而人也总是以最大的尊敬侍奉神。当神“嫉妒”人类时，他们常常只是让人类产生某些悲剧性的性格，而正是这悲剧性的性格令他们做出种种恶事来，从而受到惩罚。因此，当我们掩去那神的影子——实际上那影子也是很黯淡的，通常不引人注目，甚至看不见——之时，我们所看到的便是英雄的主人公由于他那悲剧性的性格而遭受悲剧性的结局。

这种悲剧性的性格之最明白的体现就是无穷无尽的复仇之欲望，这正是《奥瑞斯提亚》的基本主题。克吕泰涅斯特拉为什么要谋杀亲夫？那是因为阿伽门农杀害了她的女儿、他们的女儿。为什么俄瑞斯特斯要杀死自己的母亲？那是因为母亲杀害了父亲……

如此，一环扣着一环，这由无穷无尽的复仇欲望带来的无穷无尽的仇杀，而那些被仇杀者相对的无辜，加上这些参与仇杀者并非天然的敌人，而是血肉相连的亲人……这样，令得整个剧本充满了悲剧意识。

第三个因素也许是埃斯库罗斯悲剧之悲剧分子的最大源泉，这就是上面的相对的无辜。

我们看到，在埃斯库罗斯这里，无论是受害者，还是伤害者，都是“相对无辜”的，然而他们却无不遭受命运最残酷的惩罚，而且这是一个绵延数代，似乎无穷无尽的过程，在这个过程里，兄害弟、妻杀夫、父屠子、子弑母，处处血肉横飞、处处充满血腥味，读来能不悲乎？

索福克勒斯小传及《俄狄浦斯王》

索福克勒斯小传

公元前496年，索福克勒斯生于雅典附近的小城科罗诺斯，比埃斯库罗斯小近30岁，死于公元前406年，活了整整九十岁。

索福克勒斯出身富裕之家，父亲是专门制造武器的工场老板，从小接受了良好的教育。

公元前480年第二次希波战争取得胜利后，雅典举行了盛大的庆祝大会，由于长得漂亮，歌唱得好，十六岁的索福克勒斯被选担任歌颂诸神的合唱队的领唱。

索福克勒斯很早就开始创作悲剧，公元前468年，仅二十八岁的他就在悲剧大赛上一举夺魁，被他击败的对手中包括伟大的埃斯库罗斯。

索福克勒斯还积极参与雅典的政治活动，担任过各种重要官职。例如公元前442年他负责雅典的财政事务，收取和管理与雅典结盟的城邦交给雅典的贡金，这个同盟就是由雅典为首组成的提洛同盟。

做财务官两年后，索福克勒斯更担任了雅典的首脑之一——将军。雅典没有单独的国家元首，国家军务由公民选举的十将军来负责，与伯利克里平起平坐。

到公元前413年，索福克勒斯已经八十三岁了，还担任了审议员，且是有权干预一切国家大事的十人顾问委员会之一。

索福克勒斯生平最后一次有记载的活动是在公元前406年参加欧里庇得斯的葬礼并且率队唱挽歌，这时老人已经九十高龄了。这也是索福克勒斯自己的挽歌，此后不久他也辞世了。

其时雅典与斯巴达之间正如火如荼地大战，据说由于他太有名了，斯巴达的将军特意下令停止对雅典人的袭击，好让剧作家的遗体回返故乡。

雅典人举行了盛大的葬仪，在剧作家墓前竖立了一只歌声最美的人头鸟雕像。

从二十八岁第一次夺魁起，索福克勒斯就在雅典的戏剧大赛中不断地赢得桂冠。他大约参加过30或31次比赛，得到24顶桂冠，是三大悲剧家中最多的。

《俄狄浦斯王》——最完美的悲剧

在索福克勒斯的七部著作中，《俄狄浦斯王》被公认为他最出色的作品，也一直被许多人看作最完美的悲剧，连亚里士多德都在《诗学》中经常提到它，以之为范。

《俄狄浦斯王》的开场第一幕是这样的：

在希腊强大的城邦底比斯，一群白发萧然、神情悲哀的老人，以宙斯的祭司为首，手持缠了羊毛的树枝走来——这是求助的标志，他们是前来向他们的王俄狄浦斯乞援的，因为瘟疫正疯狂地吞噬着生命，城里到处是求生的歌声和痛苦的呻吟。

俄狄浦斯迎着他们走来，双方谈起这场可怕的灾难。祭司说他们的家园与祖国正面临毁灭，请求俄狄浦斯救救他们，像他过去救他们于那可怕的女妖之手一样。

现在让我们把镜头推向过去，推向俄狄浦斯初来底比斯之时，祭司刚才提及的事。

这个故事就是“司芬克斯之谜”。

却说当年俄狄浦斯从家乡科林斯离家出走，来到了底比斯城。这时底比斯正闹“鬼”，这个“鬼”就是司芬克斯。

司芬克斯是一个长着美女的头、有着狮子的身体、生了一对翅膀的怪物，她来到底比斯城外，在一个交通要道驻扎下来，那里有一块高高突出大地之上的巨石，她就坐在那里，对底比斯人发出各种各样的提问，这是一些古怪不过的谜语，底比斯人怎么也猜不出来，猜不出来的结果就是被她撕成碎片吃掉。

就这样，许多底比斯人成了她的腹中之食，其中包括王后的兄弟克瑞翁的儿子。

恰在这时底比斯的国王拉伊俄斯在三岔口被神秘的陌生人杀了，国政由克瑞翁主持。他无奈之下宣布如果有谁可以破解司芬克斯的谜语便可以继承死去国王的王位并娶国王的遗孀为妻。

其时俄狄浦斯正四处流浪、无以为家，而且那时他已经知道了那个令他恐惧万分的预言：他将弑父而娶母，这令他万念俱灰，甚至想一死以求解脱，得到克瑞翁的消息后，便主动去找司芬克斯，说要猜她的谜。

这司芬克斯看到竟然有人敢主动来找她，便出了一个她认为最难的谜语：

什么动物早晨四条腿走路，中午两条腿走路，晚上三条腿走路，在一切生物中，这是唯一用不同数目的腿走路的生物。用腿最多的时候，正是力量和速度最小的时候？

一听这谜语，俄狄浦斯毫不费力便猜了出来，他说：这是人呀！人在幼年，即生命的早晨，是个软弱无力的孩子，他用两条腿和两只手在地上爬行；他到了壮年，正是生命的中午，只用两条腿走路；但到了老年，已是生命的迟暮，只好拄着拐杖，好像三条腿走路。

一听到这答案，司芬克斯顿时慑服于人类的智慧，羞愧之余便从巨石上跳了下去，摔死了。

俄狄浦斯就此为底比斯立了大功，被克瑞翁和底比斯人奉为国君，同时也娶了已故国王的遗孀为妻。

我们又把镜头拉回现在，俄狄浦斯与长老们对话的场所。

听到长老们的话，俄狄浦斯告诉他们，他比他们更加痛苦，因为他不仅要为自己而痛苦，还要为他的全体人民的不幸而痛苦。他已经采取了一个最适当的措施：请大舅子克瑞翁去阿波罗的神庙问卦，求神为他们指点得救之道。

克瑞翁恰在这时候回来了，带来阿波罗的神谕：他们必须找到杀害老王的凶手，并且惩罚他，这样才能使城邦免遭劫难。

以后的事便是俄狄浦斯为找杀人凶手而采取的行动以及这行动导致的后果。

他先是将那个名叫忒瑞西阿斯的先知找来，他是一个盲者，却能预知过去未来。

一开始他不愿告诉俄狄浦斯真相，他强烈地暗示俄狄浦斯不要管这事，否则他们两人都不会好。然而俄狄浦斯一心想抓住杀人元凶，哪肯听他？所以当他见忒瑞西阿斯知而不言时，大怒起来，用种种严厉的话训斥已届耄耋之年的先知，甚至恶毒地宣称老人就是那罪行的策划者。

老人终于忍不住了，他宣告：俄狄浦斯就是他自己要找的杀人凶手！

俄狄浦斯当然不信，结果两人发生了一场大争吵，俄狄浦斯称先知目盲，先知则称俄狄浦斯心盲，且相当明白地暗示俄狄浦斯是同一个他不应该同居的人生活在一起，等待他的将是无穷的苦难。

剧情继续往下发展，后来他的妻子伊娥卡斯忒来了，他们谈起了争吵的原因，俄狄浦斯说克瑞翁派了老先知来诬蔑他就是谋害老王的凶手。

这时，伊娥卡斯忒安慰俄狄浦斯说先知与神示都未必可信，并借之提起了她认为一个“失灵”的神谕：阿波罗的神谕曾说她的前夫老王将死于他与她所生的儿子之手，现在她的前夫却是在三岔口被一伙外邦强盗杀死，而他们的婴儿也在出生不到三天时便被将左右脚跟用钉子钉在一起，扔到荒山野岭了。

因此王后说，神谕未必是可信的。

王后的本意是想借此安慰丈夫，然而这话对于俄狄浦斯不啻晴天霹雳，他急忙问起老王被杀时的情形来。

王后告诉他：老王是在福喀斯地方的一个三岔口被杀的，他身材高大，面貌同俄狄浦斯相像，只是头上有稍许白发。

俄狄浦斯又问，当时老王像平时出巡一样带了大批的士兵吗？王后答：没有！他只带了少数几个侍从。

这一切令俄狄浦斯想起了他来底比斯前在一个路口的遭遇：

那时他从阿波罗神庙得到了一个可怕的神谕：说他将弑父而娶母，便逃离了从小生长的家乡科林斯，经过一个岔路口时，同一个老人和他的随从们争吵起来，由于那个老人试图用尖头棍打他，他便顺手一棍将老人打翻在地，接着又杀死了他的四个随从。现在回想起来这个老人正与王后所说的先王相似。

惊急之下他将自己的过去一一告诉了妻子：他本是科林斯王子，可是有次一个人在宴会上喝醉了酒，竟然说他不是父母的亲生儿子。他烦恼之下便去阿波罗神庙求告，神谕没有告诉他是不是父母的亲生孩子，却告诉了他那更可怕的预言——他命中注定将弑父而娶母。

他乍听之下惊恐万分，生怕真会如神谕所言，立即远远地逃离了家乡。后来他在旅途之中正到了那样一个三岔口，正发生了上面的一幕。

这太可怕了，难道真是他用自己的双手杀死了老王吗？俄狄浦斯极其痛苦，然而尚有一线希望，希望自己杀死的不是老王。因为那个唯一逃生的仆人说是一伙，而不是一个强盗杀死了老王。俄狄浦斯怀着天真的侥幸心理说，一个，总不等于许多。

王后也怀着同样的心理说，即使是他杀死了老王也不能说明神谕是对的，因为那个注定要杀死父亲的婴儿一生下来就死了。

然而他还是不放心，要王后将那个在他做王之后逃到乡下的仆者找来。

他们虽然不说，那不祥的预感已经令他们的心情极为沉重。

然而，在仆者尚未到来之前便发生了又一件意外的“喜事”。

故事仍发生在俄狄浦斯的王宫门前，一个外乡人急匆匆跑来，告诉俄狄浦斯他的父王波吕克斯已经死了，他可以继承王位。

听到这个消息，俄狄浦斯当然高兴，他想，这神谕至少有一半是不可能实现的了。

然而他仍不想回去继承王位，因为他害怕那另一半的预言将会实现：他将娶她依然健在的母亲。

当他把这个恐惧告诉报信人后，这个老人微微一笑，说：“你不用怕那个预言，因为你同波吕克斯没有血缘关系。”

这话对于俄狄浦斯的意义如何？是喜还是忧？都不是，是绝望。

接着报信人便将他的身世告诉了他。当年报信人从一个牧人手中接过了还在襁褓中的他，这个牧人乃是属于拉伊俄斯的，谁是拉伊俄斯？就是底比斯的老王，俄狄浦斯现在的王后伊娥卡斯忒的前夫。

报信人又告诉他，当他从牧人手中接过婴儿时，他的两个脚踝是被凿穿了连在一起的。

一听到这话，那正站在一边的王后伊娥卡斯忒顿时明白了一切。她绝望地冲进了王宫，临走时喊了一句：“哎呀，哎呀，不幸的人呀！我只有这句话对你说，从此再没有别的话可说了。”

不久那个牧人也来了，道出了那可怕的真相：他的确在很久以前曾把一个孩子交给这个报信人，至于这个孩子，并不是他的，而是从拉伊俄斯的王宫里抱出来的，也不是仆人的私生子，而是拉伊俄斯自己的孩子。为什么拉伊俄斯要抛弃他？因为恐惧那个可怕的预言：儿子将弑父而娶母！

一切都昭如日月。

俄狄浦斯冲进了王宫，绝望之中大喊道：“哎呀！哎呀！一切都应验了！天光呀，我现在向你看最后一眼！我成了不应当生我的父母的儿子，娶了不应当娶的母亲，杀了不应当杀的父亲！”

在王宫里，先进去的伊娥卡斯忒已经上吊自杀了，而俄狄浦斯也用从她身上取下的金别针刺瞎了自己的双眼。

他为什么不死？因为他害怕他的父亲此时也在地府，他何颜见他们？

再以后他就开始了四处流浪，直到若干年后，复仇女神在雅典裂开一座圣山、替他打开地狱之门，而他那同时是他的弟妹的儿女们将继续他的苦难。

为什么是“最完美的悲剧”　《俄狄浦斯王》被尊为“最完美的悲剧”，其完美之处到底在何处呢？

首先当然是因为它的语言是堪称完美的。作家的语言各有各的优越，如荷马史诗中雷霆万钧般的力度，叶芝诗歌中如诗如画的优美，艾略特诗歌中如哲学般的深沉。索福克勒斯的语言则兼具这些长处，有时深沉如同哲学，有时却又明白如同童谣；常常充满了激情，像烈火般炙烤着读者观众的心，有时完全朴实无华，平静如水；常常是紧张的，令读者也紧张得透不过气来，有时却又如陶渊明的诗般怡然自得，“采菊东篱下，悠然见南山。”

其次是因为《俄狄浦斯王》表达了极为深刻的思想。

大家可能听说过一个词“俄狄浦斯情结”，这个词是由弗洛伊德创立的，它的另一个名字就叫“恋母情结”，它指的是男人生而具有的某种倾向，希望把自己的母亲作为性的对象。当然，这种心思是秘密的，即我们自身不大可能会意识到这点，即它是一种所谓的“无意识”，然而它却可能对我们童年时的行为造成极大的影响。后来，随着我们的长大，渐渐地从外界知道了母亲是不能成为性对象的，于是便终于大方地将母亲“让给”父亲。这样，人也就摆脱了童年时的恋母情结而走向了正常的成人性取向。而也有一些人，即使成长后也不能摆脱这恋母情结，由于这种情结当然是同社会伦理截然对立的，而他自己也不可能不认识到这一点，并且也知道这是错的、是一种莫大之罪，并由此而深感负疚，然而他却又无力克服之，这样，就导致了神经症。

俄狄浦斯情结就是以俄狄浦斯来命名的，因为他弑父而娶母，这正是俄狄浦斯情结的基本表征。

索福克勒斯正是在古老的关于俄狄浦斯的传说之中发现了其中深藏着的一个真理——弑父而娶母并不是只有俄狄浦斯才有的，它是每个人都有的行为，只是俄狄浦斯将之化作了行动，而其他人只是使之存于心中而已！

为什么这么说呢？在《俄狄浦斯王》的第三场有一句这样的话，是俄狄浦斯之母伊娥卡斯忒说的。俄狄浦斯说他害怕玷污他母亲的床榻，这时，他的母亲回答道："偶然控制着我们，未来的事又看不清楚，我们为什么惧怕呢？最好尽可能随随便便地生活。别害怕你会玷污你母亲的婚姻。许多人曾在梦中娶过母亲，但是那些不以为意的人却仍能恬然自得。"

这句话可谓一语道破了俄狄浦斯情结的精髓：

一、它是与母亲的性关系。

二、它是无意识的，也就是"在梦中"。大家要知道，梦与无意识的关系是至为密切的。弗洛伊德认为，梦的实质就是无意识的一种表达形式，故我们也可以由解梦而了解人的无意识，对于这问题大家可以参考弗洛伊德的经典之作《梦的解析》。

由于这两个特点也是俄狄浦斯情结的基本特点，因此可以说索福克勒斯才是俄狄浦斯情结的真正发现者。当他道出俄狄浦斯弑父而娶母之同时也相当明白地道出了人类这种深刻的恋母心理。

这也说明了索福克勒斯对人类的灵魂是何等的洞悉，几千年后之后，当弗洛伊德说人类存在着恋母情结时，他遭到了无以数计的攻击谩骂，有人说他思想肮脏、更有人说他瞎扯，只是随着时光的流动与人类对自身不断深入的认识，他的思想才逐渐被广泛接受。然而，远在千载之前，索福克勒斯却已经发现了这个连现代人都不肯、不敢相信的人类灵魂深处的真理！

欧里庇得斯小传及《美狄亚》

欧里庇得斯小传

欧里庇得斯是雅典人，古希腊三大悲剧家之一，生于公元前484年，他的父亲叫谟涅萨库斯或者谟涅萨克得斯，据说他母亲叫克莱托，是个在市场卖菜的小贩。

虽然出身贫寒，欧里庇得斯还是接受过良好的教育，例如修辞、绘画、摔跤与拳击，等等。除了戏剧之外，他也爱好哲学，据说著名哲学家普罗泰戈拉还在他家里诵读了一篇著名的论文，第一句是："我不能断言是否真的有神的存在。这点的认识有许多障碍：第一，对象本身不明确；其次，人生短促。"

他曾同一个名叫美利托的女子结了婚，婚姻生活相当不幸，但有个好儿子，是出色的诗人。

公元前455年，欧里庇得斯二十九岁时第一次参加戏剧大赛，没有获得锦标，十四年后才赢得第一顶桂冠。

他一生勤奋，写下了超过九十个剧本，但在世时得奖不过四次。

也许憾于剧本得不到雅典人的喜爱，他在七十六岁高龄时远离雅典，去到马其顿。这时他已风烛残年，一年后就死了，可能是被国王的猎狗咬死的。

有许多东西是在失去之后才发现其价值的，雅典人这时候才来纪念这位伟大的公民——欧里庇得斯，为他服丧，举行了盛大的祭仪，还派人去向马其顿王求取他的遗骸，但马其顿王拒绝了。无奈之下，雅典人便在城外替剧作家建了一个衣冠冢，并竖起纪念碑，上面镌刻着另一个伟大的雅典人、历史学家修昔底德的诗句：

> 全希腊世界是欧里庇得斯的纪念碑，
> 诗人的遗骨在客死之地马其顿永埋，
> 诗人的故乡本是雅典——希腊的希腊，
> 这里万人称赞他，欣赏他的诗才。

《美狄亚》——古典悲剧里的现代性

在欧里庇得斯所有的剧本之中，最有代表性、最有名、最激动人心的一部就是这《美狄亚》。在讲《美狄亚》之前，我要先讲一个在古希腊流传广远的神话——伊阿宋和金羊毛的故事。

伊阿宋是克瑞透斯的孙子、埃宋的儿子，克瑞透斯是爱俄尔卡斯王国的建立者，他死后将王位传给了大儿子埃宋，然而，他的弟弟珀利阿斯是个阴险的家伙，他篡夺了长兄的王位。埃宋去世后，伊阿宋便投到了喀戎门下。喀戎是一个“马人”，长着人的上身和马的下身，曾训练出不少伟大的希腊英雄，例如赫拉克勒斯。

光阴荏苒，转眼十多年已经过去了，珀利阿斯也在篡夺来的王位上安然坐了许久，然而这时，一个神谕让他大大地不安起来：神谕说他将受到某位穿一只鞋子的人的威胁，他在惊慌之中等待着这个人的到来。

这天，珀利阿斯像往常一样来到神庙前祭神。突然，祭坛下的人群骚动起来：他们看到一个年轻人大踏步走来。他身材异常高大健美，手执两根粗大的长矛，赤着上身，只在腰里系着一块豹皮。

这个人就是伊阿宋，他已经完成喀戎的训练，前来讨回本应属于他的王位了。

珀利阿斯是个聪明人，知道跟这个年轻人明争是不智的，他想出了一个歪主意：他答应将王位交给伊阿宋，但有一个要求，就是要伊阿宋前去为他夺取无价之宝——科尔喀斯的金羊毛。

伊阿宋以一个年轻人的憨直毫不犹豫地将这件几乎不可能完成的任务接了下来。

他知道凭一己之力是无法弄到金羊毛的，便在全希腊征集起勇士来。

他的征召十分成功，由于金羊毛在希腊十分有名，一直以来都有人梦寐以求要得到它，全希腊最有名的英雄们几乎都来了，其中包括最伟大的英雄赫拉克勒斯和歌儿唱得动听无比的俄尔浦斯、古希腊的“鲁班”阿耳戈以及古希腊的阿里、最伟大的拳王波吕克丢斯，等等。

阿耳戈在神的帮助之下，利用既轻又十分坚固的树，包括一棵会说话的神木，建造了一艘战船。船很大，足有五十支桨，又很轻，轻得众位英雄可以扛在肩膀上走，这个英雄群体就以为他们建造如此美丽坚固的航海之家的英雄命名，称为“阿耳戈英雄”。

像唐僧西天取经一样，一路上他们经过了无数艰难险阻，战胜了数不清的坏人和妖魔鬼怪，例如只有女人的妇人国、有六条胳膊的巨人、长着女人头的鸟儿、羽毛是箭的鹰，等等。最后终于抵达了科尔喀斯，见到了国王埃厄忒斯。

国王得知他们的来意后，本想立刻把他们宰了，但想到希腊不是好惹的，于是也像伊阿宋的叔父一样，想出了一条毒计：他要伊阿宋驾驭有着铜蹄、鼻中喷火的神牛去犁战神阿瑞斯的圣田，然后种下龙牙，并把长出来的巨人杀死。

这又是一个凡人所不可能完成的任务，怎么办呢？这时爱神帮助了他。

埃厄忒斯有一个小女儿，名叫美狄亚，长得既漂亮又聪明，她是地狱女神的祭司，懂得许多厉害的魔法。她一看到天神一样俊美的伊阿宋就疯狂地爱上了他。因此当伊阿宋知道只有她能够帮助他，请求她的帮助时，她答应了。她给了英雄一瓶魔水。伊阿宋涂上魔水之后就刀枪不入了，并且具有天神的力量，战无不胜，遗憾的是这种魔水的力量只能持续一天。

然而一天就够了，这天，伊阿宋如约来到了圣田，在众目睽睽之下将铜蹄喷火的神牛抓起来，硬给它们套上了铁制的犁铧，让它们耕田，又将龙牙一颗颗洒在耕好的沟垅里，当巨人们长出来时，又在他们中间扔下了一块石头，让巨人们像饿汉争面包一样大打出手，然后他在旁边打太平拳，将巨人们一个个收拾了。这一切多亏了美狄亚，否则他早给烈火烧成灰、给巨人们揍成肉饼了。

一切完成之后，埃厄忒斯得知是女儿帮了他们，不愿履行诺言，美狄亚再一次伸出了援手，她用魔法迫使那看守金羊毛的原来永不睡眠的巨龙呼呼大睡，然后让伊阿宋爬上树取下了珍贵无比的金羊毛。

由于再也不能待在家乡，加之伊阿宋发誓爱她、要娶她为妻，美狄亚抛弃了父亲与故土，同伊阿宋私奔了。

当他们逃跑时，她还做了件伤天害理的事，用毒计杀死了前来追击的亲弟弟。

最后他们总算平安回到了希腊，伊阿宋将金羊毛交到了叔叔手上，以为能够就此得享王位了。然而我们早说过，这只是一个阴谋而已，珀利阿斯岂会将王位让出来？

被叔父的背信气得发疯的伊阿宋再一次请美狄亚帮忙，现在她已经是他合法的妻子了，她当然从命。她先找来一只老羊，然后又找来珀利阿斯的女儿们，在她们面前将老羊大卸八块，丢进沸腾的锅里。一会儿后从锅里升上来的不是老羊煮熟了的肉，而是一只漂亮的小羊羔。

美狄亚对目瞪口呆的珀利阿斯的女儿们说：如果你们将父亲也像这头老羊一样处理，我会还给你们一个年轻的父亲。

珀利阿斯的女儿们一听顿时高兴起来，她们真的找来自己的父亲，一把抓住他，将他砍成碎片，然后让美狄亚帮忙去“返老还童”。

结果不言喻，她们得到的只是父亲成了汤的尸体，这可怕的谋杀激起了爱俄尔卡斯人的愤怒，他们群起攻之，伊阿宋两口子待不下去了，只得逃到了科林斯，在那里隐居起来。

此后的十年是平静的十年，也是美狄亚最幸福的日子。他们像普通老百姓一样生活在科林斯，由于美狄亚集美、慧、贤于一身，她赢得了丈夫与科林斯人民的喜爱，还生了两个儿子。

不过，美狄亚虽然聪明能干，还懂法术，毕竟只是凡人，像凡人一样会衰老。十年之后渐渐不像往日青春美丽了。伊阿宋也渐渐地察觉到这点，于是对美狄亚冷淡了。后来，当他遇上科林斯年轻美丽的公主时，便迫不及待地做了一个负心男人通常都会做的事：抛弃美狄亚，向年轻的公主求婚。

公主看到这样一位驰名全希腊、又英俊非常的男子向她求婚，不由喜出望外。她的父亲也愿意找一个有本事的女婿来保护王位与国家。对于伊阿宋，他这样做不但可以得到一位年轻美貌的妻子，甚至还可能得到一个王国，圆他苦思了一辈子的国王梦！

不难看出，这一桩婚事里英雄、公主与国王各取所需，也各得所需，然而谁都没有去想想另一个人将因为他们的收获而失去一切!

这就是美狄亚。

一旦这场婚姻成立，她能怎么办呢？当初，为了对伊阿宋的爱，她抛弃了一切——国家、父亲，甚至杀害了弟弟。现在，丈夫与家庭就是她的一切！失去了这个对于她也就是失去了一切。

但他们，她的丈夫、科林斯王、公主，就是要剥夺她的一切。

这就是《美狄亚》一剧开始时的情势。

我们现在就来看看《美狄亚》一剧的内容吧。

第一场　剧一开场出来的是保姆，她负责照管美狄亚的两个儿子，她将悲剧的背景大致叙述了一遍：美狄亚为了对伊阿宋狂热的爱而来到了希腊，又为他杀死了珀利阿斯，因而来到这科林斯城。她一向受人爱戴，且对丈夫百依百顺，家庭和美。像保姆所言："妻子不同丈夫争吵，家庭最是相安。"（开场）

然而现在一切都变了，伊阿宋抛弃了她，她全身都沉浸在悲伤里，悲叹丈夫的背弃婚誓、悲叹自己背弃了亲爱的父亲，并且，这悲叹现在已经变成了恨，她恨丈夫、恨与丈夫相关的一切——首当其冲的就是她同丈夫所生的儿子。

这时保傅，也就是男保姆，带着两个孩子来了，两人一起悲叹着俄狄浦斯对妻儿的伤害。屋里传来了美狄亚悲伤得发狂的呼喊，她一次又一次地呼喊着诸如此类的话："哎呀呀！愿天上雷火飞来，劈开我的头颅！我活在世上还有什么好处呢？唉，唉！我宁愿抛弃这可恨的生命，从死里得到安息！"（进场歌）

然而，可怜的女人！她没有想到，她如此的痛苦并不是痛苦的结束，还有更大的痛苦等着她呢!

这时克瑞翁来了，我们在上章曾看到过他，他就是俄狄浦斯的大舅子，俄狄浦斯出走后便继承了科林斯的王位。

他给美狄亚送来了最后通牒：决定将她驱逐出科林斯。

他的话令正在悲伤之中的美狄亚大惊，她恳求国王收回成命，她说："我只是怨恨我的丈夫，并不嫉妒你们的幸福。快去完成这婚事，欢乐欢乐吧！让我依旧住这地方，我自会默默忍受这委屈，服从强者的命令。”（第一场）

然而克瑞翁心意已决，毫不留情。

美狄亚绝望了。

绝望令她铤而走险。

她请求克瑞翁让她多留一天，她如此说：“让我多住一天，好决定到哪儿去：既然孩子的父亲一点也不管，我得替他们找个安身的地方。可怜可怜他们吧，你也是儿女的父亲。我自己被驱逐出境倒没什么，我不过是心痛他们也遭受的苦难。”（第一场）

同为父亲的克瑞翁实在不能拒绝美狄亚这个恳求。

然而这将是他致命的错误。

这是第一场。

第二场　第二场一开始伊阿宋来了，他们吵了起来。她让伊阿宋回忆一下她为他做了多少。对此伊阿宋说，她帮他只是因为爱神的箭射中了她，实际上帮了他的是爱神。他还说，美狄亚从救他这回事中所得到好处比她给他的还多哩！因为他将美狄亚带离野蛮的科尔喀斯，来到了文明的希腊！

第三场中又一个人物进场了，这就是埃勾斯，雅典的王，他为求子嗣去阿波罗神庙，路经科林斯。他听说了美狄亚的遭遇，不由义愤填膺，这时美狄亚表示：如果他让她到他的国家去避难，她将用她的法术让他生个儿子。

埃勾斯当然高兴，他庄严地保证收留、保护美狄亚。

这样美狄亚未来就有安身之地了，她可以放心地将她的计谋付诸实施了。

她派人找来伊阿宋，对他大放糖衣炮弹，说她知错了，甘愿接受被驱逐的命运，只求能把她的两个孩子留下来。直接求国王是一定不行的，因此她要伊阿宋先去求马上要成为他妻子的公主，让她转求国王。他立即答应了，但忧虑的是公主要是不同意怎么办？

美狄亚说，好办，她有两件宝物：一顶金冠和一件极精致的袍子。她要两个孩子将这两件宝物捧去送给公主，也许公主看在这两件厚礼的分上会答应他。伊阿宋乐而从之。

接下来的事就很简单了，两个孩子跟着父亲进宫，把礼物献给了快要做新嫁娘的公主。看到如此精美的礼物，公主十分高兴，当即答允了未婚夫的请求，然后迫不及待地将金冠戴上，把袍子穿上。

她立刻感到呼吸困难，嘴里吐出了白沫，瞳孔上翻，面色惨白，又过了一会儿，那金冠开始冒出火焰，“她的面容已不像人，血与火一起从她头上流下来，她的肌肉正像松脂似的，一滴滴地叫毒药看不见的嘴从她的骨骼间吮了去”。（第五场）

当她的父亲想将女儿扶起来时，他的身体顿时也粘在了袍子上，他想挣开，“可他那老朽的肌肉便从他的骨骼上分裂开来”。

当父女俩在可怕的痛苦中挣扎时，美狄亚同样在感受着痛苦：一方面，她要杀了孩子，让伊阿宋痛苦，另一方面，这毕竟也是她的孩子、是她一向热爱的孩子，她如何下得了手？她知道这只会“弄得我自己反受到双倍的痛苦”。（第五场）

她一时喊道：“哎呀呀！我的心呀，快不要这样做！可怜的人呀，你放了孩子，饶了他们吧！即使他们不能同你一块儿过活，但是他们毕竟还活在世上，这也好宽慰你啊！”（第五场）

接着她又喊道：“——不！凭那些住在下界的复仇神起誓，这一定不行，我不能让我的仇人侮辱我的孩儿！无论如何，他们非死不可！既然要死，我生了他们，就可以把他们杀死。命运既然这样注定了，便无法逃避。”（第五场）

就这样，美狄亚亲手杀死了自己的两个儿子。

剧的最后，当伊阿宋前来为他的未婚妻报仇雪恨时，看到的是美狄亚乘着毒龙牵引的车子在空中出现，他们像前面一样吵了一会儿，最后美狄亚抱着孩子的尸体，凌空而去。

戏剧就这样结束了。

它没有说起伊阿宋的结局：同样失去了一切的伊阿宋绝望地自刎在自家门

槛上。

这就是欧里庇得斯的不朽之作《美狄亚》。

《美狄亚》一剧同此前埃斯库罗斯与索福克勒斯的悲剧迥然不同，虽然它是欧里庇得斯两千余年前的作品，然而直到今天仍具有极强的现代性，无论对于我们现代人抑或现代文学都是如此。

可以这样说：《美狄亚》不但反映了古希腊人深刻的悲剧意识，也是现代人类心灵的一面镜子。

为什么这样说呢?

可能许多人在读过《美狄亚》后，会对美狄亚付出很多同情之余，还会有对伊阿宋忘恩负义的诅咒，把他当作古希腊的“陈世美”。但倘若我们细察它的剧情，不会不感到欧里庇得斯在写作《美狄亚》的时候，没有想过要将她写成一个被恶人伊阿宋欺骗的值得同情的善良女人，相反，伊阿宋不是坏蛋，只是一个像我们大多数人一样的人，他渴望建功立业，他勇敢但并非冷酷。他最后离开美狄亚也是必然的，因为美狄亚杀死了珀利阿斯后，使得他夺回国土的所有希望破灭了，而这是他一切英勇行为的原动力，也是他接受美狄亚帮助与爱的基础，现在这个基础覆灭了，他为什么还要为美狄亚做出牺牲呢?

我们接着来看美狄亚，她的行为又怎样呢?她是一个女祭司、女儿和妹妹，但她却运用自己的巫术去帮助父亲的敌人，又亲手杀死了自己的兄弟，使她成为被抛弃者。她这一切的目的只是爱，而且，我们从欧里庇得斯的描述中可以看到，她的爱始终是一种原始的性爱。就是在当时，美狄亚的母邦科尔喀斯也被希腊人认为是野蛮之地，她被希腊人看作是野蛮人，她的爱也像文明之初的人一样，保留着文明前的人面对爱时的态度以及为了爱而所用的方式：没有犹豫、没有矜持，只是要得到、不顾一切地得到欲望的满足。并且，当这种爱不再能得到满足时，不顾一切地爱便转化成不顾一切地恨。

在欧里庇得斯这里，我们可以把美狄亚看作象征，象征着从原始的赤裸裸的以性满足为唯一目的的爱向诗人之爱、柏拉图之爱的转向，这也是人类从原始非理性向理性的一个转折。

我们现代人之所以从古希腊的剧作里发现了许多令我们激动不已的东西，根源也许就在于现代社会从某个角度上说乃是再次由理性向非理性的回归，就像现代人的爱情，现在从东方到西方，有多少不是直接以性满足为前提的呢？在现代人这里，欲望再次剥去了从古希腊开始披上的诗意的羊皮，露出了它狼的本性！不过，在这里的秩序是相反的，在古希腊，爱的方向是为脱离原始的性，向着诗意出发的，而现代社会，爱试图脱离诗意，回归到古希腊时代的原始的性。

于是，结果就是，美狄亚的悲剧也暗示了现代人的悲剧。

关于这点我们在这里不能详述，只能够借用弗洛伊德的思想做出这样的总结：文明因其起源于对性的压抑，这终将导致文明的危机。

为什么这样呢？原因就在于，对性的长久压抑将导致性的反抗，而它的反抗就是反对文明起源以来的性规范的反抗，这也就是对性规范中对纵欲与乱伦的全面反动，而这个对纵欲与乱伦的禁忌乃是文明之根，并且，这个文明之根并不会因文明的发展到现代文明而失去它的有效性，所以，对文明之根的危害必然会危害文明本身。——这就是西方现代文明面临困境的原因所在，也是《美狄亚》现代性的至高之点。

第四章　但丁与《神曲》

意大利诗人但丁，是一位伟大的诗人，中古到文艺复兴的过渡时期最具有代表性的作家。恩格斯称他是“中世纪的最后一位诗人，同时又是新时代的最初一位诗人”。其代表作《神曲》是一部旷世神作。《神曲》分为《地狱》《炼狱》《天堂》三篇，每篇三十三曲，加上序曲，正好一百曲。

但丁小传

但丁的全名是但丁·阿列格里，据他自己说，他出生于公元1265年的“双子宫时段”。这种用星象来定时间是中世纪时博学的人们常用的复杂的一个法子，这段时间是5月21日到6月20日，然而到底是哪一天就不得而知了。

但丁出生在佛罗伦萨一个骑士家庭，据说他的高祖父名叫卡恰圭达，曾随神圣罗马帝国皇帝参加第二次十字军东征，埋骨异乡，这位高祖父的妻子姓阿列格里，丈夫死后她便让孩子们跟自己姓，这就是但丁后来姓阿列格里的原因。

但丁早年丧母，父亲后来续弦，但丁便有了两个同父异母弟妹。

他从小接受了良好的教育，如拉丁文、逻辑、修辞等，据说从小就是小大人，经常摆出一副若有所思的样子。

9岁时但丁遇到了他生命中最重要的人俾得丽采，她在但丁眼中“宛如幼小的天使”，从此情根深种。

几年后两人再次相遇，俾得丽采出落得更加美丽，有倾城倾国之色，更令但丁神魂颠倒的是：这位惊世美女居然还向他打了招呼！这下诗人更加堕入了深不见底的爱河，不能自拔了。但丁一生著有两部诗集《新生》与《神曲》，都同他对俾得丽采的爱情有关。

1277年，由父亲做主，按当时早婚风俗，才12岁的但丁同杰玛·多纳蒂订婚。

这次婚姻给但丁带来了两个儿子，他们热爱父亲，以父亲的杰作而自豪，成为它最早的诠释者与传播者。

但丁的父亲死于1283年之前，为他留下了一笔不小的财产，足以令儿子过上小康生活。

意大利自罗马帝国崩溃之后一直四分五裂，此时统治意大利的主要是两股势力：教皇和神圣罗马帝国，它们在意大利互相倾轧，将美丽的意大利弄得破碎不堪。

佛罗伦萨也不例外，在这里支持教皇的人被称为归尔甫党、支持皇帝的人被称为吉伯林党，两派之间无休无止地恶斗着。先是归尔甫党人取得了优势，但在不久后的一次战役中，吉伯林党击败了归尔甫党，统治了佛罗伦萨。到了1266年，归尔甫党再次崛起，在教皇与法国人的帮助之下，对吉伯林党人取得了决定性的胜利，从此牢牢地控制了佛罗伦萨。

但执掌政权的归尔甫党人立即分裂成了两派，分别被称为“黑党”和“白党”，实际上又成了新一轮的归尔甫与吉伯林，开始了新一轮争斗，没有赶上前一轮的但丁如今积极地加入进来。

当时佛罗伦萨的法律规定，只有加入了某一个行会的人才能从政，于是但丁加入了“医师和药剂师行会”，因为但丁在当时被认为是哲学家，根据规定哲学家有权加入这个行会。

加入行会后，但丁在1285年成了“人民首领特别会议”成员，正式踏入仕途，属于白党。

1289年，但丁一口气参加了两次战争——坎帕尔迪诺之战和佛罗伦萨攻占比萨的卡普纳城堡的战斗，并立下战功。

大约十年之后，他成了佛罗伦萨百人会议的成员。

又过了五年，即1300年，他正式当选为佛罗伦萨行政官，并接受了第一项重大政治使命，率代表团去毗邻的圣吉米尼亚诺市商议对抗教皇。

大家听起来也许会感到奇怪，归尔甫党人不是属教皇派吗？怎么会反对教皇呢？

原来这时对意大利和佛罗伦萨的自由造成最大威胁的已经不再是皇帝，而是教皇了！特别是新上任的教皇卜尼法斯八世，想将教权与俗权结合起来统治全意大利。但丁虽然一开始属教皇党，但在认识到教皇统治的种种弊端后便开始反对教皇干政，并且寻找同盟者一起行动，这就是他之所以去圣吉米尼亚诺市的缘故。

一开始但丁所属的白党在政治斗争中取得了优势，放逐了黑党，黑党便同教皇和法国人暗暗联合起来。不久，一支法国军队要求进入佛罗伦萨，佛罗伦萨尚未知悉黑党与他们联合的事，但也不敢贸然让他们进来。那时教皇的种种举动已让他们感到了危机，便决定派员去罗马同教皇谈判，谁都知道这是一项危险的使命。这时但丁贵为行政官，他面对着自己去还是不去的两难局面，“若我去，谁留下？若我留下，谁又去？”就是他这时候留下来的名言。

为了城市的利益，他还是亲自去了。这一去不啻是送羊入狼口，教皇立即将他扣了起来。而这时的佛罗伦萨呢，1301年11月，市政当局允许法国军队进入，就在当晚，已经同法国人联合起来了的黑党偷偷溜了进来，随之夺取大权，紧接着便对白党展开大迫害。他们不但迫害正在市内的白党人，还想迫害不在市内的但丁，向但丁发出了宣召，令他回来。

但丁当然知道如果他回来等待他的将是什么，莫须有的罪名将令他坐牢甚至送命，因此他拒绝回来。

这更给了黑党以口实。1302年1月，他们正式给但丁判罪：罚款5000弗罗林，流放五年，并永久剥夺他担任公职的权力。

他们给但丁的罪名是贪污公款、反对教皇、扰乱佛罗伦萨共和国。这些罪名当然像秦桧加给岳飞的一样，是“莫须有”的，是“欲加之罪，何患无辞”。对这样的判决但丁自然不服，拒绝缴纳罚款，并再次拒绝回乡。不久他便遭到了更加严厉的重罚。1302年3月10日，他被判处以火刑。也就是说若他一旦被黑党逮住，等待他的将是同布鲁诺一样的命运。

这年但丁三十七岁，永远被驱逐出了故乡，从此不得不到处流浪，在异乡度过漫长的余生，如他自己所言，“几乎是乞讨着走遍所有说这种语言的地方”。

“这种语言”指的是意大利语，不过这时的意大利语还只是一种民间土话。

1308年11月，亨利当选为德意志皇帝，这时的新教皇是来自法国的克莱芒五世，他宣布亨利为神圣罗马帝国皇帝，并答应在罗马圣彼得大教堂替他加冕。

由于好久以来意大利一直分崩离析，根本没有统一的领袖，亨利七世一旦加冕，也就成为全意大利的国王了。这至少会令意大利表面上有一个共同的统治者，亨利七世也宣布他将致力于意大利诸邦的团结与统一，并答应让所有流放者回到家乡。

这些消息令但丁倍感鼓舞，他成了亨利七世热烈的拥护者，不停地给意大利各地的大小封建诸侯和城市写信，号召他们团结在教皇的旗帜之下，又呈书给亨利七世，要他讨伐那些反对他的人。也正是在这段时间里他写下了为皇帝与帝制辩护的政治学名著《帝制论》。

然而不久但丁便失望了。亨利七世面对强大的敌人无法实现理想、兑现诺言，1313年就病死了。但丁的殷切期望也化为泡影。

虽然到处漂泊，但但丁毕竟曾是佛罗伦萨的长官，又已经有了诗人的名声，他到处受到了礼貌的接待。特别是在维罗纳和拉文那，他得到了维罗纳的统治者格兰德·德·斯卡拉的礼遇，在这里度过了许多时光。此时的但丁早已经放弃了归乡的希望，决心以创作来追求不朽的荣誉了。

后来，他又接受了一个叫圭多的拉文那贵人的邀请，在这里度过了生命中最后的时光。

1321年9月14日，但丁因患疟疾逝世于拉文那，享年五十六岁。

他在逝世前终于完成了使他永垂不朽的作品，也是西方与世界文学史上最伟大的作品之一——《神曲》。

这就是但丁的一生，这样的一生恐怕无论如何也说不上幸福吧！他的一生，正如他在《神曲》中所言：

> 好像希坡利忒由于他残忍背信的
> 后母的诬陷，走出了雅典城，
> 你也不得不和佛罗伦萨分离。
> 这是天意如此，这计谋已经议定，
> 在那个基督整日被买卖的地方
> 计议此事的人就要把它执行。
> 那罪过必将归之于在名誉上
> 受损害的一方，那是由来如此。
> 但复仇必将公正地使真相大白。
> 你必将抛弃一切最可宝贵，
> 最可珍惜的事物。这是“放逐的弓弩”
> 必将向你射来的第一支毒箭。
> 然后你必将体味到吃人家的面包
> 心里是如何辛酸，在人家的楼梯
> 上去下来，走时是多么的艰难。[1]

《神曲》

《神曲》分为《地狱篇》《炼狱篇》和《天堂篇》，但丁大约从1307年左右开始创作，直到逝世前不久才告完成，历时十四载。

---

[1] 见《神曲·天堂篇》第十七歌。

《神曲》每篇33歌，第一篇《地狱篇》多了个第一歌算是全书的序言，实际上是34歌，这样加起来刚好100歌，共14233行。

《神曲》的情节说起来并不复杂，只是一个人——但丁自己——在1300年复活节前后的几天里进行的一次神奇的旅行：它由伟大的诗人维吉尔和但丁的梦中情人俾得丽采先后领着，在我们人死后要待的那些地方——地狱、炼狱和天堂——逛了一遭，《神曲》所描写的就是他这次的“旅行见闻录”。

地狱游记

《神曲》全诗一开始就开门见山地道出了诗的起源：

> 就在我们人生旅程的中途，
> 我在一座昏暗的森林之中醒悟过来，
> ……

此后，经过稍稍一番曲折之后，他就开始这趟旅行了。他们先来到的第一个大地方是可怕的地狱，地狱的大门上镌刻着几句诗：

> 从我，是进入悲惨之城的道路，
> 从我，是进入永恒之痛苦的道路；
> 从我，是走进永劫的人群的道路。
> ……
> 你们走进这里的，把一切希望捐弃吧！[1]

但大家可不要以为在地狱里承受绝望的都是坏人，相反，里头好人可多哩。例如地狱的第一层叫林菩狱，里头住着荷马、埃涅阿斯、恺撒、亚里士多

[1]　见《神曲・地狱篇》第三歌。

德、柏拉图和苏格拉底，等等。

他们下地狱只有一个原因，当他们出生之时，基督教尚未诞生，因此他们出生时没有受洗成为基督徒，而成为基督教乃是不下地狱的第一个先决条件。

离开林菩狱之后就不同了，以后地狱中每一层的每一个人都是犯了在神眼里不可宽宥之罪而下地狱的。

例如地狱的第二层是那些放纵自己情欲的，例如有个美女是因为同小叔子偷情而被丈夫杀害的，然而那却是十分动人的爱情故事，听得人不由潸然泪下。除这个美女外，这里还有我们熟悉的两个大美人——引发特洛伊战争的海伦和埃及艳后克莉奥佩特拉。

第四层中住着那些小气或者浪费的家伙，他们分成两边，要推动重物，但只是像推磨一样绕着圈子，永远从事无效劳动，这里头包括许多在人间时有头有脸的人物，例如牧师、主教甚至教皇。

如此等等，只见到一个个犯下这样那样罪孽的人，有对他人使用暴力的人、自杀者、蔑视上帝者、淫媒与诱奸者、贪官污吏，等等。这些人都各自住在地狱的不同层面，在里头受着那永远没有尽头的痛苦。有的被火烤油煮、枪刺剑剁，等等，读起来令人心惊肉跳。

诗人最后到达的是地狱的第九层，这里住着“悲哀之国的皇帝”，也就是地狱之王，他身材巨大无比，上身以下被冻在冰海里，他有三副脸、三张口，每张口里都在不停地咀嚼着一个坏人，这三个坏人都是我们熟悉的背叛者：出卖耶稣的犹大、谋杀恺撒的卡西约和布鲁托斯。

炼狱游记

在地狱中看过太多的眼泪与痛苦之后，两位伟大的诗人开始下一站的“炼狱之旅”了。炼狱位于一个岛上，四周是茫茫大海，它是干什么用的呢？简而言之，它是用来忏悔的。那些在活着时虽然有错，但是“错”而非“罪”，上帝认为他们是孺子可教、朽木可雕，就让他们来这里，先好好地忏悔一番，洗净身上的罪过，然后就可以升天了。

这天是复活节，他们乘着刚萌芽的春之气息来到了虽然痛苦，却有无比珍贵的希望之所在。

他遇到的第一个人是“孤单的老翁”，他就是炼狱之门的守望者伽图。他是罗马深孚众望的元老院领袖，连恺撒也很尊敬他，当恺撒击败他时，他宁死不降，把自己的肠子掏出来，用手扯断，然后纵身投入大海。他自杀了，本来该下地狱的，但由于上帝特别的恩宠，让他来到炼狱做了守门人。

伽图没有留难两位奇异的访客，让他们顺利进入了炼狱的“前界”。炼狱前界不是炼狱本身，他们遇上了一队灵魂，里面有但丁的一位好友，他的歌儿唱得好，生前，当但丁累了时，就会来找他，听他歌唱，那些歌的词大多是但丁写的。这次，当但丁看到他时，惊喜之余，请他低唱了一首《在我的心灵中向我低诉的爱情啊！》，听得那群忏悔的灵魂呆住了，“仿佛任什么事都不再放在心上”。

接着他们来到了一座高山之下，它是那样的陡峭，望得但丁两腿发软。

经过一番努力，他们抵达了炼狱之门，它的名字叫“象征之门”。踏过这座门之后，但丁进了真正的炼狱之内。

他们看到了一面奇妙的墙，上面栩栩如生地雕刻着许多的人物，描绘了一段段历史，有以色列人的王大卫在耶和华的约柜前跳舞的故事，有图拉真同那个可怜的寡妇一段著名的对话。寡妇请求正要出征的皇帝替她被害的儿子报仇，皇帝说：“你暂且等等吧，等我回来再说。”寡妇说：“要是你不能回来呢？”皇帝说：“接替我位的人会替你办。”寡妇问：“要是你不行这善，干吗又要人家行呢？”图拉真皇帝便说：“请你安心吧，……正义这样命令，怜悯使我留下。”

此后他们开始遇到了炼狱中那些生时犯有这样那样错的人。例如骄傲者，他们必须在炼狱中低下他们生前高高昂起的头颅，弓腰背负起沉重的大石，不停地走动，直到上帝满意为止。这里头有但丁的几位艺术家朋友，他们像大多数艺术家一样，总以为他们的作品如何伟大，骄傲的结果就是如此。

像在地狱中一样，但丁在炼狱也遇上了各色各样的名人，有的是古代的英雄，有的是他同时代、较早死去的名人，例如古希腊的僭主庇西特拉图、阿德里安教皇、但丁一个叫多纳蒂的良友，等等，如懒惰、贪财、好色、馋嘴……便在这里受到相应的处罚。但他们在炼狱中所受的责罚比起地狱中那些可怕的严惩来要轻得太多太多了，最重要的是他们在这里拥有无比宝贵的希望，终有一天会洗尽自己的罪过上达天堂。

这一章里最美妙的事是但丁见到了他的梦中情人俾得丽采。

这时已经是第三十歌了，维吉尔已离他而去，因为他已经抵达了炼狱的最高层，称作“人间的天国”，维吉尔这个只能待在地狱里的伟人，不能再往上行了。

诗中是这样描述但丁见到俾得丽采的情形的：

> 一位仙女忽然在我面前出现，
> 她戴着橄榄枝的花冠，遮着白面纱，
> 绿色斗篷内穿着火红的衣裳。
> 那么漫长的一段岁月已经过去了，
> 我的精神无从去亲她的芳泽，
> 她曾怎样使我面含羞涩，
> 敬畏不已，
> 如今再不能用我的眼睛详视，
> 但从她圣体中发出的灵气，
> 使我又一度感到旧情的炽烈。[1]

然而他从她那里得到的是一场无情的指责，她让他看到了自己那样多的缺点与过错，令诗人羞愧得晕倒在地。其实俾得丽采只是为了令诗人看到自己的不足，并不是要惩罚他，看到他已经悔恨，她派了四个美丽的仙女将诗人浸到

[1] 见《神曲·炼狱篇》第三十歌。

忘川之水里，洁净了身子。

当这一切完结之后，但丁将开始他这趟梦幻之旅的最后一站——天堂。

天堂游记

在《神曲·天堂篇》里，我们感到的是一片辉煌的金色调，到处充满了微笑与对主的虔诚，从头到尾是一曲《欢乐颂》。

天堂由九重圆环组成，每一重都有天使保卫，这里一切美好而和谐。但并非一切都同样美好，就像人间一样，天堂也分等级，越往上越高级也越幸福，因此生活在天堂底层的人们相对而言就不那么幸福了，而且我们将可以看到每一层的人都或多或少有这样那样的缺点。

这其实很好理解，人即使能上天堂又怎能说是完美无瑕的呢？一切凡人必有缺点，唯上帝完美无瑕。

例如第一重是月亮天，住着一些虽然善良，却不那么坚定的灵魂。

月亮天之上是水星天，这里住着查士丁尼大帝，他制订了一部伟大的法典，人间他在万民之上，然而在这里他只在一层之上。

再上是金星天，这里住着相爱的人们。金星天往上是太阳天，它是“哲人之天”“圣人哲学家”托马斯·阿奎那和所罗门王就在这里。

接着便是火星天了，这里住着那些为信仰而战的勇士。例如卡恰圭达，他是但丁的高祖，死于第二次十字军东征，他预言了但丁的悲惨生活。

火星天上是正义者之天，住着图拉真等伟人。为什么作为异教徒的他能生活在天堂，而且是如此之高的天堂呢？这是因为他们虽然没有受洗，却怀着对救世主虔诚的信仰，正是这种虔诚令他们得救。

这时也许您在心里生了疑问：为什么亚里士多德，这在中世纪被尊为圣人者只因为不是基督徒就不能上天堂，图拉真等反而能上呢？难道仅仅是因为他们信仰救世主的缘故吗？

这也许体现了但丁在上面一歌中说的话：

许多口中叫基督基督的人，
比不信基督的人更不靠近基督身边。[1]

离开火星天后他们已经到达第七重天——土星天了。这里住着是那些严格遵守教规的主教与修士，他们是人间那时已经污秽的教会得以改良的希望。

第八重天是恒星天，但丁瞻仰了基督教中最为神圣之人物——基督、圣母玛利亚、天使加百列，等等。但丁还在这里接受了圣彼得、圣雅各与圣约翰三使徒的考验，分别考试但丁关于信心、希望、爱的问题。

但丁考试及格了，由此可以上升至最高的天——水晶天了，这就是第二十七歌的名字——《飞向水晶天》。

在水晶天里，但丁看到了天使们，还看到一个奇异的景象：九个明亮的环一环套着一环，绕着中心一个圆点旋转。这个圆点象征上帝，旁边的九个环则象征九重天。

到达水晶天之后，但丁仍没有停止，因为虽然水晶天是最高的一层天，然而却并不是最后的，在它上面还有最后的天，它无名，也超越了一切凡俗可以言说的，那就是由上帝本真所在的天。

在此，惊鸿一瞥之间，但丁看到了圣三位一体的“最后的幻象”。

《神曲》中的隐喻与哲学

《神曲》是极难读懂的，实在是诗中的哲学，即使到了哲学之中，它仍是哲学中的《纯粹理性批判》或者《存在与虚无》，像它们一般难读难懂。

《神曲》的难懂主要表现在两个方面：

一是语言。

《神曲》有一个中世纪文学的共同特点，爱用隐喻。例如《神曲》全诗的第一句就是：“就在我们人生旅程的中途，我在一座昏暗的森林之中醒悟

[1] 见《神曲·天堂篇》第十九歌。

过来……”这里就有两个地方不好明白：“人生旅程的中途”与“昏暗的森林”。这些词虽然有它字面的含义，然而在《神曲》里却是一种隐喻，有其独特的喻义。例如，诗中的话句“人生旅程的中途”就具有很深的隐喻之义。

第二个难懂的方面是思想。

贯穿《神曲》全篇的哲学思想是但丁对于神的思考，这其中最典型的就是关于“三位一体”的沉思。

三位一体是基督教神学中的基本观念。然而究竟什么是三位一体？为何三位能成为一体？三能成为一？又是如何三而一、一而三的？这些都是神学中顶神秘的东西，就是专业的神学家们用一整本书来讲也很难理解，然而但丁却在他的文学作品中讨论这样的问题，试图说明之，这又如何能不晦涩深奥呢！且诗人不是明白地去解释，而是用了一些奇妙的隐喻。例如在最后一歌中，我们说过，但丁行将完成他的惊世之旅，《神曲》也到了最后的句子时，但丁在惊鸿一瞥之间看到了圣三位一体的“最后的幻象”，诗中如此说的：

在那澄澈又崇高的幽光的生命里，
我看到了三个圈环，三个圈环
有三种不同的颜色，一个容积；
第一个圈环仿佛为第二个所反映，
如彩虹为彩虹所反映，第三个像是
相等地从这两者里面发出一片火光。

但丁也许想用这来“形象地”描述那神秘而神圣的“圣三位一体”，然而大家能看明白吗？

在《神曲》里，我们可以看到的不仅是难懂，还有那惊人的艺术之美。例如那第一个关于人生旅程的隐喻，原文如下：

就在我们人生旅程的中途，

我在一座昏暗的森林之中醒悟过来，
因为我在那里迷失了正确的道路。
唉！要说出那是一片如何荒凉、如何崎岖、
如何原始的森林地是多难的一件事呀，
我一想起它心中就会惊惧！[1]

如何？并不乏文学之优美吧！

我还来举一个类似的例子吧，大家可能听说过哲学史上那头有名的“布里丹的驴子”吧！那是说：有一头驴子，在它的两边各有一堆干草，它们是完全一样的大小、一样的新鲜、一样的翠绿、隔驴子一样的远近，到底先吃哪堆干草呢？这头驴子无法决定，最后只能活活饿死。但丁在《神曲》里也有一段描写与其有异曲同工之妙，他是这样写的，是时他正被两个难题困扰，一个是有关善良意志的问题，另一个是有关灵魂的问题，他想问俾得丽采，可不知道先问哪个，诗中如此说：

在两种放在同等的距离，发出
同等的香味的食物之间，一个人
纵然自由，也会吃不上食物活活饿死。
一只羔羊会在两只馋涎欲滴的恶狼之间
站着不动，对它们抱着同等的恐惧；
一只狗也会这样站在两只母鹿之间。[2]

正是用这些优美的诗歌化的语言来抒写他那深刻异常的哲学思想，才令得但丁在《神曲》中不但不致因有许多哲学内容而失去其文学价值，反而倍添之。

[1] 见《神曲·地狱篇》第一歌。

[2] 见《神曲·天堂篇》第四歌。

综合上面，《神曲》可以说有两个特色：一是文学之优美，二是哲学之深刻，将这二者结合起来正是《神曲》的基本特色，纵览整个西方文学史，能做到这二者如此完美之结合的，实在无有胜于但丁者！

第五章　塞万提斯与《堂·吉诃德》

塞万提斯，是文艺复兴时期西班牙小说家、剧作家、诗人，被誉为是西班牙文学世界里最伟大的作家。他的代表作《堂·吉诃德》，是文学史上的第一部现代小说，同时也是世界文学的瑰宝之一。

塞万提斯小传

塞万提斯有一个冗长的全名米盖尔·德·塞万提斯·萨阿维德拉，1547年生于阿尔卡拉·达·埃那雷斯市，这是一座距首都马德里大约三十公里的小城。

塞万提斯的家庭是个破落小贵族，爷爷做过蹩脚的律师，父亲是江湖郎中，主要治疗手段是用剃头刀替病人放血，这是中世纪时人们常用的疗法。

塞万提斯从小就跟随父亲浪迹江湖，父亲到处替人放血，他大部分时间则什么也不干，不过小时候也上过几天学，学会了拼单词，这就是他未来文学创作的基础了。

对塞万提斯一生的文学事业影响很大的就是这种游历，他从小跟父亲浪迹天涯，走过了无数地方、见过了无数的人，因此没有多少书本知识的未来作家却惊人地见多识广。我们知道，文学不像哲学，它主要不是靠老师或者书本，它以自然为师、以人生经历为书，社会就是大学。

十八岁后，塞万提斯便开始独立谋生了，离开西班牙跑到了遥远的意大利。也有人说是他打伤了人，受到刑丁追捕，被迫逃到意大利去了。

到意大利后，塞万提斯先当了一个随从，以后便从了军，加入当时正驻在那不勒斯的西班牙皇家军队，这是1570年的事。

当时意大利的威尼斯共和国拥有一支强大的舰队，土耳其人也正凭着它庞大的舰队横行地中海，就在塞万提斯从军这年，土耳其人占领了原来属于威尼斯人的塞浦路斯。这样作为基督教世界领袖的罗马教皇同作为教廷力量支柱的西班牙都站到了威尼斯人一边，1571年战争爆发了。这年9月，塞万提斯登上了“侯爵夫人”号军舰，一个月后，两军在地中海上展开了大海战，这就是历史上有名的勒班陀战役，是基督教同伊斯兰教之间的重要一役。

塞万提斯表现得极其勇敢，这英勇也令他付出了惨重的代价，他身中三弹，左手受到重创，落下了终身残疾。

受伤后的塞万提斯仍待在军队，驻防那不勒斯，后来也到过其他地方，参加其他战斗，直到1575年。这年，作为一个残疾人的他已不适宜从军，乘上了回到西班牙的船只。

当船已经靠近法国的马赛港时，被摩尔人的海盗船拦住了，厮杀一番后商船抵挡不住，塞万提斯和同船的弟弟当了俘虏。

被俘后，海盗们将塞万提斯送往北非大城阿尔及尔，当时最兴旺的奴隶买卖市场。奴隶大都是被俘的基督徒。被带到这儿后，由于塞万提斯身上藏有当时的基督教联军统帅以及某一个大人物公爵替他写给西班牙国王的推荐信，使那些精明的奴隶贩子知道了他不是个小人物。大人物有大人物的价值，塞万提斯家人要付的赎金顿时高涨起来。

然而，塞万提斯和他的家人都是那种什么都有，就是没钱的人，哪里有这么多钱来赎人呢？塞万提斯只好留在北非当奴隶了。

从当俘虏的第一天起，他就不断地想法逃跑。只是运气不好，一连逃了四次都被抓了回来，因为值一大笔赎金才没有被杀掉。

当了五年奴隶之后，由于他的父母四处哀求，费尽千辛万苦，终于得到教会的帮助，到1580年总算弄到了五百个黄澄澄的金币，将塞万提斯赎了回来。

回到家乡塞万提斯已经年过三十，而立之年，但还是一无所有。他已经残废，很多谋生的活他不能去做，他曾为国负伤，立下战功。他一次次向国王祈求，想弄个一官半职，然而每次得到的都只是失望。

这段时间里他唯一的果实是一个女儿，是他同某一位夫人生的，据说她实际上是塞万提斯唯一的子女，后来她到了生父的家里，由塞万提斯抚养。

无奈之下，塞万提斯找到了一个谋生的方法——写作。一则西班牙这时有了不少剧院，需要剧本来排戏，二则他看到不少庸才靠写一些俗不可耐的骑士小说发了财。塞万提斯相信自己的见识与写作能力比那些人强得多，为什么他不去试试呢？他出版的第一部作品是小说《加拉苔亚》，替他挣了一笔不小的稿费。

1584年，他三十七岁时娶了妻子，也是破落贵族出身，比丈夫小了差不多二十岁，给丈夫带来一笔陪嫁：1个果园、4箱蜜蜂、5株葡萄、大小鸡45只、外加干草1堆和锅灶1副。

这些陪嫁可养活不了老婆孩子，他还得写下去，又开始写来钱比较快的剧本。到1587年时已经写了二三十个剧本。但挣的稿费少得可怜，根本无法养家糊口。

后来他成功谋到了一桩美差，替“无敌舰队”搞采购。这美差要是到了某些人手里非大发特发不可，但书呆子般的塞万提斯怎么能发得了呢？结果不但没发财，还因为向粮食满仓的教堂“非法征收”被革除教籍，甚至进了班房，这是1592年的事。

以后又找到了一份新美差——收税，结果依旧一样，由于他存放税款的银行的老板卷款潜逃，他进了班房，被关了差不多一年。

他几乎山穷水尽，住的是贫民窟中的贫民窟，楼下是饭堂，楼上是妓院。但所谓置之死地而后生，在楼道中间做饭的浓烟中、在孩子的哭闹声中、在妓女的呻吟声中、在泼妇的骂街声中，他开始写作不朽巨著《堂·吉诃德》。

《堂·吉诃德》第一卷于1605年出版（这时作家已经五十八岁了），立即大受读者欢迎，西班牙一时洛阳纸贵，并迅速被翻译成欧洲各国文字，一印再印，上至国王，下至平民百姓无不争相阅读，一睹为快。

按理说塞万提斯应当发了财，从此可以摆脱穷困了，没有！因为他将版权以不高的价钱一次性卖给了出版商。

虽然没挣到多少钱，却也挣了些名气。但厄运又一次袭来，这年6月的某天，他家门口的大街上发生了一件凶杀案，不知什么原因，他一家全成了疑犯，被送到监狱里关将起来。

出狱后他的日子更加难过。他债台高筑，债主像猎狗追赶野兔一样咬紧不放，让他终日惶惶不安。他被迫一次又一次地搬家，搬进越来越破旧的房子。

找不到别的办法谋生的作家只好快马加鞭地写作，写了不少小说和戏剧，最重要的是赶写《堂·吉诃德》的第二卷。

1615年，《堂·吉诃德》第二部终于写成出版。这卷一直写到堂·吉诃德死了为止，死前一刻他才幡然顿悟，觉往事之可笑可叹。

写完《堂·吉诃德》之后塞万提斯已经风烛残年，虽仍笔耕不辍，但“昔阳无限好，只是近黄昏”。1616年4月19日，塞万提斯在病床上写完了最后一部小说的献辞，四天之后溘然而逝，终年七十。他死时几乎不名一文，家人只好把他草草收葬，连墓碑也没有立，所以人们至今不知塞万提斯葬于何地。

《堂·吉诃德》

堂·吉诃德·台·拉·曼却是生活在拉·曼却地方的一个绅士，他瘦得像根竹竿，家里面有几件古老的兵器和一匹瘦马以及一条猎狗，像他这样的绅士，在西班牙的乡村里到处都是。

堂·吉诃德绅士最大的特点是酷爱读骑士小说。他日看夜看，渐渐地走火入魔了，竟然认为里面所说的都是真事，而且连这世界都是骑士小说里的那个世界哩，充满了游侠骑士、魔鬼、待拯救的贵族小姐以及待伸张的正义，他这样渐渐地入魔下去，终于有一天，他彻底把两个世界混淆了，决心去做一个真正的游侠骑士。

他找来一套还是曾祖穿过的长满了锈的盔甲，骑上他那匹骨瘦如柴的马。

骑士还得要个情人，堂·吉诃德想啊想，终于想起了邻村有一个漂亮姑娘，他曾经爱过的，那姑娘并不知道这事儿，要是知道了呢一定会报他以嘲笑的。我们的堂·吉诃德可不在乎，他把这个姑娘当作她的情人，决心为她去行侠仗义、成为伟大的骑士了。

第一天晚上他进了一家小客栈，不过在堂·吉诃德眼里这乃是伟大的城堡，站在门前的两个下等妓女则是高贵的小姐。他温文有礼地向她们问好，又请求那位大贵族——肥胖得像头猪的店东——封他为骑士。此后，堂·吉诃德骑士便可以堂堂正正地行侠仗义了。

堂·吉诃德那些令他名垂青史的游侠行动发生在他第二次出征时。

这次他还有了一个侍从，就是了不起的桑丘·潘沙。他无论外表还是性情都与主人形成了鲜明有趣的对比，例如堂·吉诃德像竹竿一样瘦长，他却像酒桶一样矮胖；堂·吉诃德是典型的理想主义者，处处为了理想而战，他却是一个十足的现实主义者，随时想着捞好处。他们的共同点是骨子里都是高尚不过的人。

堂·吉诃德第一次不朽的侠行乃是与风车的战斗。却说堂·吉诃德同桑丘·潘沙一起历险，走到一个地方时，远远地有三四十架巨大的风车耸立在旷野，堂·吉诃德一见这些“巨人”，先虔诚地向他那位杜尔西内娅小姐祷告一番，求她在这个紧要关头保佑自己，然后跃马横枪向第一架风车冲去。

结果，勇敢的堂·吉诃德被风车的巨手一扫，长枪顿时变做几段，他像秋天的落叶一般掉到了地上，动弹不得……

两人继续前行，再一次遇险。这次遇到的可是真正的险，起因是堂·吉诃德那匹世上少有的好马驽骍难得。它在林子边一片碧油油的草地上看到一群漂亮的小母马，一时情不自禁，冲过去想亲热亲热，却被母马的主人——一大群马夫打个贼死，堂·吉诃德见状，冲上前去，拿剑就砍。虽然他勇敢非凡，终究双拳难敌四手，好汉挡不住人多，他和侍从被那帮人执着木桩子狠揍了一顿。主仆俩给打得遍体鳞伤、动弹不得。堂·吉诃德躺在地上抱怨侍从，说这群家伙不是骑士，不配同他决斗，他们本该由桑丘·潘沙出面料理的。桑丘·潘沙一听，便这样回答他的主人道：

> 先生，我是个温和平静的人，不管受到什么冒犯都能容忍……从现在起直到我见上帝的日子，不管上等人、下等人，富人、穷人，绅士、贫民，随他什么地位、什么身份，如果冒犯了我，或者想冒犯我，我不管是过去、现在、将来，反正全都原谅。[1]

如此种种，上面的倒霉事大家一辈子也遇不上一两遭，我们的堂·吉诃德简直一天就可以遇上一遭呢。那事儿不久，他便在一家客店里——在堂·吉诃德看来，这是不折不扣的城堡——又遭到了残酷的打击，满口牙齿都被一个骡夫打掉了，直昏死过去。原因是他把那个前来同骡夫幽会的独眼罗锅女郎当作前来探望他的高贵公主，紧紧抱住，惹得骡夫大吃其醋，大加报复。

虽然我很想把堂·吉诃德一路的游侠生涯一一道来，但这当然是不行的，所以我们就到这儿吧，连桑丘·潘沙终于当上了海岛总督的趣事也不能说了，还是大家自己去看吧。我这里只讲一下堂·吉诃德是如何结束他的骑士生涯的。

堂·吉诃德行侠日久，他的朋友和亲人们越来越担心，虽然堂·吉诃德一向吉星高照，直到现在还没有被打死——那确是托了上帝好大的福，但难保上帝也有个打盹的时刻，那时他就难免会在同风车、骡夫之类决斗时呜呼哀哉了。他们想啊想，终于想出了一个妙招，决定由堂·吉诃德最好的朋友学士出面，扮成游侠骑士同他决斗，打败他之后令他答应一年之内不得再次出门游侠。他们想，也许一年之内能想出治好堂·吉诃德疯病的法子。

这个计划顺利成功，堂·吉诃德为了证明谁是天下第一美人同“白月骑士”打了起来，结果被掀下马来，大败而归。被打败了的堂·吉诃德只得答

[1] 见《堂·吉诃德》上卷第十五章。

应，据堂·吉诃德的传记作者说这是他“生平最伤心的遭遇”。反正堂·吉诃德像真正的骑士一样，谨遵自己的诺言，回到了家乡，准备在未来的一年内老老实实做个牧羊人。

回家后不久，堂·吉诃德就病倒了，他虽然一向比较瘦，但俗话说有钱难买老来瘦，他应该很健康才对，也许是由于他过不惯在家闲着的日子吧，也许是由于被打败，气伤了脾胃的缘故，反正他的病日重一日，连神仙也救不了他了。

就在他行将迈入那亘古未有人回来过的地方时，他终于清醒过来，明白自己过去的所作所为。他找来亲人、朋友们，对他们说了如下的话：

> 各位好先生，报告你们一个喜讯：我现在不是堂·吉诃德·台·拉·曼恰了，我是为人善良、号称“善人”的阿隆索·吉哈诺。我现在把阿马狄斯·台·咖乌拉和他那帮子子孙孙都看成冤家对头，觉得荒谬的骑士小说每一本都讨厌，也深知阅读这种书籍是最无聊、最有害的事。我现在靠上帝慈悲，头脑清醒了，对骑士小说深恶痛绝。

接着，他写下了遗嘱，除了给忠诚的侍从桑丘·潘沙一笔钱之外，把他的全部财产传给侄女，不过有一个要求：

> 我外甥女安东尼娅·吉哈诺如要结婚，得嫁个从未读过骑士小说的人。

以上就是了不起的末代骑士堂·吉诃德·台·拉·曼恰的经历，也是塞万提斯的不朽杰作《堂·吉诃德》的大致内容。

《堂·吉诃德》堪称最幽默的古典文学杰作。不过，我们要注意的是，《堂·吉诃德》的幽默迥异于现在一般电视上那些插科打诨，而完全是另一种幽默，另一种真正有品位的、读了不但让人发笑，而且读后更让人掩卷深思的幽默。

《堂·吉诃德》里有许多谚语，例如“单有一只燕，还成不了夏天”“只要是人，就能做到教皇”“只要把指头放在我嘴里，就知道我咬不咬”“看见我怀孕了，却指望我是处女”，如此等等，幽默且称得上耐人寻味。

在不少地方，这类谚语简直是“鱼贯而出”，例如在下卷第三十五章里，公爵大人要弄桑丘·潘沙，对他说堂·吉诃德的梦中情人杜尔西内娅小姐被魔法魇住了，要他替她挨鞭子，桑丘·潘沙便一连用了四个谚语来回应：“背上驮着金银，驴儿上山就有劲”“礼物碾得动岩石”“求上帝保佑你，也得自己努力”“许你两件，不如给你一件”，这几句话的意思大家当然一听就明白，我们的桑丘·潘沙不想白替小姐挨鞭子哩——起码得当个海岛总督才成。

除了行文的幽默而外，《堂·吉诃德》的另一大幽默之处是情节设计的幽默，这同《堂·吉诃德》幽默的语言一样共同构成了它那伟大的幽默。

例如著名的风车大战，当堂·吉诃德操起兵器向风车冲去时，我们便大笑起来了，类似这样的情节在《堂·吉诃德》里可谓为数不少，例如桑丘·潘沙终于当上海岛总督，在岛上进行的即便是所罗门王本人也不过如此的贤明治理等等，都将幽默、智慧与优美合为一体。

第六章　莎士比亚与《哈姆雷特》

莎士比亚，是英国文学史上最杰出的戏剧家，也是欧洲文艺复兴时期最重要、最伟大作家，全世界最卓越的文学家之一。流传下来的作品有三十九部戏剧、一百五十四首十四行诗、两首长叙事诗。其中，《哈姆雷特》《奥赛罗》《李尔王》《麦克白》为其著名的四大悲剧；《仲夏夜之梦》《威尼斯商人》《第十二夜》《皆大欢喜》为其著名的四大喜剧。此外，他还有历史剧，如《亨利四世》《亨利五世》《理查三世》。正剧、悲喜剧：《罗密欧与朱丽叶》。

莎士比亚小传

莎士比亚是英格兰人，家乡是一座名叫斯特拉福的小镇。他生于1564年4月23日，父亲约翰一度是斯特拉福的镇长。

莎士比亚是家中长子，从小受到父母宠爱，十分淘气。七岁上学后，因为不认真读书，喜欢捣蛋，经常挨打。

十六岁时，因为父亲破产，他从此离开了学校。据说先到了一个屠夫那里当学徒，屠夫是个讲道理的人，每次杀猪都要发表一通演说，向那头可怜的猪证明有充分的理由要杀它。

十八岁时莎士比亚娶了富农的女儿安妮，二十来岁时就是一个女儿和两个儿子的父亲了，其中一个叫哈姆雷特。

有一次他偷偷潜入一个贵族的森林打了一头鹿，被发现了，贵族便派人狠狠揍了他一顿，临走还威胁了他。

莎士比亚害怕了，他三十六计，走为上计，目的地是距斯特拉福不很远的伦敦，这大约是1586年的事。

到伦敦后，由于莎士比亚只上过几年文法学校，找不到活干，好不容易在一家剧院打上了杂。例如替来看戏的客人牵牵马，或者在后台帮演员们跑跑腿。

接下来的也许是文学史上最令人不可思议的事了！这个没多少文化的莎士比亚竟然动手写起剧本来了！而且从第一次提笔起写的就是经典名著！真是太不可思议了！一则以莎士比亚已有的知识基础似乎不可能写出像样的剧本来，更不可能写出如此伟大的作品来；二则即使莎士比亚是亘古未有的第一天才，靠着他成天与戏剧打交道，领悟了戏剧的真谛，也应该费些时日才写得出惊世之作来。

莎士比亚的第一出戏是1590年上演的《亨利六世》，这时他来伦敦才四年，年仅二十六岁，来伦敦前对戏剧一窍不通。

这第一出戏就大获成功，从此他就跻身于当时的一流戏剧家之列，且不久就用太阳般的光辉盖住了所有其他人，用他如涌泉般的新作统治了整个舞台。

也就在这个时候，他认识了南安普顿伯爵，这位年轻英俊的伯爵很受伊丽莎白女王宠爱，他以文艺的保护人自居，莎士比亚对这位年少英俊的贵族充满了敬意，写了一首长诗献给他，就是《维纳斯与阿都尼》。据说伯爵对这个奉献十分得意，赏了他足足一千英镑，这大概有点儿夸张，当时的一千英镑抵得上现在的一百万英镑——莎士比亚后来在伦敦市内买了一幢房子也只花了区区一百四十英镑。

莎士比亚认识他的这位保护人是1592年左右的事，这一年和下一年伦敦都在大闹瘟疫，一周要死上千人，莎士比亚就躲在保护人富丽堂皇的宅第内写他的剧本，外加一首首的十四行诗，这些诗同样是诗史上的顶峰之作。

当然他的主要精力还是用来写剧本，从1594年起的四年内他一口气写了7部喜剧、4部历史剧、2部悲剧。也就是说平均每三个多月就要写一部不朽巨著。

1596年，由于年仅十一岁的儿子哈姆雷特死了，莎士比亚在离家十一年后回到了家乡，就在这一年，他被册封为贵族。第二年他在家乡买下了当地最大的一座宅子，准备将来叶落归根。

1599年，莎士比亚的剧团正式建立了属于自己的剧场，就是后来很有名的环球剧场。两年后，莎士比亚来伦敦后一向一帆风顺的生涯起了不小的波澜，差点出大事。原来，某一天，几个贵族来到环球剧场，出重金要演莎士比亚四年前写的《理查二世》。第二天伦敦街头出现了一群手持武器的家伙，号召市民们起来造反、杀死女王，其中包括莎士比亚的保护人南安普顿伯爵。他们立即被逮捕法办了。环球剧场的职员们也被带到了法庭，受到审判。他们这才弄清楚那几个贵族叫他们演《理查二世》的用意：剧本里有国王被推翻的场景。好在他们事先对此一无所知，不知者不罪，法庭就把他们包括莎士比亚全放了，至于那些叛乱者，则被送上了断头台。

1603年，伊丽莎白女王去世，詹姆士一世继位，这位新王很爱看戏，不久便将当时最有名的剧团，就是莎士比亚的剧团，更名为“王家供奉”剧团，莎士比亚等人也被任为“王后寝宫近侍”，这是个最小的教廷职位，像孙悟空当过的“弼马温”。

成了王家供奉的环球剧场生意更加兴隆，莎士比亚分红得来的钱也一天多似一天，他已经是富翁了。他花了四百四十英镑在家乡买了一大片土地，准备养老用，他的女儿也嫁了一个好丈夫，是远近闻名的大夫，他的日子可谓风调雨顺、乐在其中。

1609年，王家供奉剧团又买下了另一个叫黑花的剧场，专用于冬天为富人进行私家演出。

然而得之东隅，失之桑榆，莎士比亚的毕生事业这时遭到了第一次、也是最后一次打击。

为了让演出多样化，剧团又请了两个人来写剧本。他们贵族出身，谈不上有什么戏剧天才，却熟悉权贵们锦衣玉食的生活，也熟悉他们的种种癖好，他们写的剧本就正投其所好，充满了精雕细琢、曲折无比的情节。对那些趣味低级的权贵们，或者成天想着要过上权贵们日子、过不上看看也好的小市民们产生了莫大的吸引力。

于是就有许多人说莎士比亚的剧本与那两个贵族子弟的相比就像拿白水比蜜糖一样。

听到这样的比较，莎士比亚不知是伤心呢还是冷笑，反正他回到斯特拉福去了，从此不再理戏剧，这时大约是1613年，他四十九岁。

他回到家乡，住进了他早买好的大房子里，享受从前很少有机会享受的天伦之乐。

莎士比亚是1616年4月23日去世的，这天他年满五十二岁。

《哈姆雷特》

在莎士比亚所有的戏剧之中，《哈姆雷特》不是最美的，然而无疑是最震撼人心的。

背景与第一幕

哈姆雷特是丹麦王子，他的父亲是前国王，丹麦现在的王则是他的叔父、他父亲的弟弟。他父亲在不久之前死去，据说是被毒蛇咬死的。此后弟弟便继承兄长的王位，并且更进一步继承了长兄的妻子。这一切几乎发生在同一时候，就如剧中所言：葬礼上剩下的残羹冷炙接着便用来做婚礼的佳肴了。

这就是《哈姆雷特》的背景。

在第一幕中，第一场开始的地点是王城的城头，两个军官相对而上，另外还有王子哈姆雷特的朋友霍拉旭，他们谈起了近两夜在此处发生的惊人一幕：一个鬼魂，披盔戴甲，形貌酷似前王，在这里游荡。这时鬼魂又来了，霍拉旭想同它说话，但它没有搭理，当鬼魂第二次出现，好像正要与霍拉旭说话时，鸡已晨啼，鬼魂消失了。

第二场移到了城堡之内，国王、王后、哈姆雷特及剧中其他重要人物大都在场。

此时最引人注目的就是国王，他的言语无懈可击，一开始就在三个方面表现出了他是一个贤明的君主：一是对前王即他的兄长表达了哀悼之情；二则表达了对国家的关心，要派人去制止挪威王子的妄行；三则表达了对侄子哈姆雷特的深切关爱，他要哈姆雷特把自己当作父亲。

哈姆雷特这时并没有怀疑他，只是仍感到悲伤，主要是因为母亲。他哀叹她丈夫尸骨未寒就嫁给了小叔子。哈姆雷特叹道："脆弱啊，你的名字就是女人！"

霍拉旭同前面的两个军官来了，他们告诉哈姆雷特鬼魂的事，他顿时嗅到了阴谋的气味。

第三场发生在波洛涅斯家中，他是丹麦王的重臣，他儿子雷欧提斯正要到法国去，父子俩一齐叮嘱奥菲利娅，叫她不要理哈姆雷特，因为他的地位太高，他的爱也就靠不住。

奥菲利娅是极美丽、温柔、贤淑的女子，令人心仪，结局却令人心碎。

第四和第五场里，哈姆雷特见到了父亲的亡魂，父亲告诉了他死亡的真相：他的弟弟乘他睡着时，把一种毒汁灌进他的耳朵。

同样可怕的是，这样被谋杀令得他连临终的忏悔都没有做，因此要背负着全部的罪恶，为之在地狱忍受骇人听闻的酷刑折磨。

听到这些惊心动魄的言语，哈姆雷特之悲愤可以想象，他立誓替父复仇。然而他也知道那十分困难，因为他要面对的乃是强大的一国之君，他想出了一个计策。

什么计策呢？

第二幕

接下来第二幕中便明了了。

这幕的第一场中，在波洛涅斯家中，由奥菲利娅道出了哈姆雷特王子的新消息——他疯了。

波洛涅斯老人家自以为聪明，忙跑去找国王，说哈姆雷特是因为得不到他女儿的爱而发疯的。

第二场又回到了王城。来了两个丹麦王的臣子，也是哈姆雷特的旧同窗，他们的到来乃是国王的主意，他看到哈姆雷特闷闷不乐、神经兮兮，特意请他们回来宽慰他。

他们了解自己的使命，特地找来一个剧团，想用看戏来调节王子的心情。接下来便在他俩与哈姆雷特之间展开了一场有趣的对话，疯了的哈姆雷特变成一个十足的哲学家，满口玄言奥语。

其实，他暗自高兴来了这群伶人，想出了一个计策来验证叔叔是不是杀人凶手。

这一幕的最后，哈姆雷特有一段有名的自白，表达了他这时矛盾而痛苦的心境。弗洛伊德对此曾有一番令人震惊的论述。

第三幕

第三幕一开始，国王、王后同奥菲利娅等都来了，他们决定用奥菲利娅一试，看王子是不是为了红颜而疯。他们让奥菲利娅站在那儿读书，好像是偶尔遇上了王子。王子来后，道出了一段也许是古往今来最伟大的台词：

> 生存还是毁灭，这是一个值得考虑的问题，默然忍受命运的暴虐的毒箭，或是挺身反抗人世的无涯的苦难，通过斗争把它们扫清，这两种行为，哪一种更高贵？死了，睡着了，什么都完了。要是在这一种睡眠之中，我们心头的创痛，以及其他无数血肉之躯所不能避免的打击，都可以从此消失，那正是我们求之不得的结局。死了，睡着了，睡着了也许还会做梦，嗯，阻碍就在这儿：因为当我们摆脱了这一具朽腐的皮囊以后，在那死的睡眠里，究竟将要做些什么梦，那不能不使我们踌躇顾虑。人们甘心久困于患难之中，也就是因为这个缘故。谁愿意忍受人世的鞭挞和讥嘲、压迫者的凌辱、傲慢者的冷眼、被轻蔑的爱情的惨痛、法律的迁延、官吏的横暴和费尽辛

> 勤所换来的小人的鄙视，要是他只要用一柄小小的刀子，就可以清算他的一生？谁愿意负着这样的重担，在繁劳的生命的压迫下呻吟流汗，倘不是因为惧怕不可知的死后，惧怕那从来不曾有一个旅人回来过的神秘之国，是它迷惑了我们的意志，使我们宁愿忍受目前的折磨，不敢向我们所不知道的痛苦飞去？这样，重重的顾虑使我们全变成了懦夫，决心的赤热的光彩，被审慎的思维盖上了一层灰色，伟大的事业在这一种考虑之下，也会逆流而退，失去了行动的意义。

他又对奥菲利娅说了一大段疯话，结论是所有没结过婚的女人都应当“进尼姑庵去吧”！

他的疯狂令奥菲利娅心碎。

接下来的一场仍发生在王宫内。哈姆雷特带了一帮戏子进来，这时他好像完全正常了。他指导伶人们演戏，还请他的老朋友霍拉旭好好看着国王，看他对这个剧有什么反应。

国王的反应是这样的：当他看到扮演凶手的演员将毒药灌入公爵的耳朵时，立即站了起来，拂袖而去。

哈姆雷特明白了，鬼魂没骗他。

国王想哈姆雷特可能已经发觉了他的阴谋，决意采取断然措施。

那出戏也令得王后不高兴，她叫人找王子来见她。母子俩展开了一场深入的交谈，哈姆雷特明白地指责母亲的改嫁，改嫁给一个如此不堪的家伙。这些话像刀子一样戮进王后的心里，她求儿子不要说下去了。不过她也开始了解自己的可悲，决心保护儿子。

然而在这之前，在他刚进入母后的寝宫时，他杀死了波洛涅斯、他热爱的奥菲利娅之父。因为当他与母亲对话时，他发觉那帘幕的背后有人，乘机一剑刺去——他以为是国王，然而不是，他杀死的只是可怜的老臣，他正在那儿准备偷听母亲怎样责备儿子哩。

第四幕

第四幕一开始国王便向王后索问哈姆雷特，王后告诉他哈姆雷特在疯狂中杀死了波洛涅斯，国王一听大惊，感觉事情不妙：如果是他躲在幕后，那死的不就是他吗！他立即决定将哈姆雷特送到英国去，又想好了一个借刀杀人之计。

奉国王之命，国王那两位双胞胎一样从来不分开的臣子又来找哈姆雷特了，他们要带哈姆雷特去见国王。

国王叫哈姆雷特立即起程去英国，那两位臣子带着他。

下面是第四场了，哈姆雷特在路上碰到了挪威王的侄儿，他正带领一队兵假道丹麦去攻打波兰，目的只是要夺取一小片毫无价值的不毛之地，但为了荣誉，他义无反顾。对方的波兰人基于同样的理由倾力捍卫。这一切震撼了哈姆雷特，他感到了自己的懦弱。

第五场先在城堡之中，从这里传出了一个令人痛苦的消息：奥菲利娅疯了！

她前面刚亲见爱人的发疯——虽然因为父兄的禁制她曾有意回避哈姆雷特，然而她的内心早已情根深种，接着又得知老父的惨死，他们乃是这世上她最爱的人呀！叫她如何不痛苦得发疯？！

她对着国王和王后唱了许多莫名其妙的歌，飘然走了。

这时宫外一阵喧闹，进来的正是雷欧提斯，波洛涅斯之子，奥菲利娅之兄。他在国外听到了父亲不明不白的死，怒发冲冠，正所谓杀父之仇，不共戴天，他领着一队叛军杀向王宫，打败了守宫的瑞士卫兵，冲将进来。

然而狡猾的国王很快就把激动的雷欧提斯安抚下来，告诉他，杀他父亲的并非他而是另有其人，他们应该共谋惩凶。

这时奥菲利娅又来了，雷欧提斯一看到她始而兴奋，继而心碎——妹妹，现在他世上唯一的亲人，疯了！

奥菲利娅又对着众人唱了一些既像无意义又似充满了哲理的言语，正如雷欧提斯所言：“这一种无意识的话，比正言危论还要有力得多。”

看得出她实在是痛苦至极。这一切令雷欧提斯复仇之心更炽。

下面第六场很简单：霍拉旭接到了哈姆雷特的信，叫他把一封信交给国王，然后“像逃命一般地火速来见我”。

第七场到了王宫之中，国王已经让雷欧提斯相信不是他杀死其父的，这时他收到了哈姆雷特派人送来的信，说他“已经光着身子回到您的国土上来了”。国王正满心盘算着告诉雷欧提斯他是如何巧计除掉哈姆雷特的，这消息有如晴天霹雳。不过比老狐狸还狡猾的他立即眉头一皱，计上心来。他如此这般告诉雷欧提斯，说这样就蛮有把握可以除掉他的杀父仇人了。

他们刚计议停当，王后奔进来，报出了一个大不幸的消息：奥菲利娅死了！她如是描述了奥菲利娅之死：

> 在小溪之旁，斜生着一株杨柳，它毵毵的枝叶倒映在明镜般的水流之中；她编了几个奇异的花环来到那里，用的是毛茛、荨麻、雏菊和长颈兰……她攀上一根横垂的树枝，想要把她的花冠挂在上面；就在这时候，一根心怀恶意的树枝折断了，她就连人带花一起落下呜咽的溪水里。她的衣服四散展开，使她暂时像人鱼一样漂浮水上；她嘴里还断断续续唱着古老的歌谣，好像一点不感觉到处境的险恶，又好像本来就是生长在水中一般。可是不多一会儿，她的衣服给水浸得重起来了，这可怜的人歌儿还没有唱完，就已经沉到泥里去了。

第五幕

这也就是最后一幕，来到了奥菲利娅将要永眠之地，两个小丑携锄而上，要为她挖掘坟墓。

这时哈姆雷特同霍拉旭来了，雷欧提斯、国王和王后也都来了。哈姆雷特先躲到了一边，可当他看到雷欧提斯跳进墓坑，知道那被埋葬的是他倾心相恋的人儿时，他跳出来了，一边大喊着：“哪一个人的心里装得下这样沉重的悲伤？”也跳进了墓坑。

所谓仇人相见，分外眼红，若不是国王暗示雷欧提斯他们的计谋，他们说不定马上就要拼命了。

下面第二场仍在王宫中，哈姆雷特同霍拉旭在说话，他告诉了一件令霍拉旭目瞪口呆的事。他说，他原来是同那两个臣子一起到英国去的，晚上不知为何突然感觉不妙，他知道那两个旧同窗、现在国王的忠仆是带着一封给英王的国书的，他偷偷将那封国书打开来，发现国王请英王“必须不等磨好利斧，立即枭下我的首级”。

哈姆雷特便不声不响地另写了冒名的新国书，命令英王在接到国书之后，立即将送信的两个人杀掉。

为什么丹麦国王能命令英国国王呢？这可不是丹麦人吹牛，而是史实，那时英国还是丹麦的附庸，英国对丹麦要年年进贡、岁岁来朝的，那贡钱叫“丹麦金”。

这坚定了哈姆雷特立即复仇的决心。

此时又来了国王的一个使臣，他告诉王子，国王对雷欧提斯说，要是他同哈姆雷特比起剑来，在十二个回合之中至多不过多赢三个回合，可是那雷欧提斯说他起码可以赢九个回合哩。国王不信，他已经同雷欧提斯打了个十匹骏马的赌，就等哈姆雷特去比试了。

比剑在王宫举行，就在他们即将出剑时，国王告诉他们他在桌上斟好了两杯酒，如果哈姆雷特占了上风，他要亲自把这杯酒端给他，并把一粒“比丹麦四代国王戴在王冠上的更贵重的珍珠”放在酒杯里。

二人一上手，果然哈姆雷特占了上风，接连击中雷欧提斯两剑，国王看到这情形，便把预先斟好的那杯酒端给哈姆雷特，叫他喝。但哈姆雷特说要等比赛完再喝，王后看到儿子出了汗，就把手绢给他，要他擦汗，并代儿子喝下了国王斟的酒。

为什么雷欧提斯一再被哈姆雷特击中，自己却一剑也击不中对手呢？这并不是雷欧提斯真的剑术不如，而是他的良心不赞成他干这种事。

这时我可以告诉大家前面第四幕第七场中国王同雷欧提斯想出的计谋了：这场比赛其实是一个陷阱，哈姆雷特用的剑只是普通比剑用的伤不了人的钝剑，雷欧提斯拿的却是可以杀人的利剑，更可怕的是，雷欧提斯还在剑尖上涂了极剧烈的毒药！国王为了保险起见，他原来说当哈姆雷特占上风要亲手端给他的酒里也下了最厉害的毒药。

哈姆雷特看到雷欧提斯明显没有出全力同他比试，就责备了他，雷欧提斯终于提起剑来，一下刺中了哈姆雷特。哈姆雷特也还击，比赛顿时激烈起来，争斗中他们互相夺掉了对方手中的剑，哈姆雷特用抢来的剑刺中了雷欧提斯。

这时王后倒了下去，她对跑过来的哈姆雷特说：那杯酒里有毒，说罢便死了。

受了哈姆雷特两剑的雷欧提斯也倒下了，临死他把他同国王定下的阴谋告诉了哈姆雷特，告诉他国王乃是一切的罪魁祸首。

哈姆雷特一听，得知手中的剑浸了毒，立即一剑向国王刺去，接着又把剩下的毒酒全灌进了国王的喉咙，一边喊道："你这败坏伦常、嗜杀贪淫、万恶不赦的丹麦奸王！"

国王立即一命归阴，到地狱受那永无希望的煎熬去了，已被毒剑伤了的哈姆雷特和雷欧提斯随即死去。

这时打败了波兰人，取道丹麦回国的挪威王侄福丁布拉斯正好赶到，被拥立为丹麦新王，并厚葬哈姆雷特。

为什么莎士比亚的剧作才能称为完美

以前我们说过索福克勒斯的《俄狄浦斯王》是最完美的悲剧，但若就整个作家全面的作品而言，西方文学史上唯有莎士比亚才称得上完美，这也是他为什么能够牢牢地盘踞于整个西方文学史之巅峰的原因。

莎士比亚作品的完美表现在数量之多与语言之美。

索福克勒斯的悲剧中之语言诚然称得上完美，但却有一个致命的美中不足之处，就是数量少，一共只有七部，其中能够称为完美的也就是《俄狄浦斯王》。

莎士比亚就不同了，他一共留下的剧本足有三十七部之多，另外还有许多诗歌，这大量的作品之中，说实在的，简直每一样都是稀世珍宝，其中的语言堪称完美。

莎士比亚作品中的语言有时如哲学般深刻，如《威尼斯商人》中巴萨尼奥选盒子时对金银与铅的评论："外观往往和事物的本身完全不符"那个长句子，以及哈姆雷特感叹母亲这么快就改嫁那句："脆弱啊，你的名字就是女人！"很有点儿尼采的味道。尼采也曾说过这么一句有名的话："你要到妇人那边去吗？别忘却了鞭子！"

莎士比亚作品中的语言有时又如诗如画般优美，例如《哈姆雷特》中讲奥丽维娅之死那节："在小溪之旁，斜生着一株杨柳，它的毵毵的枝叶倒映在明镜一样的水流之中……"

当然，此段乃是一种"凄美"，美得令人潸然泪下。

莎士比亚作品中的语言更了不起的地方也许是它的幽默，它们也是数量最多的，几乎俯拾即是，例如我们现在随便翻开《第十二夜》，这是第五幕第一场，是小丑与奥丽维娅的仆人费边之间的对话，小丑这时正拿着马伏里奥写给奥丽维娅申冤的信：

费边：看在咱们交情的分上，让我瞧瞧他的信吧。

小丑：好费边先生，允许我一个请求。

费边：尽管说吧。

小丑：别向我要这封信看。

这小丑够幽默吧？下面马上他又要同公爵对话了，主题是论证为什么"我的仇敌使我好些，我的朋友使我坏些"。答案真是既幽默又够深刻。

而莎士比亚之所以能够称为"最伟大"，在于他将语言的所有好处，从哲学的深刻、文学的优美、历史的深邃甚至日常生活中的幽默完美地融合在一起，几乎将语言能够具有的优点都相互结合、水乳交融，从而达到了完美的境界。

第七章　雨果与《悲惨世界》

雨果，法国作家，十九世纪前期积极浪漫主义文学的代表作家。他的一生写过多部诗歌、小说、剧本、各种散文和文艺评论及政论，被称为“法兰西的莎士比亚”。其代表作有长篇小说《巴黎圣母院》《九三年》《悲惨世界》等。

雨果小传

雨果祖籍法国南特，他的爷爷是军队里的掌旗官，父亲名叫约瑟夫·雨果，由于作战英勇，成为将军，还被封为贵族，他的顶头上司就是拿破仑。

雨果是将军的第三个儿子，1802年2月26日生于巴黎。雨果出生之时身体十分孱弱，有一个硕大的头颅似乎要把脖子压断，由于母亲到巴黎找情人拉奥里将军去了，他很早就断了奶，他那五大三粗的军人父亲便同时当起了爹妈，这样直到一岁多，但自此之后他的命运便同母亲紧紧联系在了一起。

雨果懂事后最初的回忆是巴黎一座宅院，这里住着母亲和她的情人拉奥里将军。

六岁时，雨果在巴黎遇到了他一生最重要的人之一、未来的妻子阿熏儿。

十岁时，由于父亲已经贵为西班牙三个省的总督，并被西班牙国王、拿破仑之兄约瑟夫封为西冈扎伯爵，在宫廷中地位显赫，母亲的情人拉奥里则因为反对拿破仑已成阶下囚，她便带着孩子们前往西班牙。

在西班牙，雨果一家住在豪华的宫殿里，但日子过得并不快乐，雨果将军与妻子的关系已经无法挽回，最后她只得带着儿子又回到了巴黎的老地方。

1814年拿破仑失败后，他的父亲也失势了。父亲的失势使雨果家再也住不起高堂大宅，他们搬到了老杜勒伊里大街，隔壁就住着阿熏儿。这时的阿熏儿已经是个十足的美人胚子了，雨果也成了英俊少年，他们朦胧的心中已经播下了爱情的种子。

当雨果还是巴黎一个中学生的时候，就喜欢写诗了，并且已经在笔记本上写下了许多。1817年，雨果自信地将自己的诗拿到了法兰西学院去参加诗赛，虽然没能得锦标，但却赢得了学院“不朽者”们的称赞，这对于一个十五岁的少年已经是了不起的成就了。

这激起了少年雨果的凌云壮志，他开始全心全意地投入创作之中，两年后参加了图卢兹的诗赛，一举登魁，连得两项金奖，也就在这一年，他同两个兄弟办了杂志《文学保守者》。

这份刊物只存在了短短的十六个月，在这段时间里、在有限的几期杂志上，雨果竟然发表了近一百四十篇诗歌与散文。

当雨果在事业上不断取得成功之际，爱情也如意了，他与阿熏儿某天晚上在一棵高大的栗子树下相互倾诉了爱意。

不久，年仅二十岁的雨果便携着妻子的手步入了教堂，他的岳父大人慷慨解囊，答应女儿女婿住在自己家里，而且这时候雨果的文学生涯已经取得了初步成功，前景一片美好。

就在这年，他的诗集《颂诗集》获得了路易十八的青睐，他赐给年轻的诗人一笔年金。

1823年雨果发表了第一部小说《冰岛魔王》。从他的第一部诗集《颂诗集》和第一部小说《冰岛魔王》开始，乃至第一个剧本开始，他接连不断地出版作品，几乎部部畅销。

1827年他创作了诗剧《克伦威尔》，一举成为法国浪漫派的领袖；1831年出版了《巴黎圣母院》，令他登上了历史伟人的宝座；他从1831年开始问世的四部诗集《秋叶集》《黄昏之歌》《心声集》以及《光与影》，使他迅速成为那个时代最重要的诗人之一。

这些作品也为雨果带来了源源不断的版税收入，使他能够养活家里日益增多的人口。

但对于雨果，他幸运的一生中最不幸的事也是他的婚姻。

这个不幸来自阿熏儿的背叛。据说原因在于雨果那过分强烈的性欲，让身体本来就不强壮的妻子委实难以忍受，还一个接一个地怀孩子，几乎一年一个，更叫她痛苦不堪。加上他经常在外面找情人，也伤害了妻子的自尊心。后来，当她遇到脸色苍白、病病歪歪的批评家圣佩韦后，看到他一点也没有丈夫的弱点，而且对她体贴入微，把她当作天仙一般敬奉，便不由体会到了那种她一直渴望的爱情，一种不是以“他”、而是以“她”为中心的爱情。于是她终于投入了圣佩韦的怀抱。

更令雨是难堪的是，圣佩韦一度是他最好的朋友，老婆被最要好的朋友抢去，可以想象丈夫是多么难堪。

但这些挫折较之雨果一生所受的尊荣富贵就相形见绌了，随着一部又一部的作品大获成功，雨果获得了从普通民众到政府甚至国王的爱戴推崇，版税和荣誉滚滚而来。1825年，当他还是一个二十三岁的年轻人时便获得了崇高的法兰西荣誉勋位团勋位。

1841年，未满四十的雨果成了法兰西学院院士，获得了一个学者所能获得的最高荣誉。几年后他更进入了法兰西议会贵族院。1848年“二月革命”后，他竟然又在共和国国会中堂而皇之地当上了议员，事实上他这时已经是全法国人民最敬仰的政治领袖之一了，从平民百姓到国王都侧耳聆听他的声音。

1851年，拿破仑三世称帝了，本来拥护拿破仑的雨果作为一个热烈的共和主义者坚决反对，为了逃避迫害，他被迫逃亡英国。

这一逃亡就是二十年。他这漫长的流亡生涯大部分时间是在大西洋中的泽西岛和格恩西岛度过的，孤岛的日子虽然不那么好过，倒也并没有想象的艰难，他仍然可以创作，最了不起的杰作《悲惨世界》就是在这里完成的。生活必需品的供应也很充足，连他最重要的情妇、天姿国色的朱丽叶也住到了岛上。

1870年拿破仑三世倒台后，雨果胜利归国，受到盛况空前的欢迎，仿佛他就是当年从意大利胜利归来的拿破仑一般。

此后的时光像自由落体一样，越过越快。晚年的雨果笔耕不辍，最重要的作品是《九三年》。

雨果死于1885年5月22日，法兰西举国哀悼。他被葬于先贤祠，这是法兰西埋葬她杰出儿女的地方。

《悲惨世界》

顾名思义，《悲惨世界》描述的是一个“悲惨的世界”，为什么世界是悲惨的呢？因为对于《悲惨世界》中这几个主人公，世界是悲惨的。不单是对他们，对于所有处于他们那个社会阶层的人们而言，苦难似乎永无穷尽，生活永无希望、永远只有痛苦，这痛苦的生活与痛苦的世界既是《悲惨世界》名字的由来，也是它主要的内容。

我们现在就来看这个悲惨的世界，这个人间地狱吧！

冉阿让与芳汀

在法国的迪涅有位叫密里安的老主教，他有一颗天使般的心，为穷人做过数不清的好事。

1815年10月的一天，密里安主教家进来了一个怪人，他衣服破烂，像公牛一样强壮，名叫冉阿让。他这时已经饿得发昏了，因为他曾是个苦役犯，刚刑满释放，谁都不愿意接待他。但主教例外，他请那人进来一起用餐，然后留他住宿。

第二天天刚亮，有人敲门，进来的是几个警察，他们抓住了昨天那个人，原来他一大早出城，被警察逮住了，从他身上搜出了主教家的银器，所以抓了他来。主教一见他，就大声说：“啊，你又来了？我不是把这对烛台也送给了你吗？怎么不拿走？”

他的话让冉阿让目瞪口呆，稀里糊涂地拿起烛台走了。

我们现在来谈谈冉阿让吧。他出生在社会的最底层，自幼父母双亡，只剩下他和一个姐姐，他是姐姐抚养长大的。后来他姐夫也死了，姐姐同她的七个孩子就全靠他来养活了，这时他只有二十四岁。

他没日没夜地拼命干活，勉强度日。有一年，天气特别冷，冉阿让怎么也找不到活干，七个孩子饿得哇哇叫。他急得一时失去了理智，把手伸进了面包店的柜窗里，立即被抓了起来，判刑五年。又由于他在狱中屡次三番想逃走，他的刑越加越重，当他最后刑满释放时已经在狱中足足待了二十年！而源头仅仅是一个面包！

现在冉阿让拿着银烛台走了，另一个主人公又走进了我们的视野。

在巴黎附近的蒙费梅，1818年春天的一个晚上，一家客店门前停着一辆运木的大马车，两个好看的小女孩坐在上面玩，她们的母亲在旁边。这时来了另一个女人，她衣衫破旧不堪，愁眉深锁，但看得出来曾经十分美丽。她手里也抱着个孩子，同马车上的女孩差不多大，但更漂亮。这个小女孩就是柯赛特，本书的主人公之一，而她的妈妈就是本书的另一个主人公芳汀。

看到自己的孩子同马车上的两个小女孩一起玩得高兴，芳汀请求她们的母亲，客店老板娘泰纳迪耶太太帮她照看孩子，并且同意每个月付费七法郎。

要是知道泰纳迪耶夫妇是什么人，芳汀就不会这么做了。芳汀一走，她的孩子从此陷入了无边的苦难，受到泰纳迪耶一家，包括那两个同龄小姑娘的残酷虐待。

芳汀一路前往孟特勒依，在那里找到了工作，有了稳定可靠的收入，这全靠一位叫马德兰的商人，他在这里建了家大工厂，不仅自己发了财，也让这里所有的穷人找到了工作，过上了好日子。

这位马德兰同前面的主教一样是十足的好人，后来被任命为市长。

也许孟特勒依市所有人都爱马德兰市长，只除了一个——警察局的侦探雅韦尔，他是个阴险的家伙，怀疑市长原来是个苦役犯，成天像猎犬一样监视他。

有一天，当着雅韦尔的面，马德兰钻进了一辆马车底下，用他惊人的力气救出了快被马车压死的老人，但他自己却从此堕入了万丈深渊。

我们再来说芳汀，一开始她在马德兰的厂子找到了工作，能按时给女儿寄钱去，但一年之后，她失业了，再也没办法给女儿寄抚养费，她痛苦至极，以为是马德兰解雇了她，恨死了他。

这天晚上，在一家咖啡馆前，某花花公子在调戏芳汀，他将一把雪从芳汀的脖子里塞了进去。那女人大叫一声，同他撕打起来，这时那个雅韦尔来了，他抓起芳汀，宣布判她六个月刑。这怎么行呢？她还有女儿要养呢，芳汀跪下去哀求他不要进行这样不公正的判决，但雅韦尔是个冷血动物。正当芳汀绝望之时，马德兰市长来了，他严厉地命令雅韦尔释放芳汀，这令雅韦尔更痛恨他了。

马德兰把芳汀接了过去，让人好好地照顾，又给泰纳迪耶寄了三百法郎，要他们立即将孩子送过来，他们的母亲病重。但泰纳迪耶告诉老婆不要放孩子走，说那样钱就会源源而来。因此芳汀至死也没见着女儿。

一直等不到孩子的马德兰正准备亲自去接一趟，这时雅韦尔来了，他告诉马德兰，他已经写信给巴黎警察总局，控告马德兰就是以前的罪犯冉阿让，但现在他发现自己错了，冉阿让已经找到了，他亲自去看了，的确是他。他又告诉市长最迟明天晚上就要判决了。

马德兰找到一个马车出租商，借了一辆最快的马车赶往巴黎。他终于看到了那个“冉阿让”，他长得与自己几乎一模一样，他又看到他的几个狱中旧友异口同声地说那人就是冉阿让，一个惯犯、死不改悔的家伙，曾经偷过主教的烛台、抢过小孩的东西，现在又偷了苹果。依据法律他甚至有可能被处死。

偏偏那人又笨嘴笨舌，根本不会替自己辩护，眼看就要遭殃。

这时马德兰让所有人大吃一惊，他镇定地告诉大家，他才是冉阿让。

他被捕了，一夜之间头发全白。

时光转眼流到了1823年，这天，在土伦港，一艘大船驶进了港口，突然，一个人从高耸的桅杆上掉了下去，他死死抓住一根垂下去的绳子，但能坚持多久呢？眼看就要掉进大海，这时一个白发苍苍的老人敏捷地爬上桅杆，拉起绳子，救下了他。但救人者自己却掉进了大海，失踪了。

柯赛特和马吕斯

我们现在回头去看一个久违了的人——柯赛特。

自从母亲把她交给泰纳迪耶夫妇后，她就像进了地狱，受到泰纳迪耶一家极度残酷的虐待，现在她八岁了。这天夜里，老板娘要她提着她大可以钻进去睡觉的大水桶，穿过一片片荒无人烟的树林，去城外打水。在城外，有一位白发苍苍的老人救了她，他不但帮小姑娘把水提回了家，还到泰纳迪耶家住宿。第二天一早，客人离开时带走了柯赛特，为此他给了泰纳迪耶三千法郎。

这个神秘的老人就是冉阿让，他从海里落下来后，并没有淹死，顺利地逃走了，本来他是被判了终身苦役的。

获得自由后，他想做的第一件事就是找到柯赛特，现在他终于找到了，生平第一次，他体会到了什么是爱。柯赛特也深深地爱上了他，他们都是毕生没有爱过的人，现在都体味到了伟大的爱，这爱是半点也不亚于亲生的父女之爱的。

为了躲避可能的追捕，冉阿让租住了最偏僻的小屋子，但雅韦尔竟然也找到了他，他只得再度走上亡命之旅。

后来他逃到了一座花园，遇上了一个他曾经救过的人，他不但招待了冉阿让，还帮他找了份工作，从此冉阿让同柯赛特在这里平平安安地生活了好多年。

现在我们要从头开始，谈几个此前从未见过的人。

我们可以从遥远的滑铁卢战役开始。这是硝烟刚刚停息的战场。

只见夜色昏沉下无数尸体横陈，但竟然还有一个活人，像猎狗一样在死尸堆里翻寻什么。这人就是泰纳迪耶，他来偷尸体上值钱的东西。当他看到有具尸体上伸出一只手来，上面有金晃晃的戒指时，就去拽了下来。但他因此救了一个军官的性命，他叫蓬梅西。

蓬梅西的妻子已经死了，他的老丈人是个阔佬，也是死硬的保王党，根本就不承认有这个共和派军官的女婿。但他却同意抚养外孙，并且把全部财产遗留给他，条件是蓬梅西永远不能与孩子见面。

为了孩子，蓬梅西答应了，只有每当儿子上教堂时才偷偷地远远地望上一眼，这样直至死去。这个孩子叫马吕斯。

由保王党外祖父养大的孩子自小就是保王党，但当他偶然看到父亲临死前留给他的条子，又从教士的嘴里得知他父亲如何偷偷望着他，年复一年，他感到祖父欺骗了他。他开始搜集有关父亲的资料，知道了他并非如外祖父所言是匪徒，而是真正的英雄。于是他毅然决然地与痛恨父亲的外祖父决裂了。

离开外祖父后，马吕斯过着独立的、饥寒交迫的生活，经过一番苦斗，终于当上了律师。

每天他都要到卢森堡公园去散步，在那里，他常常看到一位老人，白发苍苍、神情严峻，身边总跟着一位年轻漂亮的姑娘，马吕斯深深地爱上了她。那个姑娘似乎也对他有意，那位老先生察觉后便再也没有来了，马吕斯从此陷入了痛苦的爱情之网。

马吕斯住的破房子隔壁有一家人，包括夫妻两个、两个女儿和一个儿子，比马吕斯还穷，几乎成了乞丐。他们有一个儿子，名叫加弗洛什，才十一二岁，早被父母抛弃了，成天在街上流浪。

这天晚上，马吕斯突然看见了那老人和姑娘，他们竟然到隔壁去了。老人送来一些钱，等老人出去后他听到这家人竟然在商量着要去抢劫老人。他还听到原来这个家伙竟然就是他正要找的“恩人”泰纳迪耶。前面说过，他的父亲是由泰纳迪耶从死尸堆里挖出来的，他曾设法叮嘱儿子找到救命恩人，帮他报恩。听到他们的阴谋，马吕斯立即到警察局去报了案，泰纳迪耶一伙全被抓了，那位正受到他们要挟的老人却好像也怕警察，跳窗而去。

老人就是冉阿让。他隐身在修道院平平安安地过了好多年，马吕斯的出现打乱了一切。

后来马吕斯设法又找到了冉阿让，并且终于找到了向柯赛特表白爱情的机会，原来柯赛特也爱他，只是冉阿让根本不愿意别人分享女儿。为了独占女儿，他准备搬到英国去。

这消息让马吕斯绝望，他想不经冉阿让同意娶柯赛特为妻，但法律规定只有他满二十五岁时才可如此，于是他只能去找自己的监护人外祖父。他的外祖父其实也十分爱他，但他冷漠生硬的态度伤了外祖父的心，他拒绝了，马吕斯愤然离去，外祖父知道他永远也不会再回来，这个年近百岁的老人伤心极了，后悔极了。

这一切本来不知如何结束，但一场内战决定了它的结局。

这是一场巴黎工人的起义。起义发生在1832年6月，在这场起义之中，有许多英雄事迹，最了不起的英雄乃是一个小孩，就是被泰纳迪耶夫妇抛弃的儿子小加弗洛什。他是革命的天使，他衣不遮体，全心全意地投入了起义者的行列，筑街垒、造子弹，还逮住了妄图混入起义者内部搞破坏的雅韦尔。最后，当起义者们子弹将要用尽时，他爬到街垒外面，在枪林弹雨之中从死去的敌人身上搜子弹，还唱着歌，直到被打死。

马吕斯也是这些视死如归的起义者中的一个。被祖父拒绝后，他深深地体会到了绝望的滋味，对生命也失去了兴趣，他给柯赛特寄去了一封信，扛起枪走到了起义者中间。当街垒快要陷落时，他打开火药桶，将火把指向它，对那些已经爬过了街垒的士兵说："滚，要不同归于尽！"那些士兵吓得撒腿就跑，这样就保住了街垒。

他的行为赢得了起义者们的崇敬，把他看成他们的领袖。他抱定了必死的决心，给柯赛特写了诀别信。

战斗又开始了，实际上是几十个起义者对付成千的政府军，他们像濒死的雄狮那样疯狂地战斗，一个个倒下了，包括马吕斯，起义就这样失败了。

马吕斯并未死去，冉阿让救了他。

经过可怕的艰难险阻，冉阿让终于将被血与污水浸透的马吕斯送到了他外祖父的家中，他并没有进去，悄悄走了。

马吕斯的外祖父虽然表面上对外孙十分冷淡，但骨子里全心全意地爱着他，外孙就是他的一切。他竭尽全力治好了他。

比从鬼门关里捡回性命更让马吕斯幸福的是他又见着柯赛特了，是她的父亲冉阿让把她带来的。两个本来反对这门亲事的老人如今都赞同了。

从此马吕斯和柯赛特过上了幸福的日子。

但冉阿让与马吕斯产生了误解，他又回到了孤寂的生活。等到马吕斯明白一切，赶到冉阿让面前时，他已经处于弥留之际了。

巴黎阴沟史

读《悲惨世界》时给我们最深感受的是雨果对那些善良的下层人民的深刻同情。

我们看到，从芳汀到冉阿让到马吕斯到小加弗洛什，这些生活在社会最底层的人民，他们在财富方面是赤贫的，但他们的精神王国是富有的，充满了丰富伟大的情操，他们是最美丽的一群，远比那些达官贵人、千金小姐美丽。

例如芳汀，就是这样一个出身贫贱，从小无父无母的孤儿，却有着最高尚的情操。她为了养活孩子，拼命干活，开始还能支付得了泰纳迪耶越来越重的“抚养费”，但后来失了业，找到的新活一天累死累活干十七个小时只能挣二十个苏。而那个畜生样的泰纳迪耶还以她的女儿为要挟用种种借口向她要钱。逼得她先是卖掉了一直垂到腰际的金发。当泰纳迪耶骗她说小柯赛特得了猩红热，马上要四十法郎做药费时，她甚至连牙齿都卖掉了！她这时候过的是一种什么样的生活呢？——“她没有床了，只留下一块破布，那便是她的被，地上一条草褥，一把破麦秸椅。”

当她过着这样的生活还不能付清吸血鬼般的泰纳迪耶不断的索要时，她还能做什么呢？除了出卖自己最后的本钱：肉体。

可如今这已经是一具什么样的肉体了啊！本来仍应年轻美丽的她，却已经摧残得半人半鬼了，连头发和牙齿都没有了！

她过着如此人不如鬼、生不如死的日子都是为了什么？是为了她的女儿！多么伟大的母爱！多么伟大的母亲！

可怜的芳汀最后的结局又怎么样呢？当她被马德兰市长救出来，有了一点点希望的微光时，她唯一的希望是看到自己的女儿。当她知道马德兰没能接来她的女儿时，她“张开口，仿佛要说话，一口痰从她喉咙底里涌上来，她的牙齿格格发抖，她悲伤地伸出两条胳膊，张开两只痉挛的手，同时四面摸索，好像一个惨遭灭顶的人，随后她忽然一下倒在枕头上。她的头撞在床头，弹回来，落在胸上，口张着，眼睛睁着，但已黯然无光了”。

死后她的尸体被埋在乱葬岗里。

这就是芳汀的一生。

读完这样的小说，我们不能不为雨果的语言艺术所折服，就像不能不为芳汀的命运而洒下一掬同情之泪一样。

第八章　狄更斯与《大卫·科波菲尔》

查尔斯·狄更斯，英国作家。主要作品有《大卫·科波菲尔》《匹克威克外传》《雾都孤儿》《老古玩店》《艰难时世》《我们共同的朋友》《双城记》等。

狄更斯小传

公认为英国最伟大的小说家查尔斯·狄更斯，1812年2月7日生于英国的朴次茅斯港。他的母亲原姓巴罗，父亲反对这门婚事，于是她同情人私奔，才得偿夙愿。

总的说来狄更斯有一个快乐的童年，他的父亲是海军军需部的职员，年俸超过两百英镑，这在当时足够使一个小家庭过得滋润了。但从十二岁起不幸就开始降临狄更斯一家了。由于家庭扩大，而父亲养成了挥霍的恶习，使一家子过得越来越艰难，渐渐地连吃饭都成了问题。

后来狄更斯的父亲终于被捕，被投进了负债者监狱。于是，才十二岁的狄更斯被送进了一家黑鞋油作坊当童工，给瓶子贴商标。

后来他父亲出了狱，家里的经济条件也有了些许改善，他可以不去做工而接着上学了，这时他的母亲却想要他继续做工，这令狄更斯一生都耿耿于怀。但最后父亲的意见占了上风，他又进了学校，但两三年后他便结束教育，又开始工作了。

这次他当了一家法律事务所的职员，后来又到法庭速记庭辩。经过艰苦的努力，他纯熟地掌握了速记这门据说相当于学两三门外语的复杂技艺。

1834年，他转到了《晨报》当记者，这是一家自由党报纸，很合狄更斯的胃口。

也就在这时他遇到了一个叫玛丽·比德内尔的漂亮姑娘，他全心全意地追求她，然而失败了，因为他既没钱，也看不出会有多大的前途。

这次失败严重伤了他的自尊心，于是他更想努力取得成就，以便证明她的拒绝是错的。

他要做什么呢？——写作。其实他一直在小规模地写作，不时替报纸杂志撰写短篇故事和散文，现在他把更多时间投入了写作。他的文风很快就引起了人们的兴趣，这些文章被编成《“博兹”特写集》，1836年出版，立即赢得了广大读者的青睐。

也就在这年他结婚了，妻子是当时一个名记者和作家的女儿凯瑟琳。

真正确立狄更斯在文坛地位的是他这一年开始在报纸上连载的小说《匹克威克外传》，它激起了英国人堪称狂热的喜爱。狄更斯几乎在一夜之间成了英国最受欢迎的作家。于是他辞去了记者职务，当起了职业作家。

他看到自己的连载小说那么受人欢迎，便不愿意再被出版商们盘剥，亲自动手编辑了一份刊物《本特利氏杂志》，从1837年起的两年之间连载了他的另一部著作《奥列弗·退斯特》。

新连载同《匹克威克外传》一样受到热烈欢迎，于是狄更斯趁热打铁，一部接一部地写起来。先是《尼古拉斯·尼科尔贝》，接着是《老古玩店》，还有《巴纳比·拉奇》，这些作品差不多每一部都是留传至今的不朽之作。

在漫长的五年内，狄更斯夜以继日地写作，直到1841年，他终于累了。他决定出去散散心，目的地是新大陆。这时狄更斯在美国已经像在英国一样有名，他受到了美国人的狂热欢迎，仿佛他不是作家而是威尔士亲王呢。这次美国之行的收获是《美国札记》和《马丁·朱述尔维特》。

这时已经到了1843年，这年圣诞节前夕，狄更斯突然想到了一种新的写作方式，并且在几个星期内写成了《圣诞故事集》，它由一个个的小故事组成，形式上就像给儿童们读的童话书一样。

这一年它成了英国人最好的圣诞节礼物。从此，狄更斯几乎每年圣诞节都要给他们献上一本新的《圣诞故事集》，直到死前三年。从此，几乎每个识字的英国人每当到了圣诞节，除了想得到圣诞老人的礼物外就是想读到狄更斯的新《圣诞故事集》了。

这时狄更斯在英国的名声已经如日中天，他的书不但摆满了英国的大小书店，甚至摆满了大小的剧院。由于它们通畅幽默，很适合改编成剧本，被大量地改编上演了，有时光伦敦就有二十家剧院同时上演按他的小说改编成的戏剧。

伴随着他蒸蒸日上的事业的是他不断扩大的家庭，包括夫人和九个孩子。他也是一个比较顾家的男人，除了很少几次出远门外总待在伦敦的家里照顾老婆孩子，他把家搬进了一幢大屋子，一大群孩子加上川流不息的客人们，家里简直摩肩接踵，像集市一般热闹。

从1850年开始，他编辑着《家常话》和《一年四季》等综合性期刊，内容以文学为主，兼及其他，发行得非常好，有时竟高达三十万份！相当于当时英国全国人口的百分之一。

从1855年开始，狄更斯的情绪开始低落，觉得自己很不幸。其原因一方面是由于他对时政的不满，他看到，伴随国家经济繁荣、资本家们纸醉金迷的是劳苦大众可怕的赤贫，整个社会好像被分成了两个世界：对富人而言是天堂，对穷人而言是地狱；另一方面是因为他的家庭，他开始觉得自己不再爱妻子了。

他们夫妻的感情一天天地淡下去，终于，有一天，1858年5月，她，这可怜的女人，在为丈夫生育了十个孩子后，永远地离开了家。

由于这个事件，狄更斯遭到了生平第一次猛烈的抨击，大家都把他看作是一个无情无义的人，因为夫妻双方谁是受害者不言而喻，狄更斯则将之归咎于他们之间没有共同语言。

离开妻子后，不，其实远在妻子离开之前，狄更斯的感情生活早就不寂寞了，有的是崇拜他的年轻漂亮的女子，其中最有名的是埃伦·特南，这个小狄更斯差不多三十岁的女演员做了他的情妇直到他辞世。

这时候狄更斯又找到了一条生财之道——朗诵，他开始全情投入这种与读者更为贴近的文学形式，同样大受欢迎，令他财源滚滚。

他先在伦敦朗诵，后来又到了英国其他地方，最后一直朗诵到了遥远的大洋彼岸。1867年，当他到美国去朗诵时，在这里激起的波涛丝毫不下于伦敦。

狄更斯从美国回来时已经是1868年了，他的身体更趋虚弱，但他仍然像上了瘾一样坚持干这种累人的活，直到下一年4月，他一病不起。

他只得取消了本已经安排好的巡回朗诵会，在伦敦举行了一次告别朗诵，最后一句话是："现在我将从这耀眼的灯光中永远地消失了……"

他的预言是正确的，不出三个月，1870年9月的一天，他在家中猝然而逝。

《大卫·科波菲尔》

《大卫·科波菲尔》是狄更斯的代表作，也是他最动人的作品。述说了身世可怜的遗腹子大卫·科波菲尔经过艰苦卓绝的努力终于获得成功的故事，堪称西方文学史上最伟大的励志小说，即使对于今天的人们也具有很好的借鉴作用。全书用第一人称"我"写成，这也是原著的一个主要特点，基于尊重原著，本章同样采用了第一人称"我"来讲述这个感人至深的故事。

我的童年

我名叫大卫·科波菲尔，据说我是带着一层胎膜在半夜十二点整降生的，钟一敲响，我就开始哭，合拍得很。

我生下来时第一个主要的特点是我是一个遗腹子，在我还没有看到这世界以前我可怜的爸爸就已经去世了。我们家族主要的大人物乃是一个姨婆，她在我来到这世界的那天到了我家，用她天生的威仪把我可怜的母亲吓得半死。她本来打算要当我的教母，但当听到我是一个男孩子后，她拂袖而去，从此永远没有再来。

在我幼年的记忆之中有两样模糊然而可靠的东西，一是教堂，另一个是辟果提，我记得她那带点儿香味的手指，我、我母亲、辟果提，我们三个在一起十分幸福，因为我们实在相亲相爱呢。

有一天晚上，辟果提好像同我亲爱的母亲有了一点儿争执，因为她带了一个黑胡子的男人回来，从这天起那个男人经常地出现在家里，他叫摩德斯通先生。

又过了一段时间辟果提忽然带我到她哥哥那儿去玩了几天。辟果提先生的房子是一所多么可爱的小房子哟——竟然是一条实实在在的船！家里还有古米治太太、海穆和小爱弥丽，他们都是孤苦伶仃的人，辟果提先生收养了他们。

我在这里的日子过得多么甜蜜哟，几乎忘却了家和妈妈。

但当我再回到家时，家里的一切都大变了，摩德斯通先生和他的姐姐住进了家里，以他们的严厉控制了一切，我从此失去了母亲的爱抚。

终于有一天，我被狠狠揍了一顿后，给送往学校去了。我坐的公共马车的车夫巴吉斯先生是一个沉默寡言的人，后来娶了辟果提。经过十几个小时累得要命的颠簸，我像一袋没人认领的行李一样被扔在了票房，直到一个自称是萨伦学校老师的年轻人来接我。

他穿得很破，带我到了一个很穷的老太婆住的地方，我在那里吃了自己买的东西，他吹了一曲笛子后我们去学校了。

这里叫萨伦学校，由一个木头腿的人管事，到处既脏又乱。我刚到就被在背上挂了块白板，上面写着几个醒目的大字——“当心他，他咬人！”每天我都得背着它在校园里到处走。

开学后，我认识了许多友善的新同学，最好的是斯提福兹，他比我大六岁，很英俊，是萨伦学校公认的学生领袖。他要我把所有的钱交给他保管，然后用它们买来了食品与酒，我们晚上就在寝室里办起盛宴来。

第二天上课时校长克里古尔先生来了，他一面跟我说话，一面用棍子在我身上造出了道道伤痕，但他并非特别地恶待我，那棍子落在几乎每一个人身上。

所有人当中受苦最多的是特拉德尔，他每天都要挨无数的棍打，但他也是最快乐的一个，每当挨了棍子、流过泪之后，他很快就又恢复了乐哈哈的天性。

不过也有一个人克里古尔先生是绝对不碰的，这就是斯提福兹，我渐渐地同他更为接近，甚至于把他当作了我的偶像，他也对我格外好起来。

终于放假了，我又回到了亲爱的家。

在客厅里我见到了亲爱的母亲，她正奶着一个很小的婴儿，见到我时母亲多么幸福呀！辟果提见到我也乐疯了，一时我们仿佛又回到了遥远的过去，家里还只有我们三个相亲相爱的人时的日子。

但我的到来对摩德斯通们是很讨厌的事，摩德斯通小姐每天都会计算我一个月的假期还有几天结束，随着她一声满意的叹息，假期终于结束了。我又回到了学校。

这个新的学期就像梦一样过去了，只有一件事深深地留在我的回忆之中，就是听到母亲的去世。

从辟果提口里，我知道了亲爱的母亲步步迈向死亡的情景。虽然出自没有文化的保姆之口，但这一段话是多么地令人感动哟：

> “她一直不舒坦，”辟果提说，“有好长一段时间都这样。她心神不定，也不快活。那小孩儿生下来时，我以为她会好起来了。可她更虚弱了，一天比一天差。小孩儿出生前，她总喜欢一个人坐在那儿哭；小孩儿出生后，她总轻轻对着他唱——唱得好轻，有一次我听到后都觉得那是天上的声音，是正在飘着远去的声音。
>
> ……
>
> “在最后那晚，她在夜里吻了我，并说：‘如果我的婴儿也死了，辟果提，请叫他们把他放在我怀里，把我们埋在一起。’（这都照办了，因为那可怜的小羔羊只比她多活了一天。）她还说：‘让我那最亲爱的儿子送我们去我们的安息地吧，并告诉他，他的母亲曾躺在这里为他祝福过，不止一次，

而是一千次。’”

又是一阵沉默，保姆轻轻拍拍我的手。

“那天夜里很晚了，”辟果提又说，“她向我要点喝的。她喝过后，朝我那么温顺地微笑，多可爱！——多美啊！

……

“‘把你那好心的胳膊放在我脖子下吧，’她说，‘让我把脸转向你，你的脸离我太远了，我要挨近你的脸。’我照她说的办了；哦，卫卫！我第一次和你分手时说的话可真应验了，这时候到了——我说过她喜欢把她那可怜的头放在她那笨头笨脑又坏脾性的辟果提怀里——她就这么死了，像一个睡着了的孩子一样！”

母亲去世后我终于获得了自由，摩德斯通们不再逼我学习或者做任何事，事实上他们几乎不跟我说一句话，好像家里压根儿没我这个人似的，他们最先下的第一道命令就是解雇辟果提。

终于有一天摩德斯通先生同我说话了，他带了一个人来，告诉我，我应当到这个世界上去奋斗了。

第二天我就永远离开了生我养我的家。

我到了摩德斯通先生有股份的一家公司，主要工作是刷瓶子，在成群的老鼠之间，在肮脏的环境里，我同那些大我差不多一倍的人一起干活，每天都要挖空心思地筹划怎样用我那点可怜的工钱来填饱肚子。

我在这里认识的唯一朋友是密考伯一家。密考伯先生穷得可怕，还要养活一大家子，可这一切对于他似乎不是压力呢，他总是时时要表明他是一个上流人，装出那种样子来。密考伯太太生活的唯一乐趣是提起自己的娘家，回忆过去在娘家的美好生活。

终于有一天，密考伯先生被抓住了，投进了负债者监狱。

密考伯先生被放出来后就离开了伦敦。我再也不愿忍受这种生活，有一天终于下了天大的决心，逃走了，我要去找姨婆。

这是一段什么样的旅程哟，我身上只有三便士，要去的地方却是我从来不曾踏足过的多佛尔。第一个晚上我睡在萨伦学校门外的草堆里，第二个晚上睡在一尊大炮下面，为了一片面包我把外衣和背心卖了，路上还被抢去了围巾。

第三天我到了多佛尔。

又费了好大的劲查问，我找到了姨婆的住处，这是一栋精致的海边小楼，这时我的鞋底已经掉了，帽子又扁又皱，破烂不堪的衬衣和长裤上沾着露水、草屑、泥土，总之街上的垃圾都比我干净。

我碰了一下姨婆，告诉她我是她外孙。她吃惊得一屁股坐在地上，我哭诉了自己不幸的遭遇：

> 我是大卫·科波菲尔，从萨福克的布兰德斯通来的，我出生的那晚你去过那儿，见到了我亲爱的妈妈。她死后，我很不快活，我被冷落，不能上学，被迫去独立谋生，干不适合我的苦活。所以我逃到你这里来。我刚动身就被人抢劫，只好一路走来，从动身后就永远不曾睡过床。

说到这里，我的自制力全部丧失，大哭起来，这场哭已憋在我心里好久好久了。

这样我就在姨婆家住下了，改名叫特洛乌德·科波菲尔。

我的少年

我很快就把这里当作了自己的家，还同狄克先生成了好朋友。他是个脑子有点儿毛病的人，永远在写一个呈文，却永远也写不完。姨婆也越来越喜欢我、宠爱我了。

一天姨婆提起了我的教育，这是我实在关心的一个问题，姨婆按她惯常的雷厉风行的做派，第二天就把我送进了斯特朗博士学校。

同时我住进了威克菲尔先生家，认识了他的女儿艾妮斯，她是一个十分可亲可爱的姑娘，成了我的指路明灯，我多么敬重她呀。他们家另外一个人是尤利亚·希普，一个长着金鱼眼睛的瘦小的家伙，皮肤像青蛙一样惨白，他不停地声称自己十分谦卑。

我在斯特朗博士学校的学习与生活可以概括成两个字：快乐。我在学习上进步神速，生活上由于有艾妮斯和威克菲尔先生的照顾也十分的好。

我就是同尤利亚·希普也交上了朋友。一天，大概是星期四，到他家去喝了一次茶。希普和他母亲以他们谦卑的招数很快从我这里打听出了一切他们想知道的事。我像一个泄了密的人一样越来越不安，这时一个人从希普家门口经过，竟然是密考伯先生！他旧貌依然，一副上流人派头。

但第三天密考伯先生一家走了，临行前密考伯先生写了一封绝望的信给我，署名是"沦为乞丐的流浪者威尔金·密考伯手启"。当我跑去找他时，发现他已经坐上了脚车，又是一副怡然自得的上流人派头。

时光飞快地流逝，我在斯特朗博士学校的生活结束了。姨婆给了我一笔为数可观的钱让我出去做一次旅行，好历练我独自生活的能力。

这次的旅行同若干年以前那次有多么不同呀！那时我口袋里只有三便士，现在我穿着崭新的上流人衣服，口袋里有大把的英镑。

晚上在旅店里我碰到了那个我最崇拜的人——斯提福兹，我是多么高兴呀。斯提福兹也很高兴，还带我去他家见了他的母亲。

我在斯提福兹家度过了十分快乐的几天，唯一的缺憾是黎提摩，斯提福兹的仆人，一个最体面的家伙，好像时时刻刻在提醒我，我实在是很年轻呢，简直太年轻了。

然后我们又一同离开了，一起去看我那亲爱的老保姆辟果提，当她认出我后要描述出她有多么高兴真是太难了，一句话，她乐疯了。

第二天我又同斯提福兹一起去辟果提先生的旧船那儿。

我们的进来令他们惊愕了几秒钟，但很快他们更高兴了。辟果提先生高兴傻了，只是一遍又一遍地同我握手，一面猛抓自己本就够乱的头发，发誓说这是他一辈子最高兴的一个晚上。

我得知今晚爱弥丽已经答应嫁给海穆了。

几天后我收到了姨婆的一封信，问我愿不愿做一个代诉人，据斯提福兹的口气代诉人似乎是相当高贵体面的职业呢，我欣然接受了。

此时姨婆正在伦敦城里等我，我立即同斯提福兹分手，去看姨婆了。

姨婆见到我时高兴得哭起来了，第二天我们便去博士院里见斯本罗先生。我一进去就感觉这是一个像梦幻一样安静的地方，立即喜欢它了。唯一令我不安的是我到这里的代价太高了，整整一千镑。

随后姨婆又替我找到了住的地方，一套位于顶楼的窗外就是河的律师公寓，十分精致。

不久斯提福兹来了，还带着朋友们，不过我不大确定我们都干了些什么，只记得同斯提福兹和他的朋友们喝呀喝呀喝个不停，又好像有个什么人建议出去看戏，有个什么人在戏院里吵闹，有个什么人一跨出戏院的门就到了自己的床上。

第二天我醒来时很难说头与心哪个更痛，我是多么地为自己的行为后悔哟。

我这样痛悔最重要的原因是我记起来，在戏院里时遇到了艾妮斯，正是她请求我马上回去的。我真恨不得自己马上死了。

当我还在想着怎样向艾妮斯表达我的悔恨时，她派脚夫送来一封信，里面根本没有提及那可怕的事，只是请我去她住的那里做客。

艾妮斯住在她父亲的代理人那里，又见到她我真高兴呀，她丝毫没有责备我的意思，只是当我称她是我的吉神时，她严肃地告诉我提防我的凶神。

她指的竟然是斯提福兹，我当然不信，我用尽一切努力来向她赞美我了不起的朋友。

在这里的另一个收获是我见到了萨伦学校的另一个老朋友特拉德尔，他仍然是个顶老实的好人，在伦敦法律界做一个很低等的工作。

这夜唯一令我不舒服的是见到了尤利亚·希普，他还是那么叫人恶心，像只鹰一样在我与艾妮斯周围翱翔，不漏过我同艾妮斯说的每一个字。

我正式成了斯本罗-约金士事务所的学徒，斯本罗先生邀我去他家做客。于是我坐上斯本罗先生精致的马车，去他家拜访了。

我的两个爱人

斯本罗先生的府第十分华丽，还有一个漂亮的花园。不过我对那里的印象也仅止于此。我听到一个声音说："科波菲尔先生，这是小女朵拉。"

没有疑问，这是斯本罗先生的声音，但是我听不出了，我什么都听不出了。刹那间一切都过去了，我已经应验了我的命运，我是一个俘虏、一个奴隶了，我爱朵拉·斯本罗爱到失了神！

这段时间里我唯一做过的分心事是见了特拉德尔，他告诉我他同一个最可爱的女孩订婚了，我还见到了住在他楼下的密考伯先生。他不久又破产走了。

斯提福兹又来拜访我了，他竟然是从辟果提先生那边来的。不久后我就知道他为什么去了，他是去找爱弥丽的，他还拐走了她！

这件事多么致命的打击了诚实的辟果提先生一家呀！辟果提先生快疯了，一夜之间失去他愿意为之而死的未婚妻的海穆则傻了。辟果提先生打定了主意要去找自己的外甥女，不管找到什么地方，也不管找到什么时候。

他说，他不在的时候，船屋里那盏灯要永远在那个窗口上亮着，以备哪天爱弥丽悄悄地回到家里来，古米治太太保证用她的生命来完成这个神圣的使命。

您也许会奇怪我怎么这么长时间没有提朵拉了呢？我不是爱她爱得发疯了吗？

是的，我是的！我的确爱她爱得发疯！疯得不能再疯了，要是世界上有任何人敢说曾经像我爱朵拉一样爱过或者说朵拉同任何其他女人一样平庸，我一定会像辟果提先生一样找遍全世界同他决斗呢。

要是能再见到朵拉我什么样的代价不愿付出啊！一段时间后我终于得到这个机会了，斯本罗先生邀请我参加朵拉的生日聚会，我高兴得发了痴。

闲话少说，在朵拉的好友密尔斯小姐的帮助下，我不久得到了机会，向朵拉表白了我的爱情，朵拉竟然接受了，我们是多么相亲相爱啊。

对了，自从巴吉斯先生去世后，我亲爱的老保姆又与我快乐地生活在一起了。这天晚上我同辟果提回到住处时发现姨婆已经威风凛凛地坐在那里了。她平静地告诉我说，她破产了。

我决心尽一切可能去帮姨婆。第二天一大早我就去找斯本罗先生，请求他让我结束已经开始的学徒期，把一千镑的款子退一部分给我，但斯本罗先生一口拒绝了。

我颓丧地回去，在路上碰见了艾妮斯，此前我已经写信告诉她我同朵拉的爱情。一见到她我所有的烦恼顿时烟消云散，就像一个迷路的孩子看见了指路明灯一样。

艾妮斯又同我一起回家去见姨婆，不久威克菲尔先生也来了，他变得多么无神呀，仿佛已经是半个死人了。他后面紧跟着尤利亚·希普，看得出他已经被希普牢牢地控制了。

艾妮斯又帮了我的大忙，她告诉我斯特朗博士现在已经退休，住到了伦敦，需要一个秘书，问我是否需要这个工作。

我当然愿意！这对正处于困境之中的我和姨婆是多大的一桩恩德呀！她永远是我的吉神！

真是好特拉德尔，他明智地建议我掌握速写的技巧，这是做一个好秘书首要的技能。然后特拉德尔转给我一封密考伯先生的信，与以前的信大不一样，这次密考伯先生意气风发，对未来充满信心，原来他被雇用了，而雇用他的竟然是尤利亚·希普！

一天，在博士院，斯本罗先生叫住了我，原来他发现了我与朵拉的秘密，来问罪了。

但第二天发生了一件更可怕的事——斯本罗先生死了，他是昨天同我谈过话后回家时从马车上跌下去摔死的。

我遵照艾妮斯的话，给现在监护朵拉的两个姑妈写了一封信，她们回了信，邀请我去访问，她们是两位像老小鸟一般的妇人，待我很好，不但让我看朵拉，甚至准许我每周两次去拜访她们。

我同朵拉的爱情就这样有了希望之光。

不过，这时候我的生活多么辛苦呀，白天我要到博士院中去做事，晚上还要步行到斯特朗博士那儿去做秘书，同时还要继续花费无穷心力去征服那可怕的速记。现在又要每星期两次步行去更远的朵拉姑妈家，这不是负担，但同样辛苦呐。

现在，到我写作这部小说之时，回顾我这段时期的生活，我知道是什么令我取得了成功。我把它记录下来，希望我的成功经验对亲爱的读者也有一点作用：

> 我这一生无论做什么，总是全心全意去做，无论我投身于什么，总是完完全全投入。事无巨细，我都认真到底。我从不相信，任何先天或后天的才能可以不需坚定、坦诚和努力的品质而获成功，世上并没有那样的成功。某种可喜的才能，某种可庆的机会，可以形成某些人往上攀的梯子的两侧，但那梯子的一级级横木必须是用耐磨经拉的材料制成。完全彻底、热诚坚韧的真本领是没有什么可以取代的。凡值得我献上全身心的事，我决不只献出一只手；无论我做什么，都决不自暴自弃；现在我发现这已成了我的金科玉律。

我也介绍艾妮斯见到了朵拉，朵拉一见到艾妮斯就像见到远别的老朋友一般搂住了她的脖子，而平时她在陌生人面前是多么羞涩哟。

这晚临别时朵拉默默地看着我，然后告诉我她很奇怪我为什么竟然会爱上她而不是艾妮斯。

就在这时我接到了一封信，竟然是密考伯太太的，信中她告诉我密考伯先生现在完全变了，变得对她和家人冷漠异常。

还有，我现在已经悄悄地喜欢上了一种职业，我开始写一些小文章，并且试着寄给杂志社，让我大为惊喜的是它们竟然很快得到了发表，这大大地鼓励了我，使我写更多，也渐渐地从这上面得到更多的报酬了。

以后的日子就像梦一样了，因为我和朵拉结了婚。婚礼那天诚然是热闹的，艾妮斯来了，特拉德尔那位最可爱的姑娘也来了，还有许许多多的人，不过我都记不清楚了，我只知道，我结婚啦！

但从第一天起我们的家政就成了一切不幸的根由。我们请的每一个仆人似乎都在算计我们，我们花了大量的钱，可是从来没有吃过一顿好的，房子里到处是东西，经常绊倒人，但要找任何一件东西时却是那么的难。

我的写作越来越多，渐渐以作家著称了。这时我住的地方距斯提福兹的家不远，因此我常打那儿路过，这天，当我路过时，接到了达特尔小姐的邀请，她背后站着那个险恶的、有最体面举止的小人——黎提摩，他告诉了我有关爱弥丽的消息，好坏参半。好消息是我们知道爱弥丽终于离开斯提福兹了，虽然是被他抛弃了；坏消息是她失踪了，生死不明。

我的第一部长篇小说终于出版了，它为我赢得了大量赞美。然而我知道一个有正当理由信任自己的人永远不会在别人面前炫耀，以使别人信任他。

与我事业的蒸蒸日上不同，我的家政依然不如意，也许更糟了。我原来想，一个新生命的降临或许会令朵拉更成熟，然而没有。并且朵拉的生命也似乎在变轻了，现在她只能终日坐在椅子中了，然而她是快活的，当我抱着她上楼下楼时她发出最快乐的大笑。

我却分明地感到胳膊中的重量日渐轻了，泪水偷偷涌出了我的眼。

一天我接到一封奇怪的信，是密考伯先生写来的，他约我某天晚上去重游我们很多年以前曾经住过的地方和他曾经待过的监狱。同一天特拉德尔也接到了密考伯太太的一封信，诉说密考伯先生近来的改变，他变得狂暴而冷酷。我们一合计，决定一同去赴密考伯先生的约。

我们的会见准时进行，密考伯先生挽着我同特拉德尔重游故地，他的内心显然像伏着一座火山。后来我们去见姨婆，火山在那儿爆发了，密考伯先生大哭起来，他痛哭流涕，大骂了希普一顿，然后约我们下星期天早晨一同到坎特伯雷的旅馆去，他要在那里清算一切。

就在我等待那个星期天的来临时，我在一栋破楼的一间破房子里见到了爱弥丽，一会辟果提先生也来了，一见到他，爱弥丽喊了一声“舅舅”就晕过去了，他一把抱起她，用一块手帕盖在她的脸上，走了。

第二天早晨我同姨婆在花园里散步时辟果提先生来了，他告诉我他要把爱弥丽带到那没有人能认出他们的遥远的澳洲去，现在他准备回老家去告个别，我打算同他一起回去。

到了密考伯先生约定的那天，我们到了威克菲尔先生家，密考伯先生好像头一回见到我们一样，把我们引进去。我们见到了端坐在自己办公室里的尤利亚·希普。

一会儿之后，密考伯先生的火山终于爆发了，他拿出一沓纸，把尤利亚·希普这些年来所做的恶事一一公布，包括他一次就侵吞了威克菲尔先生为数达一万两千余镑的巨款、他用尽各种卑劣手段夺去了威克菲尔先生的名誉、财产，甚至最后威克菲尔先生要把事业全部交给他！

密考伯先生各种宣告都有根有据，希普立刻完蛋了，被迫接受了我们的建议，吐出了从威克菲尔先生那里诈走的东西。

在完成这个伟大的宣告之后，密考伯先生要我们去见证他与太太之间恢复信任的感人一幕。

接下来，深知自己已经一无所有，并且再也无力供养庞大家庭的密考伯先生绝望地准备让他的孩子们去街头卖艺为生。还是我姨婆，在这关头提出了一个再妙不过的主意：他建议密考伯先生一家移居澳洲，因为辟果提先生也准备这样做呢，他们不是有伴儿了吗！至于费用，那好办，既然他帮了我们那么大的忙，我们为什么不能帮他？

密考伯先生接受了这个好主意，心情即刻好了起来。

我的妻子的病并没有如原先料想的一样渐渐好起来，我感觉她在我的怀里越来越轻，后来我是能多么轻易地抱她上去哟！

她说她想见艾妮斯，非常想，我答应马上写信给她。这天晚上，艾妮斯已经来了，朵拉说想单独同她说话。

我在楼下等待，那晚的月光多明亮呀，如水般倾泻在大地上，我坐在火炉边。

朵拉的爱犬吉普哀号着，爬向楼梯，想要上楼，又慢慢地爬向我，舔了舔我的手，哀鸣一声，死了。

艾妮斯出来了，泪如雨下，双手指天。

完了，我眼前一片黑暗。

此后若干段时间发生了什么，我都忘记了。

当我渐渐回过神来，这里的一切只能使我想起亲爱的亡妻，我要出国了。

在我走前，密考伯和辟果提两家移民澳洲的日子到了，朋友们都去送行，那真是有趣、热闹而又悲哀的场面。

他们到那遥远的大洲去后我也到大陆去了。那是一种什么样的旅行呀，现在想起来有如一场梦，我梦见自己在外国的城市、宫殿、教堂、画廊、城堡、墓地、千奇百怪的街市中走过，我仍背负着痛苦的重担，心如槁木枯灰。

我收到了艾妮斯的来信，这时我的妻子离开我差不多一年了。现在我知道我本来可以爱她的，甚至她也可能曾经对我怀抱某种爱情，只是我不经意地忽略了它。现在一切都晚了，我永远失去了她。

我又回到了英格兰，又到了多佛尔，被姨婆和辟果提用眼泪洗了个澡。次日我骑马去看艾妮斯，见到我她多么高兴呀！她仍一如既往，那么美丽、温柔、善良，仿佛人间天使。

我告诉她，她永远是我的指路明灯，我要终生仰望她，她永远是我最亲爱的妹妹。我看到，高兴之余，她的眼角似乎闪过一道阴影，一丝忧郁。我也同样不快乐，忧伤像网一样罩着我。

时光飞逝，圣诞节近了。我经常见到艾妮斯，她也对我一如既往地友好，然而我并不快活。

我相信艾妮斯已经心有所属，但她从没向我公开这个秘密，我决定揭开它。

我永远不能忘记，那是一个寒冷的冬日，我骑着马去见艾妮斯。房间里只有她一个人，我说："艾妮斯，你怀疑我对你是忠实的吗？"

她有点吃惊地说："不！"

"你有一个秘密，"我说道。"告诉我吧，艾妮斯。"

她垂下眼睛，周身颤抖了。

她含着一种祈求（几乎是责备的）的眼光从窗前站起，好像不知要去哪里一样跑到房间另一头，用双手遮起脸，好像打在我心上一般地痛苦起来。

这眼泪在我心中唤醒了一种东西，引起了一种颤动，这是希望的颤动呀！

当她要走开时，我已经把她拦住，紧紧地抱住了她，我喊道："艾妮斯，假如我真有一丝新生的希望，有一天可以用亲于姐妹的、十分不同于姐妹的东西称呼你！——"

她泪如泉涌。但这已经是愉快的、幸福的眼泪了。在幸福的狂喜中我说了许多话，当然是——我有多么的爱她！

"我只有一句话。"艾妮斯把柔和的双手放在我的肩上，平静地注视着我的脸，说。

我含着热泪道："我不敢猜那是什么。告诉我吧，我亲爱的！"

"我从来是爱你的！"

评论　狄更斯作品最大的特点有三个：

一是语言幽默风趣，即便讲述悲惨的故事也是如此，因此当我们阅读他的作品时，虽然其中描述的是一个悲剧的世界甚至是一些邪恶的人物，但这个悲惨的世界并不令人压抑，而邪恶的人物也并不令人恶心，都有其有趣或者说滑稽的一面，例如本书里典型的狄更斯式的反面人物尤利亚·希普就是如此。这乃是狄更斯式幽默最大的优越之处。

二是情节动人，狄更斯作品里的情节与角色往往并不会那么惊天动地，但却总是能够感动人，令人难以忘怀。例如《大卫·科波菲尔》里生活在一条船上的船夫辟果提一家子，他们之间那种无私与伟大的爱，狄更斯用许多细腻动人的小情节刻画得入木三分，令人动容。

三是富于社会正义感，令人敬佩。狄更斯是一个极具社会正义感的作家，他的作品总是同情下层人民，对于社会的不公平现象大加鞭笞。在他的作品里，穷人往往都是好人，哪怕有这样那样的缺点，例如本书里的密考伯先生就是这样的典型人物；而政府常常不干好事，有这样那样的毛病，例如在本书里，克里古尔学校里可怜的学童生活是何等悲惨，受到何等的虐待！而犯了罪的尤利亚·希普在监狱里的生活又是何等的舒适！

正是这三个特点结合起来，使狄更斯的作品成了英国社会一幅凄美动人的风景画，成了整个西方文学史上最伟大也最具特色的小说家之一。

第九章　拜伦——浪漫与自由的歌者

拜伦，英国十九世纪初期伟大的浪漫主义诗人，代表作品有《恰尔德·哈洛尔德游记》《唐璜》等。

拜伦1788年1月22日生于伦敦一个高贵的家族，他的祖父是海军上将，父亲却是个败家子，花光了自己的财产后看到一个苏格兰姑娘有笔丰厚的嫁妆，就娶了她，把妻子的钱又花光后就抛弃了她，一走了之，从此浪迹天涯，终其一生再也没有回家。

遭受同时失去财产和丈夫的双重打击，年轻的妻子既伤心又愤怒，生下孩子后她对他就像对丈夫一样，既爱又恨，爱时她对他便好些，恨时便冷酷地对待他。这孩子又天生跛足，母亲的态度加上天生的残疾使拜伦从小就非同一般地敏感，也培养了他忧郁的气质。

拜伦四岁时入学，八岁被母亲带往一片苏格兰高地，叫钦勒伊盖，那里一马平川的壮丽景致深深打动了小拜伦，激起了他第一缕诗情画意，以后他的第一篇名作就叫《钦勒伊盖》：

去吧，浓艳的景色，玫瑰的园圃！
让富贵宠儿在你们那里悠游；
还给我巉岩峻岭——白雪的住处，
它们早已献给了爱情和自由；
喀利多尼亚！我爱慕你的山岳，

尽管皑皑的峰顶风雨交加，
不见泉水徐流，见瀑布飞泻，
我还是眷恋幽暗的洛赫纳伽！

啊！我儿时常常在那儿来往，
头戴软帽，身披格子呢外衣；
缅怀着那些亡故多年的酋长，
我天天踱过松柯掩映的林地。
直到白昼收尽它黯淡的余光，
北极星当空闪耀，我才回家；
是什么故事勾起迷人的遐想？
是山民的传说——在幽暗的洛赫纳伽。

……

洛赫纳伽呵，别后已多少光阴！
再与你相逢，还要过多少岁月！
造化虽不曾给你繁花和绿荫，
你却比阿尔宾的原野更为亲切。
从远方山岳归来的游子眼中，
英格兰！你的美过于驯良温雅；
我多么眷念那粗犷雄峻的岩峰！
那含怒的景色，那幽暗的洛赫纳伽！

十岁时，他的叔祖父死了，他承袭了男爵爵位以及纽斯台德寺院和罗岱尔两处产业。他的第一首诗作于十二岁时，是献给表姐玛格丽特的，以后他又做了一首，用来追悼那时业已香消玉殒的表姐，诗中说：

晚风沉寂了，暮色悄然无声，
林间不曾有一缕微风吹度。
我归来祭扫玛格丽特的坟茔，
把鲜花洒向我所挚爱的尘土。

这狭小的墓穴里偃卧着她的娇躯，
想当年芳华乍吐，闪射光焰。
如今可怖的死神已将她攫去，
美德和丽质又岂能重返天年！

……

拜伦十七岁时从著名的哈罗公学毕业，随即进入剑桥大学三一学院，在这里他除了偶尔读书之外大量的时间都用来吃喝玩乐，大把花钱。

大三时他出版了第一本诗集《闲散的时光》，虽然它堪称杰作，但得到的只有冷漠与批判。也就在这一年，二十岁的拜伦从剑桥大学毕业了，回到了他的领地纽斯台德。

不久，拜伦又继承了世袭的英国国会上院议员。他同一个叫霍布豪斯的朋友一起第一次踏出了英伦三岛，到欧洲大陆旅行，他们走过了许多国家，其间最为得意的事是从欧洲游历一直游到了亚洲。

这次旅行大大地开阔了诗人的视野，他写成了著名的《恰尔德·哈罗尔德游记》，它一经出版即得到了如涛的掌声，一年之内重版五次。像诗人自己所言："早晨我一觉醒来，发现自己已经成名，成了诗坛的拿破仑。"

他大约是在到希腊游历时开始写这本书的，主要内容是一个叫恰尔德·哈罗尔德的人的旅行见闻，见闻中表达了一个鲜明的主题——对自由的向往。

全诗共分四章，下面我们引用其中的一段，可名为《去国行》，描述的是恰尔德·哈罗尔德离开英国踏上旅途之时：

别了，别了！故国的海岸
消失在海水尽头。
怒涛狂啸，晚风悲叹，
海鸥也惊叫不休。
海上红日冉冉西沉，
我的船儿乘风破浪。
向太阳、向你暂时告别：
我的故乡呵，再会！

不几时，太阳又会出来，
又开始新的一天。
我又会招呼蓝天碧海，
却难觅我的家园。
华美的宅第已悄无人影，
炉灶里火灭烟消。
墙垣上野草丛生，
爱犬在门边哀叫。

……

谁会相信妻子或情妇
虚情假意的伤感？
两眼方才还滂沱如注，
又嫣然笑对新欢。
我不为眼前的危难而忧伤，

也不为旧情而悲悼；
伤心的倒是：世上没一样
值得我珠泪轻抛。

……

船儿哟，全靠你，疾驶如飞，
横跨那滔滔海浪；
任凭你送我到天南地北，
只莫回我的故乡。
我向你欢呼，苍茫碧海！
当陆地来到眼前，
我就欢呼那石窟、荒原！
我的故乡呵，再见！

就在《恰尔德·哈罗尔德游记》大获成功、他开始声誉鹊起、在祖国的前途无可限量之时，他却恰恰走上了一条不是获得朋友，而是制造敌人的不归之路。

十九世纪初英国发生了一场“卢德运动”，它起因于工业革命带来的大量失业，失了业的工人们认为是机器抢了他们的工作，便开始采取了一场破坏机器的运动，这就是卢德运动。英国政府残酷镇压了这场运动，国会也制订法案，规定凡破坏机器者一律处死。如此不人道的法律令拜伦十分愤怒，1812年初，他作为上议员在国会发表措施尖锐的演说，替工人们辩护。

这还不算，不久后他更进一步，在上议院又发表了另一次更激烈的演说，这次是替正处在英国的残酷统治之下的爱尔兰辩护，这在那些“爱国”的英国人眼中简直就是不折不扣的卖国。

这样一来，拜伦几乎与整个英国社会结下了不解之仇。

1813年，拜伦爱上了米尔班克，一个漂亮的贵族小姐，次年初两人便携手步入教堂。

但由于婚后他仍一如既往地风流放荡，身边总是美女如云，妻子只是其中之一。米尔班克是保守的贵族小姐，对丈夫这种行为怎会一味默默忍耐？加之拜伦由于经常在上议院发表演说，攻击政府，使他得罪了当时几乎整个英国社会。这些加在一起，使米尔班克在结婚的第二年，女儿出生才一个月时，就离开丈夫回了娘家，并正式提出与丈夫分居。

在这时候保守的英国，夫妻公开分居是极为丢脸的事，再加上前面的旧账，于是，一场声讨拜伦的运动展开了，其声势之凶猛、言辞之激烈堪称如火如荼。

在这种情形之下，拜伦终于说出了这样的话："如果这些话是真的，那么我就不配住在英国；如果是假的，那么英国就不配我来住。"

1816年4月25日，诗人离开了英国，有生之年再也没有踏足这片孕育他的土地。

他先在滑铁卢扔掉了拿破仑的遗迹，然后沿莱茵河逆流而上，到了瑞士，在日内瓦他遇见了雪莱。从雪莱这里，拜伦感染了他的乐观主义，这对他以后的人生与创作都有相当影响。

离开日内瓦后他又到了意大利，以后的三年中他基本上以这里为家，直到1819年迁往拉文纳。

这时的意大利正受着奥地利人的统治，他们奋起反抗，热爱自由的拜伦也立即投入到了这场轰轰烈烈的革命运动之中。

拜伦此次在意大利参加的这场革命就是著名的"烧炭党"运动。从1816年到1823年，拜伦将他创作之外的全部精力都投入了这场起义，为了筹措起义经费，他甚至卖掉了自己的祖产纽斯台德寺院。

当然拜伦也不全是付出，也有所收获，他最大的收获是一个美女——归齐奥利伯爵夫人。她是当时名闻全欧的美人，甚至被认为是当世的海伦，天下最美的女人。他俩是在1819年3月相遇的，一见钟情，拜伦她称"如日出般地娇美，如正午般地温暖人心。”她不久抛弃丈夫，与拜伦同居。

除革命与恋爱外，他这些年完成的作品也很多，例如1816年完成了《锡雍的囚徒》《黑暗》《普罗米修斯》；次年有诗剧《曼弗瑞德》；还有讽刺长诗《审判的幻景》等等，最重要的是《唐璜》。

《唐璜》既是拜伦的“天鹅之歌”，甚至被称为他的代表作。《唐璜》是以一个叫唐璜的西班牙青年的遭遇为线索而写就的长诗，拜伦在意大利时开始写作，但直到去世仍未完成。

《唐璜》共分十六章，第一至第六章写了唐璜的身世，他是一个英俊无比的青年，后来同一个有夫之妇谈恋爱，被丈夫发觉后，只能逃离故乡，到处流浪。他的流浪过程浪漫无比，他先是因为沉船被一个海盗的美丽女儿海蒂救下，同她有了一场美妙无比的爱情，然而好景不长，海蒂的海盗父亲归家了，将唐璜一刀砍个半死，后来将他卖到了土耳其苏丹的宫廷当奴隶。在那里他的美貌甚至引起了苏丹美丽的皇后的情欲，然而唐璜严厉地拒绝了她那动物似的性欲。第七到第九章写的是唐璜从苏丹的后宫成功逃走后，到了俄国并且参加了俄国人围攻土耳其伊斯迈尔城的战役，在这里拜伦歌颂了土耳其人英勇的抵抗精神。由于作战有功，唐璜被送到了圣彼得堡。在诗歌的最后部分唐璜到了英国，这时候他已经是俄罗斯女皇的大使了。

其中唐璜同海蒂的那段爱情是整部《唐璜》中最美妙、最感人的一段，我们下面引用一部分，描述海蒂救下唐璜后，两人在海边漫步的情景：

那是一天逐渐凉爽的时刻，
一轮红日正没入蔚蓝的峰峦，
大自然鸦雀无声，幽暗而静止，
好像整个世界已融化在其间；
他们一边是平静而凉爽的海，
一边是有如新月弯弯的远山，
玫瑰色的天空中只有一颗星，

它闪烁着，很像是一只眼睛。

他们就这样手挽手往前游荡，
踩着贝壳和五色光彩的碎石，
有时走过平坦而坚硬的沙地，
有时走进了被风雨多年侵蚀
而形成的岩洞，好像精心安排，
有大厅，有晶石的房顶和居室；
他们并肩歇下来，以一臂相偎，
呵，紫红的晚霞已使他们陶醉。

他们抬头看天，那火烧的流云
像一片赤红的海，广阔而灿烂，
他们俯视着海，映得波光粼粼，
圆圆的一轮明月正浮出海面，
他们聆听浪花的泼溅和轻风，
他们看到含情脉脉的视线
从每人的黑眼睛照射对方的心，
于是嘴唇相挨，接了一个蜜吻。

……

他们远离了世界，但不像斗室中
一个人所感到的那种孤独滋味，
海是静默的，海湾上闪出星星，
红色的晚霞暗了，天越来越黑，
四周无声的沙石，滴水的岩洞，

使他们不由得更紧紧相偎；
好像普天之下再也没有生命，
只有他们两人，而他们将永生。

……

哎，他们是这么年轻，这么美，
这么孤独，这么爱，爱得没办法，
那一时刻心灵又总是最充沛，
他们谁也没有力量把它管辖，
于是犯下死后难逃的罪孽，
必得让永恒的地狱之火来惩罚
这片刻的欢娱，——凡人要想赠给
彼此以快乐或痛苦，就得受这罪。

他们彼此望着，他们的眼睛
在月光下闪亮；她以雪白的臂
搂着唐璜的头，他也搂着她的，
他的手半埋在所握的发辫里；
她坐在他的膝上，饮着他的轻叹，
他也饮着她的，终至喘不过气，
就这样，他们形成了一组雕像，
带有古希腊风味，相爱而半裸。

……

这少女看着她的恋人，而那一刻

爱情、夜晚和海洋都是最孤寂，
它们共同把寂寞注入她的灵魂；
呵，就凭这砂石和粗犷的岩壁，
她和她久经风波之苦的恋人
筑起爱之巢，和人寰的一切远离，
而太空中成群的星星遍观世界，
竟找不到什么比她的脸更喜悦。

……

应该说引用的这一段并不是《唐璜》中最出色的，只是比较感人而已，其余的内容大体上都有这个特色，就是充满了美妙动人的至情至性。

如果说到好，可能是第三章中那位希腊诗人所唱的歌，即著名的《哀希腊》，它磅礴如虹的气势与拜伦其他缠绵雅致的诗歌形成了鲜明对比：

希腊群岛啊，希腊群岛！
你有过萨福歌唱的爱情，
你有过隆盛的武功文教，
太阳从你的提洛岛诞生！
长夏的阳光还灿烂如金——
除了太阳，一切都沉沦！

开俄斯歌手，忒俄斯诗人，
英雄的竖琴，恋人的琵琶，
在你的境内湮没无闻，
诗人的故土悄然喑哑——
他们在西方却名声远扬，

远过你祖先的乐岛仙乡。

巍巍群山望着马拉松，
马拉松望着海波万里；
我沉思半晌，在我的梦幻中
希腊还是自由的土地；
脚下踩的是波斯人坟墓，
我怎能相信我是个亡国奴！

……

满满倒一杯萨摩斯美酒！
树荫下，少女们起舞翩翩——
一对对乌黑闪亮的明眸，
一张张鲜艳的笑脸；
想起来热泪就滔滔涌出：
他们的乳房都得喂亡国奴！

让我登上苏尼翁石崖，
那里只剩下我和海浪，
只听见我们低声应答；
让我像天鹅，在死前歌唱：
亡国奴的乡土不是我的邦家——
把萨摩斯酒盏摔碎在脚下！

1823年，拜伦为之献身的烧炭党人起义失败了，拜伦又将目光转向了另一个已经掀起了如火如荼的独立运动的被压迫国家——希腊。

这时的希腊已经被土耳其人统治近四百年，然而他们从来没有屈服，现在独立运动已是风起云涌。这年7月拜伦正式前往希腊，随船携带着他为起义者们筹措的巨额钱财和物资，这些钱主要是卖掉他的最后一处祖产罗岱尔庄园得来的。

8月，拜伦抵达希腊，伟大诗人的到来令独立战士们欣喜若狂。

这年年底，拜伦起程前往独立运动的中心迈索隆吉翁，次年1月5日抵达，受到举城狂热的欢迎。

不久拜伦被正式任命为希腊独立军的方面军总司令，肩负起了统军作战的重任，走上了为自由而战的第一线。

拜伦深知自己肩上担子之重，他全副身心地投入了种种工作：他要组织、训练自己的部队，从军火粮秣到士兵的着装无不要他仔细关注，另外还有一件事也耗费了他大量的精力，这就是团结起义军内部这时候已经开始分裂的各派系。

大家想想这一切要耗费多少精力？而一个人又有多少精力呢？

详细的经过就不说了，反正这样的日子过了并不太久，不到三个月拜伦就病了，经久不愈。

但他并不把这病放在眼里，仍然强撑着像往常一样工作。这年4月9日，他又要出门了，这时正下着大雨，有人劝拜伦等待雨停再去，他答道：

“我要是连下雨也害怕，还算什么军人？”

回来后拜伦便一病不起，并且越来越重，到了18日，他自知大限将至，在病床叹道：“不幸的人们！不幸的希腊！为了她，我付出了我的时间，我的财产，我的健康；现在，又加上了我的生命。此外我还能做什么呢？”

次日，拜伦与世长辞。

希腊人民举国哀悼。

关于拜伦之死——他为了异国人民的自由而死于军营之中，我不想多说什么，我只说，这是一种伟大的死，它令我想起了另一个伟大的国际主义战士诺尔曼·白求恩，想起了毛泽东为他写的那篇名作，拜伦岂不也是白求恩式的伟大的国际主义战士呢？他也像白求恩一样，为了异国人民的解放事业奉献了自己的生命，因此他也如白求恩一样，“是一个高尚的人，一个纯粹的人，一个有道德的人，一个脱离了低级趣味的人，一个有益于人民的人”。

至于拜伦之诗，我们也无须多言，那是优美的、令人荡气回肠的，称得上是浪漫主义诗歌的经典。

第十章　雪莱——激情的歌者与深思的哲人

雪莱，英国著名作家、浪漫主义诗人，其代表名作《西风颂》。雪莱的诗初看也许会让人觉得文字太过激烈，不那么美，但只要仔细品味，把真意品出来，会令人感觉余香满口，其味无穷。

雪莱1792年生于英格兰苏塞克斯郡霍香镇的菲尔德庄园，他的祖父是专横的比希爵士，父亲蒂莫西则是辉格党的国会议员。

雪莱六岁就开始学习拉丁文，八岁就能作诗，十岁时已经开始在赛恩·豪斯学校学习数学、法语、地理、天文等课程。十二岁时他上了与哈罗齐名的伊顿公学。

这时雪莱开始写作，如1809年他和一个朋友合写了长诗《流浪的犹太人》，又同妹妹合写了一本诗集，都在次年出版。

1810年10月，十八岁的雪莱进入牛津大学，但仅仅五个月后就因为出版了一篇《无神论的必要性》被开除了，这令他的父亲非常生气，但雪莱坚决不肯认错。

倔强的雪莱终于离家住到了伦敦，在这里他遇到了漂亮但也有点不安分的海里霭，她是一家酒馆老板的女儿，雪莱很快就带着她私奔了，这是1811年8月的事。

不久，他不顾父亲和祖父的强烈反对，同海里霭结了婚。

1812年2月，他和妻子到了正被英国统治的爱尔兰，他同情这里的人们，想帮助他们。但年轻心热的诗人很快就承认了自己的失败，虽然他热情洋溢的讲演博得了一些知识分子的掌声，但广大爱尔兰人民对他却报以冷漠，一个多月后他就黯然离开了。

1814年6月，雪莱去拜见了他所崇敬的当时著名的思想家葛德文，进而认识了他芳龄十七的女儿玛丽。风流倜傥、年轻英俊的浪漫诗人让玛丽一见钟情。这时候雪莱的妻子海里霭已经为他生下了一个女儿，又怀了孩子，但雪莱仍接受了玛丽的爱情，并且不久就同她私奔了。

这位玛丽后来也成了西方文学史上的重要人物，被认为是科幻小说的开山鼻祖，她的名作《弗兰肯斯坦》是公认的第一部真正的科幻小说。玛丽一生还致力于传播丈夫的作品与思想，为雪莱写了一部很好的传记并编辑出版了相当完整的《雪莱诗集》。西方文学史上，夫妻双双成为名作家的除雪莱夫妇外，别无他人。

1816年，雪莱匆匆赶往瑞士。原来玛丽的妹妹克莱尔早已同另一个伟大的诗人拜伦有了私情，并且被他抛弃了。这次雪莱就是为了小姨子而跑去找拜伦的，希望他能够接受克莱尔。这当然是不可能的，但他们的相会仍然产生了有益的影响，特别是对拜伦，虽然他的诗名远大于雪莱，但他对雪莱也表达了强烈的好感，接受了他的许多观念。

这年9月，雪莱回到了英国，定居巴斯，准备在那里静静地生活、写作，但不久克莱尔和他的妻子海里霭接连自杀，这对雪莱造成了极大的冲击。

特别是妻子之死令他的名声受到打击，法院做出裁定雪莱不宜抚养孩子，他的孩子被判由别人领养，但雪莱必须负担抚养费。

这样有如侮辱的判决使雪莱感到再也无法在英国生活下去。于是，1818年3月，他终于离开英国，前往意大利。

在意大利的威尼斯，雪莱再一次会见了拜伦，并一度和拜伦同住地中海滨，一起泛舟、骑马、射击、谈诗。这是1818年8月的事。

1820年，雪莱移居比萨，第二年拜伦也来到了这里，这已经是他们第三度相聚了，这次聊得更多。

这时候已经是1822年，雪莱并没有意识到他的生命之路还有多长，仍然像往常一样生活，这年7月8日，他去里窝那迎接前来意大利主编《自由派人》杂志的朋友亨特，当他与朋友驾帆船从莱格亨港返回住所时，出海不久，暴风骤起，雪莱舟沉身死，时年三十。

雪莱虽然现在享有大名，但生前并不广为人知，他的诗大多只能自费出版，他早年的主要诗作是《仙后麦布》和《莱昂和西丝娜》两首长诗，但他更重要的长诗是《被解放了的普罗米修斯》。

较之这些长诗，雪莱更著名的作品是他那些充满了激情与活力的抒情诗，如《自由颂》《西风颂》《致云雀》等，正是这些优美且感情深挚的诗篇令雪莱成为英语文学中最伟大的抒情诗人之一。

这些名诗中我觉得最好的是《西风颂》，现在我就拿它来以飨诸位：

西风颂

一

哦，狂暴的西风，秋之生命的呼吸！
你无形，但枯死的落叶被你横扫，
有如鬼魅碰到了巫师，纷纷逃避：

黄的，黑的，灰的，红得像患肺痨，
呵，重染疫疠的一群：西风呵，是你
以车驾把有翼的种子催送到

黑暗的冬床上，它们就躺在那里，
像是墓中的死穴，冰冷，深藏，低贱，
直等到春天，你碧空的姊妹吹起

她的喇叭，在沉睡的大地上响遍，
（唤出嫩芽，像羊群一样，觅食空中）

将色和香充满了山峰和平原。

不羁的精灵呵，你无处不远行；
破坏者兼保护者：听吧，你且聆听！
……

四

哎，假如我是一片枯叶被你浮起，
假如我是能和你飞跑的云雾，
是一个波浪，和你的威力同喘息，

假如我分有你的脉搏，仅仅不如
你那么自由，哦，无法约束的生命！
假如我能像在少年时，凌风而舞

便成了你的伴侣，悠游天空
（因为呵，那时候，要想追你上云霄，
似乎并非梦幻），我就不致像如今

这样焦躁地要和你争相祈祷。
哦，举起我吧，当我是水波、树叶、浮云！
我跌在生活的荆棘上，我流血了！

这被岁月的重轭所制服的生命
原是和你一样：骄傲、轻捷而不驯。

五

把我当作你的竖琴吧，有如树林：
尽管我的叶落了，那有什么关系！
你巨大的合奏所振起的音乐

将染有树林和我的深邃的秋意：
虽忧伤而甜蜜。呵，但愿你给予我
狂暴的精神！奋勇者呵，让我们合一！

请把我枯死的思想向世界吹落，
让它像枯叶一样促成新的生命！
哦，请听从这一篇符咒似的诗歌，

就把我的话语，像是灰烬和火星
从还未熄灭的炉火向人间播散！
让预言的喇叭通过我的嘴唇

把昏睡的大地唤醒吧！要是冬天
已经来了，西风呵，春日怎能遥远？

看得出来，较之前面的拜伦，雪莱的诗不是那么好读的，个中原因之一是它们往往富于哲理，有许多哲理性的比喻与隐喻，要细细品味才能读出味道。例如《西风颂》中最后那两句——“要是冬天已经来了，西风呵，春日怎能遥远？”它们也许是雪莱诗句中最有名、也最动人的两句。

这两句诗为什么会如此动人？主要就是因为在它之中包含着深沉的哲理——对时间性的理解。

我们知道，生命其实就是时间，我们拥有了生命就是拥有了时间，对生命的体验就是对时间的体验。

作为诗人雪莱少有地深刻理解了，或者不如说是领悟了时间，这种领悟的精华就是将时间看作一个连续不断之流，看到每一个时间点与其他点之间的不可分割性。例如，冬日与春日实际上就是时间之流中的两个点，这两个点之间具有必然的连续性，也就是，在冬之后必然有春，这就是时间的“联系”，而我们的生命实质上也就是这种联系以及对这种联系的体验。正是这种体验、深刻的体验，令得我们可能从时间的连续与联系之中品味到生命的流逝。

雪莱的另一首诗中也有着这种对时间与生命之流逝的深刻体味，这就是《那时刻永远逝去了，孩子！》，在诗中，雪莱写道：

那时刻永远逝去了，孩子！
它已沉没，僵涸，永不回头！
我们望着往昔，
不禁感到惊悸：
希望的阴魂正凄怆、悲泣！
是你和我，把它哄骗致死，
在生之幽暗的河流。

我们望着的那川流已经
滚滚而去，从此不再回头；
但我们却立于
一片荒凉的境地，
像是墓碑在标志已死的
希望和恐惧：呵，生之黎明
已使它们飞逝、隐退。

从这样的诗里，我们分明地感到了对时间的苍茫与惆怅，事实上，这是任何一个诗人、哲人甚或普通的聪明人所无法避免的感受。

谈完了雪莱诗歌中的时间意识，我们也就谈完雪莱了，最后我想再请大家欣赏欣赏他一首同样充满哲理的诗歌《爱的哲学》作为全章的结束：

泉水总是向河水汇流，
河水又汇入海中，
天宇的轻风永远融有
一种甜蜜的感情；
世上哪有什么孤零零？
万物由于自然律
都必融汇于一种精神。
何以你我却独异？

你看高山在吻着碧空，
波浪也相互拥抱；
你曾见花儿彼此不容：
姊妹把弟兄轻蔑？
阳光紧紧地拥抱大地，
月光在吻着海波：
但这些接吻又有何益，
要是你不肯吻我？

第十一章　列夫·托尔斯泰与《战争与和平》

列夫·尼古拉耶维奇·托尔斯泰，十九世纪中期俄国批判现实主义作家、思想家，哲学家，代表作有《战争与和平》《安娜·卡列尼娜》《复活》等。

列夫·托尔斯泰小传

列夫·托尔斯泰1828年9月9日出生于俄罗斯图拉省克拉皮文县的亚斯纳亚波利亚纳。托尔斯泰家是名门贵族，但一岁半时他的母亲就去世了，九年之后又失去了父亲。1841年，他开始由住在喀山的姑母监护，便从此在喀山生活了。

虽然失去了监护人，他的生活并非悲惨，一则家产犹在，二则监护人对他不错，从小让他受到了很好的贵族教育，由从法国请来的家庭教师给他施以古典人文主义教育，熟读了古希腊罗马的经典作品。

1844年托尔斯泰进入了喀山大学东方系，学习土耳其、阿拉伯等东方语言，准备毕业后当外交官，但一年后转到了法律系，但他迷恋于灯红酒绿、觥筹交错的社交生活，两年后就退学回家了。

这时托尔斯泰已经十九岁，可以不需监护独立生活了，他回到了自己的产业地，即亚斯纳亚波利亚纳庄园。

天生的良善之心使托尔斯泰很早就同情俄罗斯农民的苦难，因此回到庄园后开始努力改善他的佃农们的生活，然而得到的却是农民们怀疑的目光，他们对他的善意毫无反应，他只得自认失败。

1849年11月起托尔斯泰开始在图拉省的行政管理局任职，一年后被提升为十四等文官。在这段日子里，他的主要公务似乎是在彼得堡和莫斯科的上流社会社交圈里同贵族达官美女们周旋，但他后来渐渐对这种醉生梦死生活感到厌倦。

这时他的哥哥尼古拉正在高加索从军，与当地的山民们作战，托尔斯泰想到没有比战争更能令他摆脱这种厌倦的了，于是前往高加索，投奔长兄，这是1851年4月的事。两年半后他成为准尉，是军官中最低的一级。

正是在这段时间里，他开始搞文学创作，在《现代人》杂志上发表了第一篇作品《童年》，引起了良好的反响。

1854年时爆发了俄国与英法之间的克里木战争，托尔斯泰自愿奔赴战争最前线的塞瓦斯托波尔，这里正发生着当时欧洲最惨烈的战斗，俄罗斯军人正遭受前所未有的屠杀，托尔斯泰据说在最危险的第四号棱堡当炮兵连长，一直战斗到军港最后被英法联军占领为止。

战争中托尔斯泰亲眼看见农民出身的士兵们是何等勇敢，何等舍生忘死地朝敌人的枪口扑去，更加深了他对普通人民的同情和对罪恶的农奴制的批判。

1856年，战争结束之后，托尔斯泰离开了军队，到了彼得堡，但不久后就回到了自己的庄园。

第二年，托尔斯泰到法国、瑞士、意大利和德国等地游历了一趟。

回来后他又把目光转向了他的农民们，他在庄园里办了一所学校，让农民的孩子们来学习，运用他从英法等国学到的现代教育方法来培养孩子们，这次他取得了相当的成功。后来他还创办了一份教育杂志，用以传播他的教育理论，并亲自动手编写课本。作为语言大师，他的课本比以前官方那些刻板的教材要有趣、有益得多，获得了公众的赞美。这是1861年左右的事。

1862年，34岁的托尔斯泰认识了一位御医、八品文官别尔斯的女儿，这年她只有18岁，托尔斯泰爱上了她。他在给她的信中透露出的真情深深感动了这位小姐，她答应了托尔斯泰的求婚。

他获得了一个很好的妻子：既体贴入微，又善于操持家务、管理田产，还爱好文学，能经常替丈夫誊写手稿。

结婚第二年起托尔斯泰进入了创作的高峰期，这时起他花了差不多七年时间来写巨著《战争与和平》。

婚后托尔斯泰的心灵一直是宁静的，正是在这宁静之中，他才能够全心全意地创作。然而，1869年时，一次他途经一个叫阿尔扎马斯的地方，住在旅馆里，夜深时分，他突然感到一种从未有过的忧伤与惊恐，这就是他所谓的“阿尔扎马斯的恐怖”，这使托尔斯泰对叔本华哲学产生了兴趣，甚至于想到了自杀，以将之作为探究生命意义的终极形式。

直到他创作第二部巨作《安娜·卡列尼娜》时，才终于在某种程度上摆脱了那种恐惧，并且找到了生活的答案。

这个答案对于他而言是简单的，那就是抛弃贵族生活，勤俭、克己，在勤俭与克己之中求得生命的完满。

为此托尔斯泰抛弃了贵族生活，不单在表面上抛弃，而且从心底鄙视。他身体力行，自己耕地、做鞋、盖房子，摒绝一切奢侈生活，甚至持斋吃素。

1881年，为了便于子女求学，托尔斯泰带全家迁居莫斯科。

即使到了繁华的大都市，他仍继续过着俭朴的生活，他访问贫民窟，深入了解城市最底层贫民的生活，还上书沙皇亚历山大三世，请求赦免行刺亚历山大二世的革命者们。

1891年，托尔斯泰给《俄国新闻》和《新时代》编辑部写了一封著名的信，声明放弃1881年后自己所有作品的版权。按照他的意志他要放弃所有作品的版权，只是他的妻子为了孩子们而不肯答应，他们有着十三个孩子，没有收入怎么过活呢？她成功地把丈夫1881年以前作品的版权弄到了手。

他还秉承宗教宽容的理念，极力维护被官方的东正教会迫害的莫洛康教徒，并在1898年用《复活》的全部稿费资助教徒们移居加拿大。

托尔斯泰这种博爱与宽容的精神同沙皇和他的教会是殊不相容的，因此在七十三岁高龄时，由于在第三部不朽之作《复活》中有人指责他反对上帝，还被革除了教籍。

这时托尔斯泰已是老人了，他晚年的日子并不好过。一则因为他同家庭之间的矛盾越来越严重，二则这时他的创作也出现了问题，他既对自己的创作不甚满意，又不想再为版权而同妻儿争吵。

这样产生了两个结果：第一个是他不再发表作品，宁愿将其束之高阁，第二个结果则是致命的。

1910年11月10日，感到家庭已经是一种不能承受之累的托尔斯泰从亚斯纳亚波利亚纳庄园秘密出走了，随行的只有他的医生和小女儿。

他希望能找到一个隐秘的所在，在那里，他能够按照自己的理想宁静而俭朴地生活。

这时俄罗斯已经天寒地冻，出走几天之后，可怕的肺炎袭击了托尔斯泰，已届耄耋之年的伟大作家如何抵挡得了肆虐的病毒？他迅速地死掉了，时年八十二岁。

这时他在阿斯塔波沃车站，正处在寻找宁静之乡的路上。

《战争与和平》

第一卷

1805年7月的一天，大名鼎鼎的安娜·帕夫洛夫娜正在家里接待宾客，她是皇后的亲信，彼得堡所有的贵族都来奉承她，在她的晚会上可以看到首都所有大贵人。

第一个来的是瓦西里公爵，他有两个儿子和一个女儿，安娜·帕夫洛夫娜不喜欢他调皮的小儿子，想用婚姻来约束他一下，提议把自己的亲戚，一位公爵小姐嫁给他。瓦西里公爵得知她出身高贵又有钱，十分高兴。

客人渐渐来齐，挤满了客厅，其中年轻、有名、小巧玲珑的公爵夫人博尔孔斯卡娅最引人注目，还有一个人安娜·帕夫洛夫娜也很令人注意，他是一个胖胖的、身材巨大的年轻人，名叫皮埃尔，他是叶卡捷琳娜女皇时代赫赫有名的别祖霍夫伯爵的私生子，刚从法国留学归来，这是他参加的第一个社交宴会，对这一套规矩很不熟悉。

晚会进入了高潮，现在瓦西里公爵的女儿，美丽而高雅的海伦成了一堆年轻人的中心。这时安德烈来了，他就是博尔孔斯卡娅的丈夫，一位年轻、位尊、高傲的公爵，所有客人当中他只对皮埃尔客气。

晚会散了后皮埃尔直接到了安德烈家里，他到首都就是秉承父命来找一个职业。

离开安德烈家后，皮埃尔本来已经对安德烈发誓不去瓦西里公爵家，但还是去了，他抵挡不了那里的赌局和美酒的诱惑。

现在我们来到俄罗斯的另一个中心城市莫斯科。这天罗斯托夫伯爵家正在筹备为女儿举行命名日晚会，女客们像往常一样交换最近的重要新闻，今天的主角是皮埃尔，他被赶出了彼得堡，因为他同瓦西里公爵的小儿子把一个警察局长扔进了河里。大家还知道他可能将非常富有，因为他的父亲拥有巨大无比的财产，而皮埃尔是他最宠爱的儿子。

大家正在聊天时一个十三岁的小姑娘冲了出来，她不怎么漂亮，但非常活泼可爱，她就是今天命名日的主角。

她手里拿着个洋娃娃，不小心冲进了客厅，很快又冲了出去，鲍里斯，她爱着的表兄，过了一会儿才追来。

这里还有另外一对也在闹小孩子恋爱，就是罗斯托夫伯爵的儿子尼古拉和他的表妹索尼娅。

小姑娘叫娜塔莎，她偶然看到了尼古拉吻索尼娅，她便把鲍里斯叫到花丛深处，吻了他，他们约好将来结婚。

鲍里斯是一个漂亮的年轻人，没了父亲，也没有家产。母亲带他到莫斯科来无非是想替儿子从据说已经病入膏肓的别祖霍夫伯爵那里弄一笔钱来置办军服。不久她到了府，将瓦西里公爵准备烧毁的伯爵遗嘱抢了过来。

在离莫斯科一百五十俄里[1]的地方住着著名的安德烈耶维奇·博尔孔斯基公爵，帝国一员业已退休的大将，他是安德烈公爵的父亲，绰号普鲁士王。他一天到晚忙着，好用劳动来保持健康，今天他正等着儿子的归来。

安德烈回来了，带着怀孕的妻子，但他第二天晚上就走了。父亲交给他一封写给库图佐夫的信，叫将军不要老让儿子当副官，要上前线战斗。

到这里《战争与和平》第一部已经结束了。在读下面的一部之前我建议大家读读拿破仑传，特别是“拿破仑在奥斯特里茨战役”，小说的背景正是那次战役。

这时是1850年10月，俄军开进了奥地利，库图佐夫把他的总司令部设在布勒瑙。奥地利的将军们敦促他立即率军去与马克元帅会师，但此时奥地利人已全军覆没。

由于马克率领的奥地利军被彻底击溃，两翼暴露的库图佐夫命令俄军往维也纳方向退却，为了阻止法军快速追上，一路破坏桥梁。

库图佐夫继续退却，奥地利人已经跑了，他只有三万五千军队，折损近半，拿破仑的十万大军穷追不舍，俄军只有在敌军追上时才回头应上一战，在这样的一次反击中俄军取得了胜利，击溃了法军莫蒂埃师团。

库图佐夫派副官安德烈到奥地利宫廷去报捷。这时宫廷已经逃离了维也纳，迁到了布吕恩。让安德烈愤怒的是，从来没有在拿破仑面前品尝胜果的奥地利人对他们艰难的胜利竟漠然置之，只问有没有取得决定性胜利，有没有抓住莫蒂埃！他还从朋友处得知奥地利人可能正暗地里准备同法国人签订合约。

安德烈立即决定前去寻找自己的部队。

一路上都是俄军逃兵，安德烈费了好大的劲才在一家农舍里找到库图佐夫，这位几乎陷入绝境的元帅向巴格拉季翁大将发出了进攻的命令，然后带上安德烈走了。

这时库图佐夫面对的情形是怎样的呢？是他的四万疲惫之师面对十五万法

---

[1] 俄里，俄制长度单位。1俄里≈1.0668公里。

军的常胜之旅，而且法国人已经占领维也纳桥，正赶往他前头，要将他包围起来，全部歼灭。

库图佐夫派了巴格拉季翁率领四千赤着脚的俄军翻山越岭去阻挡想包围俄军的法军，一面全速前进，要赶在巴格拉季翁被击退之前占领茨奈姆，在那里布防。为了赢得进军的时间，他甚至假装向法军建议投降。

由于安德烈的坚持，库图佐夫同意他去了巴格拉季翁的部队，他一来就先在整个的前线巡视了一番。

这次法国人上了大当，虽然人数多得多，却没有马上进攻。

在法军优势兵力的攻击下，俄军左翼右翼后翼都出现了混乱。安德烈发现，巴格拉季翁虽然在前线，也说了不少话，但实际上什么命令也没有发出。战斗任其自然地发展。然而他那极其镇定的表情在这个时刻是最关键的，他的士兵和军官们被他这副表情感染了，也镇定下来，投入了战斗。

巴格拉季翁来到右翼，看到士兵们扎成一堆，在胡乱射击，这个团已经损失了一大半人。他下令调来两个营，在法军已经爬上山坡，看得见他们的肩章了时，俄国人喊着“乌拉”，朝惊慌的法国兵猛赴过去。这样，右翼的俄军阻止了法国人的攻势。

左翼却不是这样，这里有一个骑兵团长和一个步兵团长，两个团长都有指挥权，他们发生了争执，当右翼的战友正浴血奋战时，他们却一动不动地站在枪林弹雨中比勇敢，直到法国人来到了他们跟前，要消灭他们了，他们才发动逃跑似的进攻，其中就有尼古拉。

眼看四散奔逃的俄军就要被歼灭，突然追击的法国人又退了回去，原来树林里还有一连的俄军，他们没有惊慌，当法国人追到树林里时，立即迎头痛击，把他们赶了回去，使原来溃散了的左翼俄军又重新集合起来。

中央是安德烈来过的能俯瞰全部战场的炮兵阵地，他们一直在不断地轰击着，本来掩护他们的一营步兵已经被调走了，他们竟然在没有步兵掩护的情形下独立作战，他们一点也不惊慌，他们已经忘了自己，全心全意地战斗。法国人看到这个制高点炮声隆隆，竟然认为这里是俄军主力所在。

炮手们一直战斗到安德烈过来命令他们撤退。

这个炮连的连长是图申，他带着剩下的两门好炮撤走。一路上帮助那些需要帮助的人，似乎他没有参加过战斗，什么都还有，这些求助的人中就有尼古拉，他受了伤，请求坐在炮车上。

夜里宿营时巴格拉季翁叫图申去，责备他丢了两门大炮，质问他为什么不叫掩护的步兵帮着拖回来。图申什么也没有说。这时安德烈走过来，用生硬的声音说：他看到两门大炮已经被打坏了，掩护的步兵一个也没有，正是图申挽救了整个战局。

次日巴格拉季翁的残部同库图佐夫的主力会师了。

继承别祖霍夫伯爵爵号和全俄罗斯最大一份财产之后，皮埃尔感到自己变了，或者说世界变了。

以前他老担心自己说错话，并且总有人指出这一点，他也没有几个朋友。现在他却发现他说的每一句话都成了至理名言，博得大家的赞叹。所有人都成了他的朋友，每一个人都是那样友好，皮埃尔就像在梦中一样飘飘然，也像梦中一样迷糊。

所有人当中最好的要数瓦西里公爵了，他借口要替皮埃尔弄个好差事把他带到了首都，住进自己家，让自己和美丽的女儿海伦将他淹没。一天晚上，她终于使得皮埃尔像认命一样认定海伦将是他的妻子了。

这时已经是1805年11月间了，一个半月后他们结了婚。

解决女儿的事后瓦西里公爵就开始解决儿子的事了，这次的目标是安德烈耶维奇·博尔孔斯基公爵的女儿。

他带了儿子一同去视察，然后又到博尔孔斯基公爵府去拜访。

公爵小姐立即被阿纳托利那自信的、充满活力的美貌征服了，她产生了幸福的幻想，第二天却在花房里看见阿纳托利正搂着家庭教师布里安小姐。她立即当着所有人的面清楚地说：她不想嫁人，她要永远陪着父亲。

罗斯托夫家很久没接到尼古拉的信了，直到冬天才来了一封，信中得知尼古拉负了伤，升了军官。

这时是11月12日，库图佐夫的大军已安然逃离法国人的包围，驻扎在奥尔米茨，另外两位皇帝，俄国沙皇和奥地利皇帝，都来了，还有俄罗斯强大的近卫军。

也在这时尼古拉接到了来自近卫军中鲍里斯的信，要他去拿家里的回信和钱。他去了，在军营还同来看鲍里斯的安德烈发生了冲突，高傲的安德烈很喜欢想求他帮忙当上副官的鲍里斯。

第二天，在奥尔米茨，两位皇帝检阅了八万俄罗斯大军，他们穿着整洁漂亮的礼服，当皇帝经过时，惊天动地地喊道——“乌拉！”士兵们心里只有一个念头，为陛下战死疆场。

检阅过后鲍里斯去大本营找安德烈了，他从安德烈那里得知，在军事会议上少壮派打败了库图佐夫等想坚守的老将，决定立即向法国人展开总攻。

法国人先是佯装失败，但他们在偷偷地准备一场大血战。

血战按法国人的计划开始了，当太阳完全从雾中升起，耀眼的阳光普照奥斯特里茨时，拿破仑向他一直在静候指令的元帅们打了个手势。

于是，几分钟后，做好了充分准备的法军冲向了战争制高点普拉茨高地，俄国人很快退却了。

库图佐夫被士兵们裹着慢慢前进，安德烈紧紧跟随着库图佐夫，周围是像波涛一样推着他们往后退的俄军，老元帅徒劳地叫喊着，没人理他。

安德烈眼看着这一切，流出了耻辱的泪水，突然他冲了上去，抢过一面军旗，大喝一声，朝敌军扑去。

他不停地往前冲，旁边已经跟来了一些士兵，突然他感到有人用一根大棍子猛击他的头，他倒下了，看到天空从来没有现在这样高远，周围一切都是那么安静、肃穆。

巴格拉季翁指挥右翼，他根本不支持这次作战方案，因此不愿意出击。他派了尼古拉去找库图佐夫或者皇帝，要他们下命令才出击。

于是尼古拉骑着快马驰过了整个战场，他看见到处一片混乱。他看见几千匹战马驰过眼前，这是俄军的精英，近卫军重骑兵，他们向攻过来的法军发起了冲锋。后来他才知道，这次冲锋过后，那几千名贵族、军官、士官和富家子弟只剩下了十八个人。

尼古拉继续到处寻找总司令或者皇上，最后他在一块菜地里看见了皇上，他孤独地站在旷野，显得那样伤心。尼古拉本应当跑上前去为他那么敬爱的皇上效劳，但他这时反而羞怯了，他为这个痛恨自己。

到下午，俄国人已经全线溃败了。

躺在普拉茨高地山下的安德烈并没有死，他呻吟了一下，被刚好到这里来视察的拿破仑看到了，吩咐把他抬下去治疗，就这样成了拿破仑的俘虏。

这时他脑子里又浮现了握着军旗倒下时看到的那么高远的天空。看着拿破仑的眼睛，他不由想到，伟大是多么渺小，谁也弄不清其意义的生命是多么渺小，在活人中谁也弄不清其意义的死亡又是多么渺小！

第二卷

这时已经到了1806年初，尼古拉回家休假，带着他的连长杰尼索夫。

尼古拉的到来令整个莫斯科感到高兴，他成了莫斯科最受欢迎的青年、未婚青年。

到了3月初，他的父亲老罗斯托夫伯爵主持筹办了一次盛大的宴会，欢迎奥斯特里茨的英雄巴格拉季翁。

奥斯特里茨失败的消息着实让莫斯科人惊奇了一阵子，但不久就一致认为奥斯特里茨之所以失败最主要的原因是奥地利人背信弃义，没有供应充足的军粮。

欢迎巴格拉季翁的宴会在3月3日开始了，他受到莫斯科人狂热的欢迎与崇拜，仿佛拿破仑已经被他打败了。

宴会上皮埃尔坐在尼古拉对面，面色阴沉，他接到匿名信，信中把他妻子同多洛霍夫的事渲染了一番。他的眼睛碰到坐在对面傲慢而英俊的多洛霍夫。就是这个人，回到彼得堡后就径直住进了他家，此后就一刻也不曾离开。他终于大怒而起，提出决斗。

决斗在纷飞大雪中举行，结果是，生平第一次拿枪的皮埃尔胡乱扣动了扳机，打中了有名的决斗老手多洛霍夫。

这时，皮埃尔已经深知美丽的妻子是一个没有教养的人，一个荡妇。他离开了莫斯科，独自一人到彼得堡去了，把全部地产交给她管理，那是他财产的一大部分。

安德烈耶维奇·博尔孔斯基公爵接到库图佐夫亲自写来的一封信，信中说：他亲眼看见安德烈手擎军旗倒在团队的前头，他没有辜负自己的祖国与父亲。

家里弥漫着悲哀的气氛，大家没有把这悲惨的消息透露给小公爵夫人，她要分娩了，突然她看到了安德烈，但她这时已经不行了，很快死于难产。

决斗受伤的多洛霍夫并没有死，在他养伤的这段日子里尼古拉常同他在一起，他看到了多洛霍夫同母亲与妹妹之间深深的爱，他感动了，相信多洛霍夫有一个高尚的灵魂。

伤好后的多洛霍夫经常去罗斯托夫家，其实他是去看索尼娅的，他已经被这个爱着他朋友的美丽姑娘征服了。不久向她求婚，但她坚决地拒绝了，这令所有人感到意外，因为索尼娅是没有陪嫁的孤女，能够攀到这样一门亲事是她的幸运，尼古拉知道是为了他。

为了报复，多洛霍夫设下了一个赌局，尼古拉离开时已经欠了多洛霍夫四万三千卢布赌账。

皮埃尔同妻子闹翻后动身到彼得堡，中途停在一个驿站，在这里他接触到了共济会，开始满怀新生的希望与喜悦，不久在彼得堡正式加入了共济会，他感到自己完全变了。

战火已经蔓延开来，战场接近了俄国边境，皇上把早已经退役的安德烈耶维奇·博尔孔斯基公爵也召了来，担任八个后备军总司令之一。侥幸躲过了死亡的安德烈现在坚决拒绝再去从军，只在父亲手下负责招募新兵。

皮埃尔加入共济会不久就到了南方视察他的田庄，他要求解放农奴，改善他们的生活，但在狡猾的总管的摆布下，这一切措施都极大地加深了农奴们的痛苦。回彼得堡时，他半途顺路去看了安德烈。

同皮埃尔对话后，安德烈感到新的生活开始了。

尼古拉回到自己的团队后才发觉它是多么可贵，他决心做一个好军官。现在副官鲍里斯已经是红人了，受到他的大将军的器重，连皇上都认得他了。这是1807年6月的事。

第二年两位皇帝在提尔西特再次会见。又过了一年，两位皇帝的关系竟密切到如此程度，以至当拿破仑再度攻击奥地利时，俄皇竟然将军队开到边界反对昔日的盟友。

安德烈决定到彼得堡去。因为他高贵的出身和一向崇高的名誉，也因为他曾经被认为战死的传奇，他在社交界受到热烈欢迎。他见到了斯佩兰斯基，现时的内务大臣和俄罗斯改革事业的中流砥柱，他对安德烈的话很感兴趣。不久安德烈被任命为军事条例委员会委员，成了法典编纂委员会的一个科长，负责参照《拿破仑法典》和《查士丁尼法典》来编纂俄罗斯民法的“人权”部分。

皮埃尔自从加入共济会后不久便成了彼得堡共济会的首领，令他最意想不到的是海伦这时已经成了整个彼得堡最受欢迎的沙龙女主人了，现在皮埃尔的家已经成了首都首屈一指的沙龙，所有贵族都以成为这里的客人为荣。

老罗斯托夫伯爵是个极慷慨好客的人，他的餐桌上每天都有数不清的客人，可是他也有一个毛病：他不知道自己有多少财产，只知道自己的财产越来越少，后来只能到首都去了，他必须谋个职位弄点薪水。

他的大女儿薇拉终于有人求婚了，一个叫贝格的小贵族子弟，凭着一本正经地编造了些英勇战绩的谎言当上了近卫军大尉。他向薇拉求了婚，还强索了十万卢布陪嫁。

这时是1809年了，娜塔莎已经16岁，她同鲍里斯小时候的爱情已经完了，后来鲍里斯同丑陋但有丰厚嫁妆的朱莉结了婚。

1810年新年前夕，一位尊贵的老大臣要举行盛大舞会，连皇上都要来。罗斯托夫一家也应邀参加，这也是娜塔莎第一次参加大型舞会，从此她要进入社交界了。

舞会上，这时在圣彼得堡炙手可热的安德烈请本来无人理睬的娜塔莎跳舞，一下展现了她的美与非同寻常的可爱。

从此安德烈就忘不了娜塔莎，他突然领悟了生活，他何苦在彼得堡这个狭窄的圈子里奔忙？他应当去追求幸福才对。他便去找皮埃尔，把自己的心事告诉他。他说，世界分成了两个部分：一部分有娜塔莎，光明而幸福；一部分没有，黑暗而痛苦。

皮埃尔赞美他的选择，不过他知道，安德烈愈光明，他就愈黑暗。

由于婚事必须先征得父亲的同意，安德烈先回了家。父亲虽然不高兴，但也没有反对，只要求把婚期推迟一年。安德烈决定先订婚，一年后再结婚。

安德烈回到首都后向娜塔莎求婚，娜塔莎答应了，她很幸福，不过得知要等待一年后才结婚，她又很痛苦。

订婚后安德烈按计划去了国外一年，这一段时间他把娜塔莎托付给皮埃尔。

尼古拉一直在军营里，他现在代替了杰尼索夫的职务，受到上下级的普遍尊敬和喜爱，在军中前途远大。他经常接到家里的来信，知道家境每况愈下。一天他母亲私下来信告诉他，如果他不马上回去，他们的全部家产就要被拍卖了，他们都得当乞丐，这样他别无选择了，他立即退伍回去了，但他像父亲一样不喜欢、也不善于管家。他们避免破产的唯一办法是让尼古拉娶一位陪嫁丰厚的姑娘。

皮埃尔在安德烈告诉他对娜塔莎的爱情以及得到他们订婚的消息之后，突然感到再也不能像以前那样生活了，他便离开了彼得堡，来到莫斯科。到这里后他干什么呢？他做的事很多，但总结起来只有一句话：千方百计地逃避生活。

安德烈耶维奇·博尔孔斯基公爵带着女儿到莫斯科来了，现在的他已经是个很衰老的人了，但因为他那伟大的历史和对政府新政策的公开抨击——这些抨击是很时髦的，他获得了莫斯科人的广泛崇拜。

老罗斯托夫伯爵1月底带着女儿和索尼娅到了莫斯科。他带着女儿去看戏。在那里她一下捕获了男宾们的目光，包括现在最受姑娘们宠爱的多洛霍夫和阿纳托利，尤其是阿纳托利。

阿纳托利是一个地道的花花公子，生平的最大爱好就是玩乐和女人，他漫不经心地征服了无数女人，现在看到娜塔莎，决心征服她。

第二天海伦来拜访娜塔莎了，她就是阿纳托利的姐姐。

在海伦家，阿纳托利缠着娜塔莎，甚至找机会吻了她。第二天娜塔莎接到了由多洛霍夫代写的阿纳托利的情书，向她倾吐了炽烈的爱情，娜塔莎惶惑了，以为自己爱上了他。她给公爵小姐写了封信，告诉她她不能嫁给安德烈了，她甚至同阿纳托利商量好私奔，但由于索尼娅的缘故被阻止了，而娜塔莎不久得知阿纳托利已经结婚了。

安德烈回来了，他镇定自若，甚至表现得很兴奋，但皮埃尔知道这是为了压抑内心的波澜。

第三卷

从1811年末起，在拿破仑与亚历山大一世之间、法国与俄国、法军与俄军之间，笼罩着战争的阴霾。

1812年6月，准备就绪的拿破仑率领一支庞大无比的军队不宣而战地侵入了俄罗斯。

这是欧洲历史上迄今为止从来没有过的大军，它的成员来自除英国和俄罗斯外几乎所有欧洲国家，总人数超过60万，其中法国人不到一半。

当拿破仑大军进入俄罗斯时，亚历山大一世在干什么呢？他在举办一个盛大的舞会。就在舞会上得到了法国人入侵的消息。拿破仑的不宣而战气得他发抖，他说出了一句流芳百世的话：“只要有一个武装的敌人留在我的国土上，我决不讲和。”

安德烈从莫斯科到了彼得堡，他去找阿纳托利，但找不到，因为皮埃尔已经把他的到来通知阿纳托利，他逃走了。在这里安德烈碰到了库图佐夫，就留在了他身边。

安德烈感到了总司令部气氛的复杂，皇帝的侍从们、大臣们、军队的将领们分成了近十个小集团，各有各的主张，各有各的利益，互相争权夺利，一片混乱。皇上曾经问安德烈愿意在哪里服务，安德烈没有请求留在皇上身边，却请求进军队，这样他就永远失去了跻身宫廷的机会。

尼古拉在开战前接到父母的一封信，请求他回去，他说，现在不行了，因为战争已经开始，他不能在祖国最需要的时候离开连队。他现在是骑兵大尉了，不久因功被授予勋章，升任营长。

可尼古拉并不感到高兴，他的心里暗暗起了变化。

现在的娜塔莎也同以前不一样了，她深深地被过去伤害了，再也没有欢乐，她变得十分虔诚，半夜就起床去教堂祷告，她最贴心的朋友只有皮埃尔。

皮埃尔现在经常在罗斯托夫家度过，以前他心里总装着许多问题，现在却只萦绕着娜塔莎的影子。他知道自己早已爱上了她，但他永远不会让人知道。

拿破仑继续在俄罗斯无垠的原野上驰骋，俄国人一触即退。这并非如后来有些史书所说是诱敌深入，而是因为上层的将领们，例如俄国人与德国人的将领们，之间互相掣肘，根本不能形成统一的指挥，无法抵挡拿破仑大军排山倒海般的进击。

这时安德烈也带着自己的猎骑兵团回到了家乡，他说斯摩棱斯克即将被放弃，要父亲搬到莫斯科去。

老安德烈公爵没有到莫斯科，他把农奴与家仆武装起来，准备坚守童山。但不久就中了风，瘫痪了，接着这位俄罗斯最老最有名的大将之一死了。

公爵小姐想到了父亲与兄长的荣誉，她怎能让伟大的博尔孔斯基元帅的女儿当俘虏，她决定赶快离开，但农民们来了，声称要扣下她的马，不让她走。

这时候幸而尼古拉来了，偶遇蒙难的公爵小姐，像传说中的救美英雄一样帮助了她。而且他发觉自己竟然想娶她，她很符合他结婚的理想：性情温和、家财百万。

皮埃尔决定从军，他离开莫斯科，到达了前线，他一路上看到许多大车载着伤兵，他爬上一个视野很广的土岗，他看到了出奇地肥胖而高大的库图佐夫，看到了鲍里斯，他现在跟着总参谋长贝尼格森，是他的心腹之一。

随后皮埃尔跟着贝尼格森走了，去视察前线。

安德烈在一间破房子里躺着，想着明天就要进行的战争，眼前浮现了娜塔莎的倩影。

现在是1812年8月25日，波罗底诺战役前夜。

第二天天色渐亮，法军就开始了炮击，波罗底诺战役爆发了。

皮埃尔登上一个土岗，参加了战斗，这个土岗后来很有名，法国人称它为“致命的多面堡”，在它周围死了几万人，其实它只是在一条并不深的壕沟里列着十尊大炮。

安德烈的团是后备部队，但一发子弹打来，把他的肚子打穿了。

他等了好久才动手术，他痛昏了，等他醒来时已经包扎好了，他听到旁边一个人在哭泣，原来是阿纳托利，旁边的医生让他看自己被锯下了的腿。

士兵漫山遍野的尸体、一个个将军的阵亡，使得拿破仑第一次感到了恐惧。

虽然俄国人损失更加惨重，但实质上是法国人在这场战斗中遭受了毁灭性的打击，他们第一次看到了在损失大半后仍巍然屹立的敌人，这是俄国人精神上的胜利，而这将引导他们走向最后的胜利。

库图佐夫带领俄军一路退去，最后放弃了无险可守的莫斯科，但俄国人不会把它留给敌人，而要留给熊熊烈火。

海伦现在在首都，她一度似乎陷入了困境。一个高贵的年轻的外国亲王和一个大官同时宣称对她有保护权，她不知道要嫁给谁，但她给丈夫写了一封信，请他办好离婚所需的手续。

这时皮埃尔正在波罗底诺战场上。

回到家后他看见了妻子给他的离婚信，第二天一早就走了，从此，直到莫斯科大破坏前夕再也没有人见过他，也不知道他去了哪里。

罗斯托夫家直到法国人入城前夕才准备离开，这天晚上进来了一个受伤的军官，快要死了，他就是安德烈，但家里人没有告诉娜塔莎。在离城的路上他们遇到了皮埃尔，他留在了莫斯科，度过了传奇般的一段日子。

这时已经是9月1日夜，第二天一早拿破仑已经到莫斯科城外了，但这时候的莫斯科除了几个醉汉已经是座空城。

法军进城时还排着整齐的队伍，但他们一进莫斯科，进到这一座如此庞大、到处摆满了可以随便拿的财物的城市后，就像水渗进了沙子一样。军队消失了，换成了一群毫无纪律的土匪。

娜塔莎终于知道了安德烈公爵在他家的队伍里，晚上，等母亲睡下后，她偷偷跑了出去，到了她住的房子对面一间小屋子里，见到了安德烈，安德烈也看见了她，双眼顿时放出光芒，向她伸出了双手。

“原谅我吧。”娜塔莎说。

“我爱您。”安德烈公爵说。

从这天起，在此后整个的旅程中娜塔莎不曾离开过受伤的前未婚夫一步。

第四卷

莫斯科失守了，彼得堡依然如故。现在社交界最大的新闻是皮埃尔的妻子海伦得了那种可耻的病，不久她就死了。

尼古拉没有参加波罗底诺战役，在战役爆发前几天他奉命到沃罗涅日买马去了。在沃罗涅日他成了这里社交界的大红人，在这里省长夫人要为他做媒，对象就是也住在这里的安德烈的妹妹，公爵小姐玛丽亚。

以前，尼古拉一想到要为了金钱结婚就感到很厌恶，这次却不这样想了，因为自从上次救过她后，他不由常常想起她，喜欢上她了。至于她有钱，那是另外的事。

玛丽亚公爵打上次被尼古拉救了后，心里一直想着他，但不敢想象她的爱情会有圆满的一日。

不久，尼古拉和公爵小姐已经彼此相爱了，却都不敢想象能彼此结合。

在莫斯科，皮埃尔被法国人逮捕了，他被带去行刑，他排在第六个，但枪毙到第五个人后他们就停止了，法国人赦免了他，把他同战俘们关在了一起。

玛丽亚公爵小姐听说安德烈在哪后就决定去看他，娜塔莎一见她就哭了起来。见到哥哥时她明白娜塔莎哭泣的含义了，安德烈温和地看着妹妹，温和地同她说话，温和地谈到儿子，可他的语气说明他是在谈一些同他无关的、遥远的事，因为这一切行将与他无关了。

他平静地、甚至简单地度过了最后的日子，同儿子、同伯爵、同妹妹、同娜塔莎，同所有人告别后，他环顾了一下周围的人们，死了。

这时候并没有人哭，可是，当他洗浴过并且穿上衣服的遗体躺在棺材里的时候，所有人都哭了。

放弃莫斯科后库图佐夫率军退到了粮草丰裕的图拉地区，拿破仑的法军也在休息。

这时莫斯科已经被烧掉了，法国人既没有粮草，也没有冬装，这注定了他们的毁灭。

皮埃尔自从同战俘们待在一块，他的衣服又脏又破，头发又脏又乱又长，里头长满了虱子。但他的精神却从来没有现在这么好，他以前是萎靡不振的，现在则两眼炯炯有神，浑身溢满了活力，他感到自己终于找到了此前一生中从来没能找到的安宁。

这天夜里法国人开始行动了：他们拆毁屋子，把东西装上车，撤退了。

俄国人呢，他们组成了无数支游击队，随时随地打击敌人。如果一个个单独算，他们的战绩不是很大，每次不过消灭几名、几十名，顶多几百名敌人，但如果把这一个个加起来，那数字就十分惊人了。加上饥饿的寒冷，拿破仑的数十万大军就这样消失了。

皮埃尔也被这些游击队员救出来了。

安德烈公爵死后，娜塔莎感到五脏六腑都被撕裂了，痛苦难以言喻，能够同她交流的只有玛丽亚公爵小姐。

公爵小姐开始照管罗斯托夫家的人，尤其是娜塔莎，现在她同娜塔莎之间建立了一种只有女人之间才会有的热情而温柔的友谊。她们总是待在一起，如果一个人出去了另一个就会不安，赶紧去找她，这是一种只有在一起才能活下去的独特感情。

等到玛丽亚公爵小姐再也不能在罗斯托夫家待下去时，她坚决要娜塔莎同行，去莫斯科看病。

被游击队救出来后，皮埃尔病了，在奥廖尔住了三个月，他得知妻子海伦已经死了。

他的性格起了很大的变化，过去他是一个善良然而不讨人喜欢的人，也是个不幸的人。现在他嘴角经常挂着快乐的微笑，眼睛里闪烁着同情的亮光，倾听人家说话，而人家也乐于把最心底的秘密告诉他。这样他接触的每一个人都喜欢他了。

过去巨大的财富对于他是一个负担，他根本不知道怎样使用，也不懂拒绝，有求必应的结果是激发了人心无穷的贪婪与永无餍足，所以他花掉了大量金钱而招来的常是怨恨；现在他懂得了拒绝，知道了怎样运用他的财富。

他回到了莫斯科，他听说玛丽亚公爵小姐也在这里，就去拜访她。见到皮埃尔，公爵小姐十分高兴，皮埃尔同她聊天时注意到她旁边有一个全身着黑的姑娘。他一开始不知道是谁，当他知道是谁时，仿佛感觉到这意想不到的幸福就像芬芳四溢、沁人心脾的花香，把他整个人都吞没了。

这就是娜塔莎，她对皮埃尔莞尔一笑，皮埃尔立即意识到：他爱她。

他知道娜塔莎忍受的苦难，他为她而流泪。娜塔莎也突然像打开了水龙头一样，把她同安德烈公爵之间的爱情故事讲出来了，她一刻也没有停。当她讲完后，她跑走了，呻吟着，仿佛肉体遭受着巨大的痛苦。

由于两位女士一再请求，皮埃尔开始讲他的真实经历，在他讲述的好几个小时里娜塔莎的眼睛一刻也没有离开过他，她的表情随着皮埃尔的改变而改变，公爵小姐感到他们之间有幸福的可能。

直到凌晨三点皮埃尔才回去，久久不能入睡。他打定主意要追求自己的幸福，仅仅是这种幸福的可能就令得一切都那么美好。第二天皮埃尔又去了公爵小姐家，第三天又去了，在那里一直待着，深夜了，他还不想走。他知道自己应该告辞了，但无法让自己移动起来。

这时娜塔莎先休息去了，只剩下公爵小姐，皮埃尔求救似的把双手伸给她，诉说他的爱情，请求她的帮助。

公爵小姐答应帮助他，并且告诉他这件事有希望，只是她要皮埃尔按计划去彼得堡，她会帮他处理这事。

第二天皮埃尔来辞行，告别时娜塔莎对他说："我一定等着您。"

在彼得堡的日子里，皮埃尔形成了一种以后影响他一生的观念：就是看任何人时都充满了爱，这种爱不是无缘无故的，而是他总能找到值得爱的理由。

就在皮埃尔向公爵小姐诉说爱情的那天晚上，娜塔莎在房门口等着，她请求公爵小姐把皮埃尔的话告诉她，她说，她也爱他。

从现在开始，这部巨著已步入尾声了。

此后的事还有什么可说呢？很简单，第二年初，娜塔莎和皮埃尔结了婚，七年之后她已经生了四个孩子。她很幸福，全心全意地爱着丈夫和孩子。

老罗斯托夫伯爵在一连串打击下终于去世了，在就要步入另一个世界前他请求妻子和孩子们原谅他花光了家产。是的，他不仅花光了家产，还欠着一大笔巨款，是他遗产的两倍。尼古拉本来可以拒绝接受遗产，那么他什么也不要还了。但他为了父亲的名誉接受下来。于是大批债主拥到他面前来要钱了，许多人的凭据是老伯爵给的作为礼物的期票。

他甚至不能把这一切告诉母亲，而她还要照样过着以前奢侈的生活。

尼古拉默默地忍受着这一切，像殉道者一样牺牲自己。

初冬时，玛丽亚公爵小姐到了莫斯科，来拜访老伯爵夫人，尼古拉冷淡地接待了她。他不能让她知道他的贫穷，他甚至恨她的富有，虽然他爱她。

几天后，由于母亲的一再要求，尼古拉来回访。他的神态是冷淡的，似乎清楚地告诉公爵小姐，他不过是奉命来回访她。过了礼节所需的十分钟后，尼古拉起身告辞。

在等着布里安小姐拿来公爵小姐送给尼古拉母亲的枕头时，两人又沉默了，时而彼此看看。

"是啊，公爵小姐，"尼古拉露出忧郁的微笑，突然说话了，"自从咱们第一次在博古恰罗沃见面以来，好像过了不久，可是发生了多大的变化啊。咱们都很不幸，——我愿意付出任何代价来挽回那段时光……但是挽不回来了。”

“是的，是的，”公爵小姐说，“对于过去，您没有什么可惋惜的，伯爵。……因为您现在过着自我牺牲的生活……”

尼古拉拒绝接受公爵小姐这种赞美，他又露出了冷淡的表情。但她已经在他身上看见了她所熟悉的、所爱的人。

她想问为什么现在他对她如此冷淡，她说：“我不知道为什么，您从前不是这样的……”她的声音颤抖了。

“为什么——有上千种原因，谢谢您，公爵小姐，”尼古拉喃喃地低声说，“有时真好难过啊。”

“原来就是为了这个！就是为了这个！”公爵小姐内心有一个狂喜的声音说，“是的，他现在穷了，我富……是的，就是为了这个，没有别的事情。”

她多么地爱他呀！她哭了。她说：“我心里难过，我……向您承认这一点。不知您为什么要舍弃我们过去的友谊。这使我痛心。”

她流着眼泪对尼古拉说：“我的生活很少幸福，再见！”转身欲走。

“公爵小姐！看在上帝的分上，等一等！”他喊道。

她回头看了看。他们无言地相视了几秒钟，于是，那遥远的、不可能的东西，突然成为眼前的、可能的和不可避免的东西了……

简评　西方文学史上有些作品往往诚然伟大，不过因为篇幅冗长而令人难以卒读，然而《战争与和平》却不是如此，它虽然篇幅很长，读来却并不令人乏味，甚至于当我们阅读之时，会仿佛觉得书里面有一股“气”冲将出来，牢牢地吸引住我们的眼神，令我们一直往下读去。这是因为就语言的大气、情节的跌宕起伏以及小说社会背景的宏大壮观而言，《战争与和平》即使在整个西方文学史上都可以说鲜有出其右者，因此它不只是一部小说，而是一部史诗，是用小说形式写就的史诗。

第十二章　劳伦斯——恋母的男人

劳伦斯，二十世纪英国小说家、批评家、画家、诗人。代表作品有《儿子与情人》《虹》《恋爱中的女人》和《查泰莱夫人的情人》等。

大卫·赫伯特·劳伦斯1885年9月12日生于英国的伊斯特伍德矿区。它是英格兰工业革命时期兴起的煤矿城镇，到处是煤灰和烟尘，丑陋而肮脏。

劳伦斯生下来时体弱多病，四岁了还是个面色苍白的小娃娃，走路摇摇晃晃，成天像影子一样跟在母亲后头。

长大上学后，劳伦斯开始显示自己的个性，就是决不循规蹈矩。由于他身体不壮，在男孩堆里占不了便宜，就明智地跑到了女孩堆里，他也确实讨她们的喜欢，甚至当起了女学生的头，带她们做游戏。

十二岁时，劳伦斯获得了读诺丁汉高中的奖学金，但在中学里成绩不佳，尤其作文成绩不好。

中学毕业后，通过哥哥的帮助，他在一家公司里找到了一份差使，主要是翻译从德国和法国来的订货信件。但几个月后这份工作就结束了，因为他的家庭遭到了一个莫大的变故：他的哥哥威廉得肺炎去世了！

此前，劳伦斯的母亲一直把威廉当作心肝宝贝，对其余孩子则冷淡得多。现在，威廉去世之后，经过一段时间的阵痛，她慢慢把那种炽热的感情转移到了劳伦斯身上，这对劳伦斯一生及其创作将产生巨大影响。

母亲的第一个影响就是让劳伦斯离开了第一个恋人杰西，这时候母子之间的关系已经有些不正常了，就像他后来一封信中所言：“我们彼此爱着，几乎像丈夫与妻子那样爱着。”

1905年劳伦斯被诺丁汉大学录取，由于交不起学费，便作为一名临时教员在伊斯特伍德的一所学校工作了一年，凑齐了学费。这时候他已经遇到了他一生中的第三个重要的女人露易丝·巴鲁斯。1906年9月，他们一同进入了诺丁汉大学，她丰满性感，是第一个让他得到肉体满足的女人。

在大学里，劳伦斯喜欢的课只有一门，就是年长他二十岁的现代语言系主任威克利教授的课。

现在劳伦斯已经将相当多的精力投入写作了，1907年秋，他在《诺丁汉卫报》的一次圣诞短篇故事竞赛中得到了奖金三英镑。

劳伦斯在诺丁汉大学就读的是两年制的教师资格证书课程，1908年毕业，成为一名合格的教师。这年10月，他在伦敦南部的戴维森学校找到了工作，这是一所只收男生的学校，年薪九十五镑。

当老师时他又结识了不少女性，其中包括金发碧眼的爱丽丝·达克斯。达克斯是一个社会主义者，思想前卫，一天，劳伦斯在她家里写诗，苦思不能下笔，她便将他带到楼上，发生了性关系，事毕他立即下笔如有神了。

1909年夏天，《英语评论》发表了他的五首诗并刊登了他的照片，主编许弗还给劳伦斯去了信，表达了对他的赞赏，这是劳伦斯在文坛初试啼声。

1910年，他的母亲得了癌症，匆匆而逝。对于劳伦斯等于是同时失去了母亲、妻子、情人、姐妹。

第二年初，劳伦斯出版了第一部小说《白孔雀》。从这第一部他就显示了自己的独特之处：他最在意的不是情节而是人物的内心，而且，这个内心不同于一般的心理描写，而是直指人物的内心深处那个也许连他自己都不明白的、无意识的自我。更进一步地说，这个自我有类于弗洛伊德精神分析中的“本我”，是一个本能的、充满了力比多——性之张力——的自我。

英国文坛很快对这部小说有了反应，《文学协会》《伦敦学报》《星期六评论》等都发表了评论文章。其中最中肯的应当是率先认识劳伦斯的《英语评论》，它说：“在D.H.劳伦斯身上，我们发现了一位新作家，一位肯定会得到人们重视的作家。”劳伦斯因此书得到了五十英镑稿费，相当于他大半年的工资。

这年11月，劳伦斯得了肺炎，好不容易挺过来后，医生告诉他他的体质已经不适合教师这样的职业了，于是他辞去教职，到伯恩茅斯疗养去了。

疗养过后，劳伦斯又对自己能否依靠写作谋生产生了疑虑，想找一个糊口的职业，于是他去拜访在诺丁汉大学时的老师威克利教授。这是1912年4月初的事。

这次拜访对劳伦斯的一生产生了决定性的影响，因为他在这里遇到了弗丽达。

弗丽达是威克利的妻子，时年三十一岁，比威克利小十五岁，出身德国普鲁士贵族家庭，父为男爵，亲戚中包括普鲁士外交大臣和国务大臣这样的高官。她本人身材高挑，金发碧眼，丰满健壮，热情洋溢，充满了生命力，她与劳伦斯一见钟情。

几次拜访密谋之后，劳伦斯就带着她私奔了。这时候弗丽达已经是三个孩子的母亲，她将儿子留给了丈夫，将两个女儿送到了父母那里，自己则跟着劳伦斯远走高飞。她后来在自己的回忆录《不是我，是风》中如此描述这桩轰动一时的风流韵事：

> 他仿佛使我的身躯和灵魂摆脱了我过去的全部生活。这个二十六岁的年轻人掌握了我的全部命运，全部前途。而我们相识还不到六个星期。我无能为力，只听任命运的安排。

1912年5月3日，劳伦斯和弗丽达渡过了英吉利海峡，前往德国。

他们在德国享受着蜜月般的生活，特别中意那些远离尘嚣的地方。这时候的劳伦斯文思如泉之涌，写出了大量作品。后来劳伦斯已经离开了德国，来到了意大利，《儿子与情人》是在意大利最后完稿的，

《儿子与情人》的出版并非一帆风顺，由于其中有相当多的肉欲情节，出

版社拒绝出版，不过几经删改之后于次年5月出版。

《儿子与情人》是劳伦斯最著名的小说之一，其主题正如其名，描写了一对母子之间是母子又似情人的关系，不用说是以劳伦斯自己的人生经历为蓝本的。其中有这样的情节，母亲对儿子保罗说：

> “其实我从来没有——你知道，保罗——我从来没有过丈夫——实际上没有过——”
>
> 他抚摸着母亲的头发，他的嘴唇贴在她的喉部。
>
> “呃，我并不爱她，母亲，”他喃喃道，同时可怜巴巴地低下头，把双眼埋在她的肩头。母亲给了他一个热烈的长吻。
>
> “我的孩子！”她发抖的声音里充满着激情。
>
> 不知不觉地他轻轻地抚摸起她的脸来。

这描写的哪是正常的母子，而是正常的情人，不正常的母子，是弗洛伊德恋母情结的生动的文学表达。

1914年第一次世界大战爆发了，虽然英国举国陷入战争狂热，然而劳伦斯却狂怒地诅咒战争。甚至设计了一个理想国瑞奈宁（Rananim），要集合二十来个人在欧洲之外找一小块移民区，大家在那里过着共产主义式的生活，永远没有战争的阴霾。为此他向那些著名的文人学者发出了一封又一封信件，号召他们支持他，然而基本上杳无回音，令他沮丧而愤怒。

1915年9月，《虹》出版了，《每日新闻》评论说它是“一部关于空洞概念的理论书籍”，不是“有价值的文艺作品”，“全书主要是茫茫一片枯燥无味的生殖力崇拜的荒野”。《环球》杂志则说“整本书都是一次性的狂欢”。这些声讨导致当局对《虹》的查禁。

这个后果又直接导致了另外一个更坏的后果：没有人再向劳伦斯约稿了，他日益囊中羞涩。劳伦斯只好离开伦敦，跑到了偏远的康沃尔定居。这时候，他的脾气更加急躁，喜怒无常，经常弄得来拜访他的朋友们乘兴而来，败兴而去，这些朋友中包括与他最亲近的默里。

到1917年底，他更加贫困了，有时候吃饭都成问题，他在一封信中甚至说想去沿街乞讨。

据这时候来看望他们的一位朋友描述，弗丽达穿着花花绿绿的、非常廉价的棉布连衣裙，劳伦斯光着脚板穿了双破鞋，戴着顶破旧的巴拿马帽，他的衣服裤子由于穿得太久，洗得太多，已经短了许多，手腕和脚脖子都裸露在外。他还自嘲地说这是他唯一的裤子，他必须趁晚上的时候把它洗干净，等到早晨干了再穿。

1918年战争结束之后，劳伦斯仍一样赤贫，几乎饭都吃不上了，弗丽达经常忍不住地哭泣，因为生活实在太艰难了。他决定离开这个使他如此痛苦的祖国，到一个新国家开始新生活。

他到了意大利都灵，口袋里只剩下九英镑。所幸得到了一个侨居意大利的英国人贝克尔的帮助，不过劳伦斯马上再次显示出他不善于与人相处的缺点，与贝克尔发生了争执。

他离开了贝克尔，此后在意大利各地犹如逃亡般地到处流浪。

1920年2月底，他到了西西里岛。这时正值春天，阳光明媚的西西里令劳伦斯心旷神怡、诗兴大发，他写下了许多诗篇，如《光秃秃的无花果树》《木瑾和鼠尾草》，等等。

此时一直受着贫穷折磨的劳伦斯也略为时来运转了，他的旧作如《恋爱中的女人》《虹》等的销路好了起来，得到的版税大为增加，不用为生计发愁了。

这时他接到了一封信，是美国富婆梅布尔来的，她力邀请劳伦斯去新墨西哥一个叫陶斯的地方，描写了那里极富特色的风俗与风光，甚至随信寄来了一些那里的土特产，像印第安人巫师的符咒之类。

梅布尔的信让劳伦斯大为动心。于是，1922年2月，劳伦斯夫妇乘上了英国邮船“奥斯特利”号，经过地中海、苏伊士运河和红海，进入印度洋，经锡兰往东，到了澳大利亚，8月份时抵达了美国旧金山。

梅布尔专程到旧金山来迎接劳伦斯夫妇，然后一起前往陶斯。陶斯位于高原之上，是印第安人保留区，景色壮丽。劳伦斯夫妇先住在梅布尔家，后来搬到了梅布尔专为他们准备的一座十分漂亮的用土砖砌成的房子里，铺着当地印第安人编制的地毯。

但劳伦斯与梅布尔的关系很快出现了裂缝，也许是因为弗丽达与梅布尔合不来，于是劳伦斯离开了，搬到了附近牧场上的一栋木屋里。不久，两个丹麦画家，贫困而年轻，也来到了这里，劳伦斯接待了他们，四个人愉快地生活在一起。他还接待了专程来看望他的忠实的读者和朋友塞尔泽夫妇，据说塞尔泽甚至不让妻子在洗手前读劳伦斯的来信。

1923年3月，他离开陶斯，到了墨西哥城，在这里写下了名作之一《羽蛇》。

在墨西哥的生活结束后，劳伦斯回到了美国。两人不久就发生了最严重的一次争吵，因为弗丽达要回欧洲，劳伦斯却不想。两人愤怒地分手了，劳伦斯留在美国，弗丽达回了欧洲。

但他们的愤怒只是暂时的，弗丽达不断请求丈夫回到身边来，终于打动了劳伦斯，这年11月，他动身返回欧洲。

回来时他一见到妻子就感觉不对劲，她是与朋友默里一起来迎接他的，他很快看出来他们之间的关系不是普通的朋友那么简单，看样子弗丽达这段日子并不孤单，后来证明他的感觉是对的。

这时已经是1924年了，梅布尔同劳伦斯重修旧好，她甚至送给劳伦斯一个叫弗林哈特的农场，于是劳伦斯夫妇又去美国了，生活在她的农场里。

1925年时，一位大夫检查了劳伦斯的身体后，告诉他得了肺结核，最多只能活一两年了，于是弗丽达带着丈夫住进了自己的农场，这时候的劳伦斯已经是个典型的结核病患者了，瘦得皮包骨头。

这年9月，劳伦斯回到了英国，此后在德国和意大利等地旅行。他们在热那亚附近租下了一栋别墅，别墅的主人是一名军官，叫拉瓦格利，他与作家夫妇成了朋友，并且在二十五年后娶了劳伦斯的遗孀。

在这里，劳伦斯开始写他最著名的小说《查泰莱夫人的情人》，1928年初交付出版。刚一出版，由于里面有许多赤裸裸的性描写，立即在英国和美国都遭到查禁。

《查泰莱夫人的情人》的主题其实很简单，就如劳伦斯在一封致友人的信中所言："这是一部宣传崇拜阳具的小说。"

1929年 8月底，劳伦斯去了德国的巴伐利亚治疗他的肺结核，在病痛中度过了四十四岁生日。这将是他的最后一个生日。

他死于1930年3月2日，弗丽达后来是这样回忆劳伦斯的最后时刻的：

> 这会儿，他的呼吸平稳多了。可突然，他又开始大口大口地喘气。最后的时刻终于到了。生命之线在他起伏的胸膛里断了，他的脸变了颜色，面颊和下颚松垮了。死神已经俘虏了他。死神来了，劳伦斯死了，如此简单，只有细微的变化。然而，这又是决定性的、让人震惊的变化，他死了！

第十三章　卡夫卡与《审判》

卡夫卡，捷克德语小说家，二十世纪表现主义文学的代表人物。其主要作品有小说《审判》《城堡》《变形记》等。

卡夫卡小传

卡夫卡1883年7月3日生于当时属于奥匈帝国的布拉格的一个犹太人家庭。卡夫卡的父亲不但身强体壮，性格也很刚硬，说起话来粗门大嗓。他希望儿子也是像他这样的人。但他失望了，卡夫卡从小体质就差，性格也很内向，恰与乃父形成了鲜明对比。

父亲也是家里的绝对权威，对孩子实行着一种专制君主似的统治，母亲也少有时间照顾孩子。这样，卡夫卡的童年虽然衣食无忧，然而绝对称不上是快乐的童年，甚至可以称得上是不幸的、孤寂的童年，这样的童年也奠定了他一生的基调、包括创作的基调。

1889年，六岁的卡夫卡上学了。在小学里，他那极其内向的性格、瘦弱的身躯使他难免成为强壮的男生们欺侮的对象，使上学对他成了一种折磨，也使他非常不自信。

十岁时卡夫卡小学毕业了，成绩还相当不错，随即进入布拉格旧城区的德语文科中学。它是当时布拉格校规最严厉的学校之一，学生很难从这里毕业。

这所中学最重视的课程是语言与文学教育，学校给学生提供了大量文学阅读，卡夫卡学得十分用心。

但这时候卡夫卡总的特点就是毫无特别引人注目之处，与周围的环境格格不入，与他人保持距离。

到1901年夏，卡夫卡已经临近毕业了，在必须通过的各门考试中有一科令他很害怕，就与同学干出了一桩与他的性格很不相合的事：他和两个同学一块儿买通了为教师收拾屋子的工人，趁老师不在家，到他家偷出了笔记本，其中就有他给学生们出的考题。他还知道不能照单全抄，考试时故意留下几处小错误，结果取得了好成绩，顺利毕业。

毕业不久，他就进入了布拉格的斐迪南–卡尔德文大学，这是1901年11月的事。

父亲希望他读法律，不过卡夫卡不喜欢，因此一开始选择了化学专业，但两个星期后还是转到了法学专业。

虽然身在法学系，但卡夫卡一点也不喜欢法律，于是他经常将本系课程丢到一边，去选修文学和哲学课程。是时在斐迪南–卡尔德文大学主讲哲学的是著名哲学家布伦塔诺的学生马尔蒂，他开设了“描述心理学的基本问题”，卡夫卡在第二学期选修了这门课。对他影响颇大。学生们还组织了一个“布伦塔诺沙龙”，组织讨论布伦塔诺的哲学思想，卡夫卡也参加了，虽然他在讨论中不怎么发言，但是一个很认真且持之以恒的听众。

正是在积极参加布伦塔诺沙龙的时候，卡夫卡写下了他的第一篇小说《一场斗争的描写》，小说带有明显的受布伦塔诺思想影响的痕迹。

在大学里他更进一步拓宽了自己的文学视野，阅读了大量文学作品，从古代到现代，从东方到西方，无所不读，甚至包括在西方少有人问津的中国文学作品，例如他读了由海尔曼编辑的《中国抒情诗选——从十二世纪至今》，他在第一篇小说《一场斗争的描写》中就引到了中国的诗歌，后来他还有一篇名作叫《中国长城建筑时》。

1903年夏天，20岁的卡夫卡有了第一次性行为。那一天天气闷热，他正在自家楼上复习备考，楼下有家服装店，有一位年轻的售货员小姐，她不断向年轻的卡夫卡抛媚眼，正在无聊的卡夫卡也回应起来，于是两人很快订下了幽会。不幸的是当他到时候下去找那姑娘时，那姑娘又约好了另一个男人。她挽着另一个男人的手，却做手势让卡夫卡跟着她，等那家伙走后，卡夫卡便带姑娘进了一家旅馆，在那里初试云雨情了。两天后他们又去弄了一次。性关系给他的感觉是矛盾的：他一方面觉得性生活令他舒服满足，另一方面却又令他觉得十分龌龊，打心眼里感到厌恶。

1905年，卡夫卡大学四年级了，即将毕业，由于长期精神紧张，他得了神经衰弱症，住进了疗养院，在那里待了一个月。从疗养院回来后，开始准备毕业考试了。并于这年6月18日通过考试，获得法学博士学位。

此后他先在一些法庭实习了一段时间，法院烦琐无聊的条条框框激起了他强烈的反感。这从我们以后在他作品中见到的对法庭的描写就看得出来，在那里，法庭无非是一些臃肿无比、毫无效率，却又拥有生杀予夺特权的神秘而令人恐惧的机构。

1908年初，卡夫卡一口气在杂志上发表了八首散文诗，6月又找到了一份钱多事少的好工作，在半官方性质的布拉格工人事故保险公司负责工伤事故的保险赔偿。

他一直想从家里搬出来，这需要钱，于是他尽量存钱，还向父亲借钱投资妹夫开办的石棉厂，结果失败，使卡夫卡苦恼不堪，甚至想一死了之。

虽然没有死，但他离家独居的计划化为泡影了。家里这时候更加吵闹了，因为他妹妹生了孩子，经常带孩子来父母家玩，把家里弄得人声鼎沸，热闹非凡。但热闹是他们的，卡夫卡什么也没有，他只想安静。于是便出现了这样的场面：下班后，卡夫卡一个人默默地吃饭，同谁都不说话，吃完饭后就往自己的房间一躲，读书去了，或者出门散步，总之不理人。家里人成了比陌生人更陌生的人，虽然他们的身体近在咫尺，心却远隔天涯。

1912年，卡夫卡遇到了他一生中最重要的人物之一费利莎·鲍尔小姐。

费利莎半犹太半普鲁士血统，比卡夫卡小四岁，既不漂亮也不温柔，但心直口快而且大方，令卡夫卡怦然心动。经过一段时间的交往，他开始给费利莎写信，询问关心她的一切。但襄王有意，神女无情，使卡夫卡十分痛苦。

后来费利莎终于给卡夫卡回了第一封信，卡夫卡狂喜，从此你来我往，开始了频繁的通信，有时甚至一天三封。到1914年他们终于订婚时，仅仅卡夫卡写给费利莎的信就达四百封。

卡夫卡虽然生性内向寡言，不是谈情高手，但在书信里可不一样了，那字句火辣辣的，直可以把人烧起来呢！信中的称呼很快由费利莎小姐、亲爱的费利莎小姐变成了亲爱的、最亲爱的，例如有封信说："最亲爱的，最亲爱的，世界是如此美好，人不必害怕，不必焦虑，你的信到达了……"简直爱得有点语无伦次。

费利莎也很快地接受了卡夫卡的感情，这给了卡夫卡极大的推动力。

其实，刚刚认识费利莎后，卡夫卡就从她那里得到了动力。其中早在他给费利莎写第一封信的时候，他已经感受到了她给他的灵感，这天夜里他通宵未眠，写下了第一部成功的、重要的作品《判决》。

1912年底，卡夫卡出版了他的第一部作品《观察》，这是卡夫卡的处女作，没什么反响。他开始想到了同费利莎结婚，然而又顾虑重重，犹豫再三，他总是不自信，他对爱总存着这样一种态度：既想获得，又害怕拥有。在一篇日记中，他总结了自己赞成和反对结婚的七条理由，其中只有第一条是支持结婚的。

但有一天，他突然做出了决定，给费利莎的父亲寄去了一封信，正式请求他同意他与费利莎结婚。不过几乎是同时他又后悔了，再度处于矛盾与痛苦之中。

这年9月，他获得了一次去维也纳出差的机会，然后顺便去了意大利，住进了里瓦一所疗养院，在这里他与一位姑娘萍水相逢，很快发展成了肉体关系。虽然卡夫卡对于结婚与否很是犹豫，但对于是否与女人发生关系那可是毫不犹豫的，只要有机会就绝不肯放过，这样的机会也非止一次。如果没有这样的艳遇他也会主动去找妓女，每到一座城市，他都会有意地去那些有妓女出没的街道逛，遇到中意的就去开房，他甚至曾在一则日记中有这样的话："我经过妓院就像经过所爱者的家门。"

当他处于矛盾痛苦之中时，从9月去意大利直到10月底，他中止了与费利莎的通信，这令费利莎十分焦虑不安，情急之下她找了一个经常在布拉格与维也纳之间来往的女友格莱特，请她去找卡夫卡，希望她从中斡旋。格莱特是一个活泼开放的姑娘，见到卡夫卡后倒是履行了斡旋的责任，不过同时也来了个鸠占鹊巢，先上了女友爱人的床。据说后来她可能就此怀孕并生下一子，只是在七岁时就夭折了。

到1914年春，经过再三犹豫，卡夫卡还是与费利莎订婚了。他们郑重其事地在4月21日的《柏林日报》和24日的《布拉格日报》上刊登了订婚启事，6月1日，在费利莎柏林的家里举行了正式的订婚仪式。

订婚仪式本来应该是喜气洋洋的，但卡夫卡可不是这样，相反，他觉得自己像是只供人观赏的猴子，难受极了。

但就在他订婚仅仅一个多月后，他去柏林看费利莎时，在他住宿的旅馆里受到了一次“审判”，由费利莎和她妹妹、格莱特以及一位作家组成了一个“私家法庭”，在法庭上，费利莎发表了严厉的指控，一是称卡夫卡在处理与她的关系时反复无常，二称卡夫卡对她不忠——格莱特并没有隐瞒她与卡夫卡的私情。审判的结果是解除卡夫卡与费利莎的婚约。

卡夫卡半推半就地接受了判决，并很快将它用到了创作中，几天之后，就在他的日记中出现了约瑟夫·K这个名字，他就是卡夫卡的代表作之一《审判》的主人公。

也就在这个时候，第一次世界大战爆发了，这时候卡夫卡已经31岁了，身体很差，没有被征召，只服了预备役，他的两个妹夫都被征召入伍了，他的大妹由于带着两个孩子，就搬到了娘家住。这样家里就不够住了，卡夫卡乘机搬出了家，在外面租了一间房子过起真正的单身汉生活来。

独居对卡夫卡的创作来说是大好事，他终于得到了梦寐以求的孤独，迎来了创作的高潮，写出了长篇小说《美国》的第一稿，另一部长篇《审判》也进展顺利。

这时费利莎也回心转意了，他们恢复了通信，到1916年6月，他们重新订婚了，甚至还商定战争一结束就结婚，然而，卡夫卡不久再次后悔了。他在这时的一篇日记中有这样的话：

> ……我总是依赖他人生活，因而在每方面，我对独立、自主、自由有着无限渴望。我宁可对一切视而不见，一意孤行，哪怕落得可悲下场，也不愿让疯狂的家庭生活干扰我的视线。……任何一种不是我自己缔结的关系……都毫无意义，它妨碍我走路，我仇视它，或近乎仇视它。路正长，能力又那么薄弱，因而这仇视大有其理由。固然，我是父精母血的产物，并因而被缔结在与他们和几位妹妹的血缘关系中。平时……我意识不到这一点，然而从根本上说，我对它的重视出乎我自己的意料。某些时候这也成为我仇视的目标。看着家里那张双人床，床上铺好的被单和仔细摆好的睡衣，我会恶心得作呕，五脏六腑都要呕出来……

这年11月，《审判》出版了，他的创作激情也复燃了。他住进了小妹奥特拉在外面用来幽会情人的房子，从1916年11月一直住到1917年5月，这几个月里创作了大量短篇小说，如《乡村医生》《中国长城建筑时》《致科学院的报告》等等。

1917年8月，卡夫卡突然吐起了血，一开始以为只是急性感冒之类，后来他去找了一个专家看，经过详细诊断，证实卡夫卡已经患上了可怕的肺结核。

在当时的欧洲它却被称为“白死病”，与在十四世纪时曾经夺去欧洲近一半人口的“黑死病”——鼠疫——相对应，每年都要夺去大批人的生命。由于没特效药，医生能够开的最好的方子就是让病人找个空气洁净的地方好好疗养。于是卡夫卡去了妹妹在那里有个农场的楚劳。

得知未婚夫病情的消息，费利莎立即赶往楚劳，但卡夫卡很冷淡地对待她，她表示决不会因此离开他，要与他同甘共苦，但卡夫卡断然拒绝了，他甚至将自己的病看作是一根救命稻草，可以借之正式与费利莎决绝。由于卡夫卡极为顽固的坚持，费利莎只得同意解除婚约。但他随后在一封信中说："昨天下午我哭了，把我成年以后所有的哭泣加在一起也没有昨天下午那么多。"

十五个月后，费利莎嫁给了一个有钱的商人，卡夫卡听说后很为她高兴，婚后她生了一子一女，纳粹刚掌权，她就举家移居瑞士，后来又到了美国，直到1960年才去世，这时候卡夫卡已经名扬天下了。

卡夫卡随后又到了楚劳，他在那里读书、晒太阳，还帮妹妹管理农庄，甚至干点农活，锄地除草什么的，真是锄豆东篱下，悠然见南山。这种田园生活令卡夫卡十分满足，他在楚劳共生活了八个月，他将这段时间看成他一生中最幸福的时光。

这时候已经是1918年11月了，第一次世界大战已经结束，奥匈帝国崩溃了，布拉格成了新生的捷克斯洛伐克共和国的首都。由于身体虚弱不堪，公司只好准他休假，他在母亲的陪同下到锡莱森去休养。在这里，卡夫卡有了另一次艳遇。

这次是朱丽叶，她年方二十八岁，也是布拉格的犹太人，她没什么文化，满口粗话俚语，但热情开朗，必要时也很安静，身材还很棒。他们第一次见面时，两人的目光一相遇就笑了起来，这令平时很少有笑的卡夫卡很是难忘。他们开始密切交往，卡夫卡甚至产生了同她结婚的念头，他觉得他与朱丽叶有真感情，两人在一块会幸福的。但他的父亲可不这样想，主要是朱丽叶家的社会地位太低，他觉得儿子要同这样的女人结婚，而且是在认识没几天的时候，简直是发疯。

由于父亲一再这样对他，卡夫卡心里十分难受。他其实是打心眼里爱自己父亲的，他曾在日记中说一辈子最大的希望就是赢得父亲的称赞，他之所以创作，想在这上头闯出名堂，原因之一也是为了让父亲看到他不是一事无成。这年，当他的《在流放地》出版后，他将书拿去送给父亲，父亲竟然看也不看，只冷淡地说了句："把它放在床头柜上。"这令得卡夫卡忍无可忍，于是，这年11月他写下了著名的致父亲的信，这也许是文学史上最长的信之一呢，长达三万字!

由于父亲的阻挠，卡夫卡与朱丽叶的婚约也就搁浅了，但卡夫卡并没太将这事放在心上。因为这时候有一个更好的女子闯入了他的生活。

1919年10月左右时，他收到了密伦娜的信，她是捷克人，二十五岁，已经是一个小有成就的作家，已婚，父亲是著名的医学教授。她这次来信是希望卡夫卡能够允许她将他的一些作品由德文译成捷克语。卡夫卡立即去信表示同意。两人开始通信，后来几乎一天一封，就像以前同费利莎的通信一样。密伦娜是一个很热情开放的女子，参加过捷克共产党的活动，与伏契克这样著名的共产党作家过从甚密，后来被关进纳粹集中营。她在与卡夫卡的交往中很快产生了感情，因此要他去维也纳找她。

这年6月底，他离开梅兰前往维也纳，在那里待了四天，不用说密伦娜成了他的情人。

但不久他又疲倦了，要求密伦娜停止通信。他们并没有就此失去联系，密伦娜后来还去看望过卡夫卡，卡夫卡也将自己的日记全部交给了密伦娜保管，还把《美国》和《致父亲的信》的手稿交给了她。可以说，一直到死，密伦娜都是卡夫卡最信任、感情也最深的朋友之一，堪与他的终生好友布洛德相比。

到1922年初，他的身体已经非常差了，神经也很衰弱，几乎到了崩溃的边缘。在医生的陪同下，他到了巨人山脉中的斯宾德尔米勒疗养。后来公司在请专家鉴定后，终于同意他暂时退休。

他和妹妹奥特拉夫妇一起去波希米亚森林附近的普拉纳，在那里向布洛德发出了一封信，信中说："我一辈子都是作为死人活着的，现在我将真的要死了。"

这时已经到了1923年夏天，卡夫卡随大妹艾莉一家去波罗的海的海滨疗养胜地米利茨，在这里，他结识了生命中最后一个重要的女性——多拉。

多拉还是一个犹太姑娘，是时年方十九，能够流利地讲犹太人的本民族语言意第绪语，遇到卡夫卡后，她很快爱上了他，他的知识、修养与忧郁都深深地征服了她。卡夫卡呢，他也仿佛发现了生命中最后一抹阳光，使他甚至忘却了正在步步进逼的死神，他们很快生活在一起了，并准备将来一起去柏林共同生活。

他的这个想法当然遭到了家人的反对，但卡夫卡可不管了，他真的带着多拉移居柏林。这是1923年9月的事。

正是在柏林，卡夫卡平生第一次真正地过起了自己的生活，家庭的生活，也迎来了一生最后一次创作高潮。

1924年3月，卡夫卡在布洛德的陪同下回到了布拉格，介于他的健康状况已彻底恶化，被送进了维也纳大学附属医院，此时他已经只能靠流质食物和麻醉药维系生命。

1924年6月3日，他的病情急剧恶化了，大夫为他注射吗啡，卡夫卡对大夫又说出了他那种卡夫卡风格的话："杀死我，否则你就是凶手。"因为他已经太痛苦，不想再这样痛苦下去了。

片刻后，他一阵昏迷后醒来，用尽全力拔掉了身上的各种管子。

他很快就死了，终年四十一岁。

他的遗体被运回布拉格，安葬在那里的犹太人公墓，一如普通人，根本无人意识到一个伟大的作家就此离开了人世。

《审判》

一天早晨，K莫名其妙地被捕了。

K被捕了

那天早上8点，两个他从未见过的男人走进了他租的房子，宣布K已经被捕了。这一切让K完全懵了，他以为是朋友们跟他开玩笑，因为今天是他的生日，他们说不定趁这个日子给他搞点恶作剧呢。

但他不久就感觉这并非恶作剧了，那些人都是正儿八经的看守，甚至大模大样地吃掉了格鲁巴赫太太为K准备的早餐。可是，当K问他到底犯了什么罪时，他们这样回答："我们不过是每天看管你十个钟头，拿工钱罢了，和你的案子毫不相干。"也就是说，他们像K一样也毫不知道他被捕的罪因。

K只有默默退回自己的屋里纳闷，直到看守喊他去见监督官。

能够见到更高级别的官员K倒有些高兴，他想这时候也许可以明白自己究竟为什么被捕了。根据看守的要求，他穿了身黑衣服，被带到了隔壁毕尔斯泰纳小姐的房间里。在那里，他见到了监督官和另外三个年轻人。

监督官以一种居高临下的态度对待K，K问是谁指控了他，是什么样的机构来审理这个案子。监督官说他完全弄错了，其实他们对这案子也是一无所知，他们也只知道他被捕了而已。

K虽然被捕了，但还有行动自由，可以正常去银行上班，不过那三个年轻人竟然是K的同事，是银行里的三位低级职员，现在竟要来监视他了。

K接到了电话通知，告诉他下星期天要对他的案子进行一次简短审理，这让K感到高兴，他想只要经过当面对质，就会证明他的无罪，这第一次审讯也将成为最后一次。

到了星期天，天阴沉沉的，法院位于城市偏僻郊区一条街道深处一栋灰暗的大楼里的第六层，那里有一个眼睛亮晶晶的少妇。

K进去，看到里面的大厅里已挤满了人，这些人大都穿着黑衣服，明显地分成两派，中间隔着一条狭窄的通道，尽头是讲台，后面高高在上地坐着一个又胖又矮的家伙。他问K的第一个问题就是："你是室内粉刷工吧？"这说明他连K的身份都没有弄清楚。于是，愤怒的K理直气壮地开始了对法官的一系列诘问，甚至根本不承认这是一场什么诉讼。他的话激起了右边的人们的一阵阵喝彩声，还有人大声要他讲下去，于是他就将那天早晨被捕时发生的事情原原本本地讲了出来，他提到了两个看守是如何掠夺他的早餐又想骗取他的衣服的。这时候大厅里鸦雀无声，K感到已经完全控制了会场，他于是十分温和地发表了这样的见解："毫无疑问，在这个法庭一切活动的背后，以我的案子来说，也就是在逮捕及今天预审的背后，活动着一个庞大的机构。这个机构不仅雇用了贪赃枉法的看守、愚蠢可笑的监督官和养尊处优糟糕透顶的预审法官，而且无论如何还豢养着一个高级的和最高级的判决组织。……先生们，这个庞大的机构存在的意义何在呢？它的存在不外乎就是滥捕无辜，给他们施加荒唐的和大多数情况下不了了之的诉讼，就像我这桩案子一样。"

审讯是这样结束的：K终于发现，原来大厅里所有的人都戴着同样的徽章，他认识到所有这些人都是一丘之貉，原来支持他的那帮人实际上是在耍弄他而已。他愤怒地道出了这个真相，就拿起帽子离开了。毫不理睬预审法官对他说过的这句话："我只想提醒你，你今天——我想你现在可能还没有意识到吧——放弃了对被捕者必然会带来的好处。"

下个星期里K天天都在等着再开庭，一直没有接到消息，到星期天，他以为会像上个星期一样，于是就自己去了。他到那里时发现不开庭，只有上回见到的那个女人在，他得知她丈夫就是法院的听差，她对K很好，表示愿意帮K的忙，于是K要求看看大厅里法官桌子上面的两本书。那是两本破书，一本里面画着一对赤身裸体的男女，另一本叫《格莱特怎样遭受丈夫汉斯的虐待》。那个女人满心要帮助他，甚至想到可以找那个预审法官帮忙，因为他在打她的主意呢。这时候一个年轻的大学生来了，K看到他强迫似的吻她的脖子，不由大怒。但当K想去夺她时，她请求K不要干涉，因为这个大学生不过是替预审法官来架她去的。K跟着大学生一直走到了一道窄窄的木楼梯前，发现楼梯旁有一张小纸，上面歪歪扭扭地写着："法院办公室在楼上"。楼上迎面是一条狭窄的通道，两边有许多阴暗的小房间，是法院的各个办公室。有一些人坐在各个门前，都是一幅胆小而猥琐的样子。

接着的一天晚上，K离开办公室，穿过主楼梯走廊时，听到从一间堆放杂物的小仓库里面传来哀叹声，他进去了，发现他被捕的那个早晨看守他的两个看守正在里面被鞭打，原来是因为上次K在法庭上说他们抢了他的早餐还想骗他的衣服。他们告诉K，犯人的衣服归看守所有这是向来的行规，但这却不能说出来，现在K说出来了，他们就要挨打。

一天下午，K正在银行里忙得不可开交，他的叔叔，一个乡下小地主，曾经是K的监护人，找他来了。他急急忙忙的样子使K明白了他为什么要来。

叔叔问到底是怎么回事，并建议K到乡下去躲一阵子，这样法院就不好找他了。但K拒绝了，因为这样无异于承认他有罪。他叔叔提这样的建议其实是因为看到K如此忽视案子故意这样说的。他叫了一辆出租车，到了他认识的一个胡德尔律师家里。

K与律师

胡德尔律师的家与法院位于同一片郊区。K看见律师和一个叫莱尼的长得像布娃娃似的女佣住在一起。当叔叔告诉律师他侄子的事时，律师的回答让他吃了一惊，律师说："关于你侄子的案子，如果我有力量能够胜任这项极其艰巨的任务的话，当然会感到非常荣幸。可我真担心我心有余而力不足。"

原来律师早就听说了这个案件，因为他与法院的法官们打交道多呢。就像现在，有一位就在他家里。这时候K和叔叔才发现房间黑洞洞的角落里坐着一位老先生，他们竟然一直没有发现。胡德尔律师做了介绍，原来这位显得小心翼翼的老人乃是尊贵的法院书记官。K的叔叔在这样的人物面前显得拘束了，书记官风度十足，打着手势高谈阔论，听得那位叔叔心醉神迷。K这时候却在走神，想着刚才那位小女佣。门外突然传来一阵像打碎瓷器的声音，K站起来去看是怎么回事，刚一到前厅，黑暗中就伸来一只手抓住了他，原来是那个女仆，她说她是故意引他出来的，K说他也正在想着她。他随她到了律师阔大的办公室。两人相拥着坐在律师的大靠背椅上，情话绵绵。K注意到门右边有一幅法官画像，他身材伟岸，坐在镀金的宝座上，身披法衣。莱尼告诉他，这都是出自虚荣心，那位法官，只是名预审法官，其实矮得像侏儒，却故意把自己画得高大，他在法院里坐的也不是什么镀金宝座，而是一张餐椅，上面铺着块旧毛毯。她表示愿意帮助他，但有一个前提，她说："你要改掉自己的毛病，别再那么倔强。你抗不过这法院，必须认错。一有机会就认个错吧。你要不认错就无法逃得出他们的掌心，只有认错才是上策。"K把她紧紧抱在怀里，还吻了她，她给了K一把门钥匙，告诉他什么时候想来就来。

一个冬日的上午，外面下着雪，K坐在办公室里，他不想干活，耷拉着脑袋，一动不动。现在这案子已经时刻挂在他心里了，他想也许应该自己写一份辩护书，他不指望律师能够替他做什么，他当然去找过胡德尔律师，不过他觉得律师对自己的案子毫不关心，总是东拉西扯地说一些不着边际的话，提一些毫无意义的劝告，像哄小孩一样哄他。每次当K找他时，律师就发表一通长篇大论，没完没了，而且每次都是老调重弹。可是他的第一份辩护书永远没有准备好。K知道他现在绝对需要亲自过问这个案子了，他以前的轻视已荡然无存，现在他的家族已经被拖进了这个案子。如果他不解决好这个案子，后果将不堪设想。

究竟怎么办呢？K认为首先要摒弃任何自己可能犯了罪的心理，其次是要换掉胡德尔律师，再是要想办法把辩护书递交给法官，然后无论用什么办法，包括通过那几个女人，缠着法官，让他坐下来研究自己的辩护书。然而这一切谈何容易，首先是辩护书，他怎么才写得出来呢？现在K在银行里的地位已经蒸蒸日上了，工作忙忙碌碌，可没有时间也得写，他要事无巨细地回忆整个一生，替自己辩护。当K从这种沉思中清醒过来时，发现已经过了几小时，他什么也没干，几个客户仍在外面等着。他连忙叫第一个客户进来。

这是一个工厂主，原来他也知道了K的事，他是从一位经常替法官们画像的画家那里听来的，他建议K去找这个画家，他熟悉法官们，或许可以帮点忙。他还给了K一封介绍信。

他立即驱车去找那个画家。他住在另一个郊区，与法院所在的郊区遥遥相对。那是一个更加贫穷而阴暗的地方，大街小巷污秽不堪，气味简直令人作呕。一群小姑娘带他去找那个叫梯托雷里的画家，沿着一条又长又狭的小楼梯直到尽头就到了画家的家兼画室。这是一个可怜巴巴的小洞窟，能够用来当画室简直不可思议。

他立即看见一幅正在画着的画像上显然是位法官，与他在胡德尔律师办公室里看到的画像很相像，法官坐在宝座上，身躯肥胖，身材高大，神情咄咄逼人。画家告诉他，他所画的对象实际上远不是这个样子，他甚至于不曾见过这样的宝座，他一切只是听从委托人的吩咐而已，人家叫他怎么画他就怎么画。他爽快地承认自己是法院信得过的人，不过没有官方的职位，但他强调他这种非官方身份更有影响力。他知道K来是为了他的案子，他向K提出的问题是："你是清白无辜的吗？"K脱口而出地答道："是的。"并强调自己是完完全全清白无辜的，还说他的清白无辜并没有使事情变得简单些。画家说："事情取决于许许多多的微妙关系，法院就沉醉于这微妙的关系网中。"他说法院一旦提出起诉，认定被告有罪，再要改变之就难上加难了，他们会对所有证明无罪的证据充耳不闻。

但他又说，法院虽然对在法庭上公开质对的证据充耳不闻，对靠私人关系进行的幕后活动的东西就是另一码事了。那些幕后活动可能在顾问室、法院走廊或者他的画室里。K意识到既然私人关系如此重要，那些满脑子虚荣心的法官们与画家的私人关系的作用就不可小视了。

画家告诉了K有三种解脱的办法：真正开释、假释还是拖延审理。真正开释当然是最理想的，嫌犯从此可以一劳永逸地获得自由。然而这几乎是不可能的，画家说，依据他同法院打了一辈子交道的经验，这是绝不可能的，无论什么私人关系都不能，虽然这从法律的文本上是可能的，但实际上，画家强调说，它们只在传说中存在，他一辈子可从来没有看到过实际的先例。不过他又说不能断定确实从来没有过这样的实例，因为法院的最终裁决是不公布的，连法官们自己都无法摸透。既然真正开释不可能，那么就只剩下假释和拖延审理了。画家同意K可以任意挑一种，他都可以帮助他达到目的。

离开时，为了要画家帮忙，K买下了三幅完全雷同的荒原风景画。然后从画家的床上踏过，从床后被床挡住了的小门钻出去了。他刚踏出门便惊讶不已地发现外面就是法院，与他在审理他案子的法院的阁楼上看到的法院办公室外面走廊的情形一模一样。

K终于下定决心，不再让胡德尔律师代理他的案件了。某天，在做了许多痛苦而累人的心理准备后，他去找律师了。

在律师那里他遇到了一个形容矮小猥琐的陌生人，他们聊了起来。他名叫布洛克，曾经是个相当大的商人。5年前他也像K一样陷进了某个案子，胡德尔律师当了他的代理人。他们约定彼此透露一个秘密，好在律师面前相互没有戒心。布洛克透露除胡德尔律师外他还有五个小律师，甚至还准备请第六个，因为他不想输掉这场官司，为此他把自己的一切包括金钱和时间全搭进去了。不过这不能让胡德尔律师知道，以免他生气报复。K打听布洛克这个拖了五年的案件的进展情况。布洛克说虽然经过了多次审理，他每次都到了场，也搜集了证据，还将所有账簿都交给了法庭，胡德尔律师也为他写了各式各样的辩护书，但并没有任何进展。他还告诉K，胡德尔律师那些辩护书全是废纸一堆。他说，当时他是一个地道的商人，盼望案子有一个看得见的进展，有一个合理的结局。然而总是事与愿违，只有一次次内容几乎千篇一律的传讯和走过场一样的作答。他也曾经要求胡德尔律师使法院为他案件的审理确定一个日期，但律师告诉他这是不可能的。他告诉K，胡德尔律师总喜欢称自己为大律师，并因此而看不起那些小律师，但那“大”字是他自己加的，他们实际上也只是小律师而已，还有真正的大律师无与伦比地高踞于他们之上。这些大律师他从来没有见过，也不可能找到他们，他们只为他们愿意辩护的人辩护，而且案件必须先经过低级法院的审理。比起那些大律师来，胡德尔律师的帮助简直令人作呕，一钱不值。K发现这个样子猥琐的布洛克对他还是有用的，至少他有丰富的经验。

这时候莱尼来了，她告诉K律师在等他，还说不是谁都能够像K一样什么时候想见律师都可以，就如这位布洛克，经常等两三天还见不着，因为律师不肯见他，为了使律师一旦要见他时他随时都在，他干脆住在这里了。K看到了莱尼让布洛克住的那间可怜的只能放一张床的黑屋子。突然间K再也忍不下去了，他再也不愿意见到律师、布洛克或者莱尼。当布洛克根据他俩的协定，要K也讲一个秘密给他听时，K大声说道：“我现在就去律师那里，是要解雇他。”说着他不顾莱尼的拼命阻拦，已经冲进了律师的房间，并且从里面把房间锁上了。

律师好一会儿才听明白K的话，他从床上坐了起来，告诉K，由于他叔叔的关系，他已经渐渐喜欢上了K，他并不如K所说的那样没有尽力，有许多事情是他看不到的，例如法院的内幕活动、他自己秘密的工作。他还说，K之所以这样是因为人们对他太好了，使他误入歧途，这其中当然也包括他自己。他要K看看其他委托人在这里会受到什么样的对待。他钻进了被子，按铃命令莱尼把布洛克召进来。

接下来K看到，布洛克像一条挨惯了打的狗一样卑怯地蹭进来，都不敢看律师，只不停地央求莱尼，求她帮他说句好话，甚至跪在了律师的床前。K不由庆幸自己在律师这里浪费的时间还不太多，还没有像布洛克那样。律师终于告诉了布洛克法官对他的案子所说的话，法官说："布洛克只是狡猾而已，他积累了不少经验，懂得怎样来拖延诉讼。不过，他的小聪明远远甚于他的狡猾。如果他得知自己的案子压根儿还没有开始审理，如果有人告诉他，连开庭审理的铃声还没有摇响呢，你想他会说些什么呢？"

有一位意大利的业务伙伴首次来到K所在的城市，他是银行举足轻重的老主顾，K受委托陪他去参观城里一些艺术珍品和名胜古迹。于是这天早晨K七点钟就来到了办公室，他在经理办公室里见到了那个意大利人。他只想K带他仔细参观城里的大教堂，并与K约定11点钟在教堂大门口见。

K之死

他到达大教堂时，雨小了，天气还是一样的阴冷潮湿。他走进大教堂，钟刚好敲十一点，但客人还没有来。K裹紧大衣，竖起领子，在教堂里的长凳上坐了下来。

在大堂里一个隐秘的小讲坛下面，K吃惊地看见了一位神父，他望了K一眼，迈着轻快的步子登上了讲坛。难道他要布道吗？K觉得奇怪，在这空荡荡的教堂里只有他一个人，而且也没有先奏管风琴。K想要赶紧走开，要是布道开始他就不能走了。他慢慢地走到了教堂中间宽阔的走道里，快步往外走了。他在神父目光的追随下走着，孤零零地一路走过去，旁边一排排的椅子上空无一人，他油然升起一种被遗弃的感觉。当他差不多已经走过最后一排椅子时，突然，在空旷的教堂里响起了神父清清楚楚的喊声："约瑟夫·K！"

K吓了一跳，他快步朝讲坛走过去，一直走到一个比较近的，他要使劲地仰头才看得见神父的地方。神父的话很明白，他说："你是约瑟夫·K，你是一个被告。"K承认了，还应神父的要求把手中的旅游手册扔掉了。"你可知道你的案子很不妙吗？"神父问道。"我也有这样的感觉，"K说，"我该尽的心都尽到了，但至今毫无成效。当然，我的第一份申诉书还没有递上去。""你认为结果会怎么样？"神父问道。"以前我想肯定会有个好结果，"K说，"可是现在，我自己有时也不抱什么希望了。我也不知道结果将会怎么样。你知道吗？""我也不知道，"神父说，"可是我担心结果将会不妙。"神父说他们认为K是有罪的，并且有根有据，当K辩说自己清白时，神父说凡有罪的人都这么说，当然他不是针对K的。他又问K下一步准备怎么办。K说他还要寻求帮助。神父听罢带着指责的口气说他尤其想从女人那儿寻求不正经的帮助。K说女人具有很大的力量，只要他所认识的女人一齐为他出力，他就一定能够克服重重困难，尤其是针对法院那个充斥着好色之徒的地方。神父愤怒地责备他目光短浅，就像他对着的是一位正掉下万丈深渊的人，他这样也许是因为听到K指责了法院的缘故，神父自己就是法院的人呀。他的好意是明显的，如果K低三下四地请求他，他很可能会帮K的忙，但K却不能这样。

后来神父走下神坛，与K并肩在昏暗的弄堂里走来走去，一边交谈。神父说，K弄错了有关法院的情况。接着，神父讲了这样一个"故事"：

在通往法院的大门前站着一个守门人。有一个从乡下来的人求进法院大门。守门人说，现在不能允许他进去。这人想了想后又问道，那以后会不会准他进去呢？"这是可能的，"守门人说，"可是现在不行。"由于通往法院的门敞开着，而且守门人也走到一边去了，这人便探头透过大门往里望去。守门人见了后笑着说："如果你这么感兴趣，不妨不顾我的禁令，试试往里闯。不过，你要注意，我很强大，而我只不过是最低一级的守门人。里边的大厅一个接着一个，层层都站着守门人，而且一个比一个强大，甚至一看见第三道守门人连我自己都无法挺得住。”这个乡下人料不到会碰上这许多困难，照他看来：法院嘛，应该是每个人随时都可以进去的。他仔细地看看那个守门人，打定主意还是等得到允许再进去。守门人便给了他一只小凳子，让他坐在门边。他就坐在那里，长年累月地等下去。他做了许多次尝试，想使守门人让他进去，这样做搞得那个守门人也厌倦了。守门人也常跟他聊上几句，问问他家里的情况和其他一些事情，可是那些问题都是无关痛痒的，好像是大人物在提问题，可到后来总是说还不能让他进去。那个人出门时本来随身带着许多东西，他把所有的东西都送掉了，不论多贵重的东西，只希望贿赂那个守门人。他的一切都被收下了，不过，在收每一件礼物时守门人总是说：“我收下这件东西只是为了免得你觉得还有什么事情没有完成。”许多年里，那人就这样一直守着那个守门人。他忘记了还有许多其他守门人，总以为阻拦他进去的只是这个人。开头几年他大声诅咒自己的命不好，到得后来，因为年纪老了，他就只是暗自嘀咕。因为长年守在门口，甚至连守门人皮袍上的虱子他都认识了，他竟去求虱子帮他来劝这个守门人回心转意。最后，他的眼睛变得看不清楚了，他不知道究竟是他周围的人真个变黑了还是他的眼睛在捉弄他。可在这样的黑暗里他也能看见一道永不熄灭的光芒从法院那扇门里射出来。后来他的生命快要结束了，死前，他根据在法院门口坐了那么久得到的经验总结了一个问题，一个他从来没有向那守门人提出过的问题。他用手招招那个守门人，因为他僵硬的身体再也抬不起来了。守门人不得不把身子弯得老低才能听见他说话，那人说：“人人都拼命要到法院里去，可这些年来怎么只有我一个人跑来要求进去呢?”守门人看到这人筋疲力尽，听觉衰退，就在他耳边大声吼道：“除了你，谁都不能进去，因为这门本来就是为你而开的。现在我要去把它关上了。”

K就这个法的故事中包含的寓意与神父讨论了许久，外人看来这就像是K对神父的临终对话。

“谎言被说成是普遍的准则。”K最后说。

K三十一岁的前一天晚上，约莫九点钟，大街已经笼罩在一片寂静之中，两个男人来到他的寓所。他们身穿礼服，脸色苍白，身躯肥胖。K这时候身穿黑礼服，坐在门旁的扶手椅里，好像在等客人，K跟他们出去了。

一出大门，那两个人便一边一个紧紧地夹住K，K开始也挣扎过几下，但他突然领悟到，反抗是徒劳无益的。他一直被带到了城外，一个荒无人烟的小采石场。他们把K按倒在地，抽出了一把又长又薄的屠刀，一个人用双手扼住K的喉头，另一个则把刀深深地戳进了他的心脏。

评论 卡夫卡是西方现代派文学中表现主义的代表，是整个西方现代派文学的奠基者与开山鼻祖之一。乍看上去，他的作品有些荒谬，例如K怎么可能这样被捕甚至处死呢？人怎么可能变成甲虫呢？然而稍加思索，就会感觉这种荒谬只是形式上的，他反映的正是这个世界的本来面目：人情冷暖，世态炎凉。我们可怜的渺小的人，被一些异己的力量——他人或者某些机构——所压抑，它们像铁帽一样压在我们头上、像魅影一样压在我们心上，剥夺我们天赋的、理当享有的自由与权利，然而我们却毫无反抗的余地，它们使我们的生活了无趣味。

也因此，读卡夫卡的作品不是一件轻松的事，它令人感到压抑甚至痛苦。

第十四章　纪德与《伪币制造者》

纪德，法国作家。纪德一生著有小说、剧本、论文、散文、日记、书信多种，主要作品有小说《伪币制造者》《田园交响曲》等，戏剧《康多尔王》《俄狄浦斯》等。1947年，纪德获诺贝尔文学奖。

纪德小传

纪德1869年11月22日生于巴黎。他有一本自传《假如麦子不死》，其中描述了他五岁开始的一些事，其中最不一般的就是他似乎与生俱来的同性恋倾向。

纪德五岁左右时就有了第一次性行为：他与一个男孩躲在桌子下面手淫，并将这当作一件顶好玩的事。

八岁时进德进了阿尔萨斯小学，成绩经常是全班倒数第一，还有一次因为上课时手淫当众出丑，因此留级，但留级后他在新班表现出色，由最差的变成了最好的。

这时纪德第一次陷入情网，像以前一样，他爱上的是男孩子，令他神魂颠倒，但有一天这个男孩突然没来上课了，从此消失。纪德后来说，这是他“一生中最初和最深沉的悲痛之一”。

后来纪德离开巴黎到了乡下，在那里有一座拉罗克-贝加尔城堡，是他母亲的产业，包括一座城堡和宽阔的田地与森林，除了拉罗克-贝加尔城堡，纪德少年时期最常去的地方是居韦维尔，这是爱米尔舅舅的产业，舅舅的三个女儿是他童年时代最好的玩伴。

才十岁多时，他的父亲、法国著名的法学家去世了，这对纪德的影响之大难以言喻，为了让他尽快适应没有父亲的生活，母亲将他带离了巴黎。从此，纪德将过一种几乎像是流浪的生活，母亲经常带着他四处迁移。正是受了母亲的影响，纪德一生中大多数时间都在这种不断的迁移之中度过。不过要说明的是，纪德母子的这些迁移可不是日子过不下去，要到处求亲告戚，寄人篱下，相反，他们家财殷实，无论在哪儿都过着富足的日子。

1887年10月纪德进了阿尔萨斯学校的修辞班，这时候他已经快十八岁了，他在这时候的一篇日记中有这样的话：“我是一个童男子，我不能长期这样下去……我对上帝发誓，……哦！第一个夜晚和第一个女人！”

1889年10月，纪德通过了中学毕业会考。这时他快二十岁了，他对自己的人生打定了两个主意：一是要成为作家，二是要娶玛德莱娜表姐为妻。

为了写作，他住到了一个位于湖畔的小村子里，在那里写出了后来称为《安德烈·瓦尔特笔记》的作品，1890年时自费出版，他用精装印刷了近两百册，除了赠送出去的一部分外，其余的被打成了纸浆。不过在评论界也获得了一些赞许的声音，他又参加了一些文学沙龙，认识了许多著名作家与诗人，如瓦雷里、王尔德、梅特林克等。

1892年他出版了《安德烈·瓦尔特诗钞》，这时候他与王尔德走得很近，甚至有传言说他是王尔德的“情人”。王尔德比纪德年长十五岁，是杰出的剧作家、诗人和童话作家，也是个公开的同性恋者，曾因此被判刑两年。

1893年10月，他与朋友保尔·洛朗斯去了久已经渴望的非洲，到了法国的殖民地阿尔及利亚，他们甚至到了内陆一个叫比斯克拉的小镇，在这里他遇到了一个叫阿里的男孩，他将纪德带到一个沙窝，仰面躺下，纪德第一次有了真正的同性恋性行为。

万事开头难，一旦开始，他的同性恋行为就越来越多了，不久便习惯成自然。在比斯克拉，他有了一个十五岁的小黑人，叫阿特曼，他不但同阿德曼睡觉，也同妓女睡觉。

回欧洲后，1895年纪德又一次来到了阿尔及利亚，在那里偶遇王尔德，晚上他们各带一个男孩进了房间。他还在比斯克拉的郊区买了一块土地并建造了一座小房子。

也就在这年，他的母亲突然去世，这时纪德未满二十六岁，不但无父无母，连亲兄弟姐妹都没有。

在这种情况下，对表姐玛德莱娜的爱情几乎成了他唯一的心理依靠。安葬母亲几天后他们就订了婚，并很快在居韦维尔举行了婚礼。此前几天，他们还签署了有关夫妻财产分配的法律文书，决定将双方的婚前财产分开，只在婚后获得的财产才共有。他妻子也带来了不少嫁妆，居韦维尔的大厦就是财产之一。

蜜月旅行后，夫妻俩回到了纪德的大本营拉罗克，不久他被选为拉罗克市市长，这时候他才二十六岁，是法国最年轻的市长。

现在纪德有两个地方都可以称为家，这里有他们两处最大的家产，就是纪德的拉罗克和玛德莱娜的居韦维尔。

1897年，他写作了许久的《地粮》终于出版了，这是纪德最重要的作品之一，是一部散文风格的小说，带有浓厚的自传色彩，例如其中提到了阿特曼等人的名字，行文优美而奇特。

1898年8月，纪德在海边、在月光下与一个水手相好，这种浪漫的刺激令得纪德后来说："我的快乐是如此狂暴，以致我要哭出来……"

1900年是纪德的大忙之年。除了写作，他还参与了《隐修》杂志的编撰，杂志主要稿件的写作与编辑大都是他完成的，很是辛苦。祸不单行的是这年6月，玛德莱娜在协和广场出了车祸，被一辆大车从身体上碾过，严重骨折，需要长期休养。这样他就照管不过来居韦维尔和拉罗克两处地产了，只好卖掉了拉罗克。

1902年，纪德出版了另一部重要作品《背德者》，但他很不满意自己的作品一直没有引起足够的重视。

这时他一直在建筑耗资巨大的蒙莫朗西别墅，并于1906年搬了进来，这是他在巴黎的新家，很少有作家能够住得起这样的华厦。

在纪德的所有作品中，《窄门》是最重要且出世最艰难的之一，也是他第一部世俗意义上的成功之作，它不但得到了许多评论家的喜爱，被有的人称为“也许是用我们的语言所描写的关于内心生活最优美的小说”，得到了众多读者的喜爱，三百册精装本和一千本平装本很快销售一空，英译本也同样畅销。

这一年是纪德的四十大寿，这时候他已经出版了十部以上的作品，并且终于得到了成功——评论与销量就是成功的标志。

1912年，纪德遭遇了平生最大的失败与耻辱之一——与普鲁斯特的超级巨作《追忆逝水年华》擦肩而过。

这件事说来复杂也简单。纪德作为《新法兰西杂志》的老板之一，很早就得到了《追忆逝水年华》的手稿，他读了几页，也许并没有真读，只是随便翻了翻而已，就像大多数成名作家对待无名小辈做的事一样，表示拒绝出版。此后不久，《追忆逝水年华》第一卷由另一家出版社出版了，立即引起巨大轰动。纪德随即发觉了自己可悲的失误，他如饥似渴地阅读起来，并给当时还籍籍无名的普鲁斯特写了信，称他已经有几天没离开他的大作，充满快乐地沉浸在书中，他坦然承认拒绝出版普鲁斯特的书是“我一生中最为痛苦的遗憾之一”，说“我永远不会原谅自己……我恳求您对我的宽容，已经超过了我对自己的宽容”。他又主动提出由他来出版《追忆逝水年华》后面几卷。这样谦卑的来信令普鲁斯特颇受感动，他说他一点也不介意以前的被拒绝，还说如果没有那拒绝他就不会收到纪德的信件，他收到信的快乐已经超过了出版他的作品所带来的快乐。

后来他们成了好朋友，有一段时间，普鲁斯特经常派他的马车将纪德接到他那所有窗户都被蒙住的黑洞里，同他一谈就是好几个小时。谈的内容几乎只有一个——同性恋。

我想，纪德之所以如此赞美《追忆逝水年华》，一个重要的原因是我们在《追忆逝水年华》中可以看到前不见古人、后也很可能不见来者的最精彩的同性恋描述，这些描述无疑也深深打动了纪德的心，令他自叹弗如：他虽然如此实践过，却无法像普鲁斯特一样如此精彩地描述。

1914年，第一次世界大战爆发了，纪德在这时候的一篇日记中写道：“我们将要进入一个漆黑漫长、充满血腥的地道。”

由于纪德已经四十五岁了，身体也不好，被免除兵役，他还是自己到了红十字会帮忙，他每天一大早去，晚上很晚才回家，几乎没什么休息，当然也完全放弃了写作，一直干到1916年2月。

这时纪德有一位熟人阿莱格雷牧师，他有六个儿子，两个大儿子在军中，纪德1917年时第一次到了阿莱格雷家并住了下来，帮他照顾四个儿子，这些孩子中第二大的是十七岁的马克，他深深地爱上了这个十七岁的少年，此后他将尽一切可能地与马克生活在一起。

纪德喜爱十多岁的少年是不奇怪的，他一辈子都这样，马克之前他也同数不清的少年有过性关系，但大都如过眼云烟一般逝去了。然而他与马克完全不一样，他对马克的感情似乎的确是爱情，而且是一种无私的、把对方而不是自己放在第一位的爱情。不过，如果考虑到这是一位近五十岁的老男人对一位十多岁少男的爱情，那就不能不说纪德真是变态得可以了。

1918年时，他要写自己的回忆录了，需要参阅他给玛德莱娜写的信。他曾经给玛德莱娜写过无数封信，然而玛德莱娜告诉他：她已经将它们全都烧掉了。纪德为此哭泣了整整一个星期，就坐在起居室的炉火边，从早晨哭到晚上。他希望玛德莱娜过来安慰安慰他，然而她好像没见到他哭似的，从他身边走过都不看一眼。至于夫妻间的性生活，如果他们曾经有过，那也是很早以前的事了。这时候的玛德莱娜已经年过五十，她不是不了解纪德一直以来的所作所为，但她选择了忍耐，她一直生活在居韦维尔，过着一种几乎像修女的生活。

1919年他出版了又一部杰作《田园交响曲》，这年也是他的五十知天命之年，然而正如他那位被称为小妇人的朋友所说：虽然岁月有时出现在他的脸上，却从不曾出现在他的步履之中，他的步履中充满了青年人的热情和生气。

1920年新年伊始，纪德就去找一个印刷商，说他写了两本能把他扔进监狱的书，一本是他的回忆录《假如麦子不死》，另一本是《科里东》。这两本书纪德不敢公开出版，只是“印刷”而已，前者印了12本，后者印了21本，书上连出版社与作者的名字都没写。其原因很简单：书中满是同性恋内容，与当时的风俗乃至法律都是违逆的，公开出版要坐牢的。纪德只把这些书分送给最可靠的朋友，而且嘱咐他们要为他保守秘密。

1922年纪德得知自己终于有一个孩子了，孩子是伊丽莎白怀上的，她是少数与纪德固定发生性关系的女性之一。这个消息让纪德十分高兴，他决定先当孩子的教父，将来想办法正式收养，这就是女儿卡特琳。

1925年，纪德去非洲中部做了一次远程探险。纪德多次去过非洲，但从来没有去过遥远的撒哈拉沙漠以南的非洲，这次他抓住了一个机会：他的朋友杜伽尔的好朋友德·科佩被任命为乍得总督，他邀请杜伽尔去访问非洲，杜伽尔不想去，纪德知道了，就自告奋勇代他而去。临行前，为了以防万一，他将遗产做了处置：玛德莱娜是遗产唯一继承人，他又把即将出版的《伪币制造者》的所有权给了卡特琳，《科里东》的所有权给了马克，还送了二十万法郎巨款给马克的一位残废兄长，让他能够安度余生。

7月纪德带着马克等离开了法国，几天后到达了中部非洲濒海的几内亚，然后进入刚果，一路往非洲纵深走去，在那里，他看到许多白人官员残酷地对待黑人，有一个酋长以为纪德一行是从宗主国来的钦差大臣，就冒着生命危险千里迢迢赶来找他，向他控诉了一桩令人发指的罪行：白人殖民地官员有次想惩罚某个部落，就派士兵一路走过去，从经过的每个村子抓两三个人，然后将男人枪决了，女人则被乱刀砍死，更将小孩关在草棚里活活烧死。酋长希望纪德能够主持正义，然而纪德哪有这个权力呢！他只能将这事记录在他将要出版的著作里。对于这些白人们，他的结论是：“白人越是智力低下，就越认为黑人愚蠢。”

由于他们是总督的客人，这一路对他们的招待是再好不过的，他们身后总跟着大队的侍从，是当地统治者派给他们的，有一个苏丹甚至给他们派了两个纪德曾经看到过的最英俊的青年，他们的唯一职责是站在纪德一行身边显示他们尊贵的身份。在这个旅途中，纪德自然不会忘记他的“猎艳”，无论在哪里，他的目光永远落在那些英俊的小伙子身上。

在非洲玩了近一年之后，1926年5月，纪德回到了法国，第一次见到了女儿。为了与女儿经常在一起，他出资十万法郎在诺瓦大街买下了一套房子，经常与伊丽莎白和卡特琳等生活在那里。

现在我们要谈谈纪德与苏联的关系。在二十世纪三十年代，很少有知识分子不对苏联感兴趣。这时候正是西方一个相对黑暗的时代，纳粹的阴魂已经浮现，而苏联虽然正遭受着一片人为的饥荒——斯大林片面发展重工业的政策使上百万苏联人活活饿死，然而表面上却一派繁荣，1928年至1933年的第一个五年计划只用四年就完成了。纪德在报纸上读到了苏联第一个五年计划的数据，不由对它的成就钦佩不已，对苏联充满了敬意与向往。纪德没有隐瞒自己对苏联的这种态度，苏联也正千方百计在西方世界寻找朋友，特别是那些著名人士，想通过他们宣传苏联的光辉形象。纪德这位著名作家钦佩苏联并想去苏联看看的愿望很快就被苏联方面知悉了，于是苏联在西方的朋友，那些共产党员们，以超现实主义诗人阿拉贡为首，立即接近纪德。纪德经常被邀请参加共产党的活动，还在共产党的报纸《人道报》上连载他的新小说《梵蒂冈地窖》，共产党的一个业余剧团还要将之改编成剧本上演。这样纪德成为一个公开的共产主义信仰者了。

这种信仰的最高潮是他1936年6月的访问苏联。

在苏联他受到了官方凯旋般的隆重接待，住的、吃的、让他参观的地方都是苏联最好的，苏方甚至在他参观时组织了几千名少先队员，手舞鲜花高喊："安德烈·纪德万岁！"此前他们只有对斯大林本人才敢喊这个口号的。然而这一切并没有使纪德对苏联的印象比在国内时更好，而是相反。他发现这里的人民仿佛就像机器上的螺钉一般，了无生气，只是一架庞大的苏联国家机器的配件，他们从思想到衣服都惊人地相似，毫无个性。这一切都给他一种精神上的巨大压迫感，就像他后来所言："在苏联，他们引诱你，压倒你，在各方面压迫你。"他感到沮丧而失望。纵使如此，他在8月份离开苏联时还是发了一封电报感谢苏联人民，这封电报经过润色被发表在《真理报》上。

回国后纪德将他在苏联的见闻很快写成著作《苏联归来》，11月就出版了。这本书客观地描述了他在苏联的观感，批评了苏联的一些现象。这使得他立即由苏联的朋友变成了敌人，12月初，《真理报》开始大规模攻击纪德，称他是“反苏分子的牺牲品”，甚至将他比作出卖耶稣的犹大。法国共产党的报纸《人道报》也紧跟而上，大骂纪德是叛徒、骗子、伪君子、颓废者，等等。苏联著名作家爱伦堡此前与纪德一直比较友好，现在也骂他是一个“无耻的老头”。纪德本人并不将《苏联归来》看成是他的重要作品，然而在市场上却是极成功的，它在十个月内就卖了近十五万册，第二年就被翻译成十四种文字出版，这些数字都超过了纪德迄今为止其他所有作品的总和。

1938年初，他的妻子玛德莱娜去世了，这使纪德十分难过，虽然他们的婚姻完全说不上幸福，但他俩青梅竹马，纪德始终爱着妻子。

妻子过世后，纪德立即着手的事就是承认卡特琳为他的孩子，不过根据法国法律，由于她属于通奸所生的孩子，纪德的承认并无法律效力，纪德必须先收养她，她女儿的地位才能得到法律的承认。于是问题就这样解决了，血缘的亲生女成了法律上的养女，杜伽尔是法律要求的见证人。

1939年是第二次世界大战的爆发之年，这也是纪德一生中经历过的第三次大战：第一次是普法战争，那时他还只有一岁，第二次是第一次世界大战，第三次就是第二次世界大战了。

不像第一次世界大战时还能去红十字会服务，现在纪德已经太老，战争不需要他了，他仍然如往常一样生活。我们知道第二次世界大战的情形，1940年，法国在区区六个星期内就被德军灭掉，大部分国土被德国占领，在南方建立了维希傀儡政权。纪德离开了德军占领下的巴黎，到了法国南部。到1942年，他悄悄离开法国迁居北非的突尼斯。

1943年5月17日，英国广播公司播出了如下消息：“盟军在突尼斯找到了安德烈·纪德，他在德国占领之前很久从自由区到那里。他现在七十四岁，身体很健康。”

纪德并不想成为万众瞩目的对象，他离开突尼斯到了阿尔及利亚，6月应邀与戴高乐将军共进了午餐。将军很恭敬地对待作家，似乎在表明两人的相会乃是他戴高乐的荣幸呢。饭后他们一起散步，纪德对将军颇有好感，认为法国能将希望寄托在其身上。

1945年2月，卡特琳生下了一个女儿，纪德迫切希望早日看到女儿和小外孙女。于是他悄悄回来了，这时他离开法国已经整整三年。

1946年11月2日是纪德的七十七岁生日，虽然纪德从来不喜欢过生日，更不想搞什么庆祝活动，还是有人要庆祝一番，连广播都播出了这个消息，许多著名人士，如杜伽尔、加缪、马尔罗等都发表了庆祝演说。

这时候的纪德已经是公认的仍然活着的最伟大的作家之一了，从前的性取向问题现在已经不是问题，也许见惯不怪，人们不再为此责难他了。1947年6月，他获得了一个重要的荣誉：牛津大学授予他名誉博士学位，他还专门去了一趟英国参加颁授典礼。一个更大的荣誉在这年的11月3日来了，就是诺贝尔文学奖。他的授奖理由是“因为他的著作的重要性和艺术价值，他在这些作品中以对真理的无所畏惧的热爱和巨大的心理洞察力表现了人类生活中的种种问题。”

获得诺贝尔文学奖也许是一个作家可能获得的最高荣誉了，但这对纪德没什么影响，这天他看电影去了，大群记者像猎犬一样到处找他。

1949年11月22日是他的八十大寿之年，他悄悄地在女儿家度过了，他感到自己已经成了古物，有艺术家来为他的手制作模型，好摆放在博物馆里，还有人来给他拍照，让他摆各种姿势，好等他去世后搞展览。

1951年是纪德生命中最后一年，死神一天天向他步步紧逼，2月13日他写下了最后一部著作《但愿如此或大局已定》的最后几行，其中说：“不！我不能说，在这个笔记本的最后，一切都结束了……”

六天后，纪德去世了。

最后，我想引用一段话作为纪德这篇短传的结束，它集中地表达了纪德思想中某些最核心的观念：

> 我从来不追求荣誉……很长一段时间，我的书并不成功。这对我几乎没什么影响，因为我从来不怀疑它们应当被阅读……我所梦想的荣誉是济慈、波德莱尔、尼采、谢尔克高和许许多多其他去世之前很少被人倾听的人梦想的荣誉。……
>
> 如果我代表什么，我相信，它就是自由探索的精神，独立、不服从，抗议心灵和理性拒绝的东西。我坚定地相信，这种探索精神是我们文化的来源，这也是左的或右的所谓极权主义政权正在想摧毁和限制的精神。……

《伪币制造者》

第一部　巴黎

这天，其他人都不在，裴奈尔一个人躲在家里读几封信，额头上已经汗水淋漓。他读的是母亲写于十七年前的十二封情书，在那里，他知道了自己根本不是他一直称之为父亲的人的孩子。他要离家去找他亲爱的俄理维，暂时在那里栖身。

法官普罗费当第先生与法院院长莫里尼哀一起走着，他们谈着一桩与搞女人有关的案子，十五个被告中有九个是未成年孩子，而且有些出自极有身份的家庭。

普罗费当第回到家后，看到了裴奈尔留下的信，信中说他不再是他的儿子，他甚至不齿他的姓氏。

普罗费当第先生痛苦万分，这信实在太残酷了，他自己的孩子是绝对写不出这样的信的。但正因为裴奈尔那独特的、雄劲的、倔强的脾气，他爱他远甚于自己亲生的孩子们。

听到有声响，俄理维跳起来开了门，把进来的裴奈尔紧紧抱在怀里。在床上，俄理维告诉裴奈尔他已经干过那事儿了，他还说那真令人恶心，事后真想吐，想去自杀或者把她杀掉。裴奈尔说他不会追女人，他在等待奇遇。俄理维还说他念医科的哥哥文桑有一个情人，那天晚上他深夜在房间里听到了他们的对话，那女的请求他不要抛弃她，甚至给他跪下了，可他哥哥还是把门关上了，女的在他家门外哭了很久。

他们说这些时以为同睡在一个房间内的弟弟乔治没听见，其实他一直醒着，什么都听见了。

俄理维告诉裴奈尔，他明天要去车站接他的舅舅爱德华，他是一个作家，他很佩服他。他曾给他看过他写的诗，他老实地告诉他写得很不好，只有两句是好的，而那两句恰恰是俄理维自己也觉得最好的。

让我们来看看俄理维的哥哥文桑吧。他每晚都去巴萨房伯爵富丽堂皇的府第，文桑去的原因之一是他这时候正需要钱用。他使萝拉有了孩子，那天晚上俄理维听到哭的女人就是她。萝拉生孩子需要钱，本来他有母亲给他开业用的五千法郎，这笔钱足够分娩和养孩子前期用，然而，一天晚上罗培耳将他带到了赌场，五千法郎输得一干二净。

今天文桑又到罗培耳家去了，他告诉文桑他就是杜尔美办的杂志的后台老板，他要文桑找他弟弟俄理维写点东西，他也许可以帮他发表。他又拿出五千法郎，要他马上去赌，如果他赢了，就还他；如果输了，也不要他还，就算他们问清了账。当文桑问他父亲今天需不需要诊治时，罗培耳泰然自若地说他父亲去世了，现在正停尸在楼上，仿佛那根本不关他的事。

在楼上，死去的老伯爵躺在床上，只有小儿子龚德朗在守灵，他独自一人看着父亲的尸体直到天明。

莉莉安正在家里和罗培耳聊天。罗培耳说他已经要文桑在赌完后到她这里来。原来，罗培耳给文桑的五千法郎是她要他给的，他相信文桑肯定会输，于是莉莉安就与他打了一个赌：如果文桑输了，她就要替文桑还那五千法郎；如果文桑赢了，文桑还的五千法郎就归莉莉安。

此前文桑已经详细地告诉了莉莉安他的恋爱史：当他在波城疗养时遇到了萝拉，他们都认为自己得了肺病，没几天活头了，她们谈心，他得知萝拉虽然结了婚，但根本没有体味过性爱的乐趣，于是晚上便去找了她，爱情使他们恢复了健康。她还怀孕了，她不能再回丈夫那里去，就跟文桑来到了巴黎，后来就发生五千法郎以及赌博的事了。

这时候文桑进来了，浑身显示出胜利的喜悦。原来他赢了足足五万法郎，打赌赢了的莉莉安高兴极了。当他们离开时莉莉安悄悄将一把她房间的钥匙塞进了文桑手中。

这时候，在一家小旅馆一间阴冷的斗室里，萝拉正在哭着，而作家爱德华正在回法国的船上读萝拉写给他的凄惨的信，她在向他求助。

天边已经露出曙光，该是我们去找裴奈尔的时间了，这时候他正从俄理维的床上醒来。

裴奈尔沿着卢森堡公园的铁栏杆走着，想着自己对生活的信条："你不做，谁做？此刻不做，何时再做？"他还想起了发现母亲情书的经过。他从小就一直恨父亲，现在想来真的不值得。想着想着，他在长凳上睡熟了。

在一张宽大的床上，文桑躺在莉莉安身边。她也许真的爱文桑，她以情人兼母性的本能对待这个大孩子，把教养他当作自己的责任。

开往巴黎的快车中，爱德华正读着刚在车站买的巴萨房的新作《铁杠》，在他下船买的三份报纸上都有一篇赞颂巴萨房新作的文章。爱德华自己的书可从来没有引起过如此热烈的评论，也从来没有被放到报摊上卖过。他从口袋里掏出萝拉的信，重读起来。现在她栖身在一家小客栈里，靠赊欠度日，爱德华是她唯一的希望了，救救她！

收到这封信后爱德华当天就启程来巴黎，不过他来巴黎的第一件事是要去一个狎邪之所。他将信夹到了一个日记本里面。

爱德华日记

十月十八日

萝拉似乎并没有意识到她自己的魅力，我却知道。直到今天，每一行我所写的文字都间接地从她身上汲取灵感。我抛弃一己的情绪，而唯她命是从。我竟感到如果没有她在那儿控制我，我自己的个性会消失。离开了她我只是涣散而无定形的一团。

唉！我曾用了多少美德把她点缀成一无瑕疵！

爱德华把信夹入日记本中，把日记本放在手提箱内，他准备下午四点把箱子取出，送回家，然后去救援萝拉。

爱德华微微入睡，思路不自觉地转向另一个方向，他想他自己写的那部小说应该与他以前的作品完全不同，他不能确定把书名定为《伪币制造者》是否适宜。他取出本子，写下："取消小说中一切不特殊属于小说的元素……小说家普遍都把读者的想象力估计得太低。"

他一看表，已经十一点三十五分，要是到站的时候俄理维在月台上接他该是多奇妙的事！但他认为这是绝对不可能的，因为他与俄理维不过一面之交，怎么可能来接他呢？即使他想，又怎么可能偶然看到他写给他父母的明信片呢！而且那上面也只是附带地、草率地注明了车到的时刻。车停了，天哪！那可不是俄理维吗！

然而，当他们相见时，每个人都以为只有自己单方面的感动与热情，因此都尽量抑制它们。由于双方都在压抑自己，因此互相感觉到对方的外表冷淡，他们互相痛苦着，就这样分手了。

太阳把裴奈尔晒醒了，他茫然地往车站走去，他知道俄理维一定在那里接他舅舅。他真的见到了他们，当他看到爱德华一见面就将俄理维抱入怀中，心中涌现一种特别的感觉。他悄悄地紧随着他们。像前面提过的，当爱德华因压抑感情而痛苦时，就把手中的纸条随便一扔，裴奈尔赶紧跑过去捡了起来，原来是一张行李房的收条。裴奈尔想这倒是认识爱德华的好借口，另一个念头又涌现了，他不是跟俄理维说过他什么都敢做吗？为什么要像人人都会的那样去做呢？于是他到了行李房，将爱德华的手提箱领了出来。他正愁没有钥匙，顺手一按，箱子便开了，他拿了些钱去餐馆大吃一顿，然后赶紧回房，看箱子里有些什么。

最令他感兴趣的是日记。

爱德华日记

十一月一日

这天我第一次见到俄理维，当他投出第一道目光时，我立刻感到这种目光射中了我，而此后我再也无能安排我自己的生活了。

十一月二日

与杜维哀长谈。他是那种胆怯的人，经不起别人的沉默。他就会立刻对你说："我对您始终非常坦白。"可是重要的不是你的坦白与否，而是别人是否对你坦白。不过至少，我认为他可以成为萝拉的一个好丈夫。婚礼会在三天后举行。

十一月五日

今日婚礼在夫人路的新教小教堂内举行。萝拉的浮台尔–雅善斯家全体出动，父母双亡的杜维哀家则只有他的三位姑母，还有雅善斯补习学校的学生们。离我不远，我看到了姐姐和俄理维，俄理维看到了我，立刻向我招呼，他在母亲身边挤出一个空位，让我站在他身边，他把我的手很紧地久久地握在他手中，这是他第一次对我这么亲昵。他的眼睛闭着，像是睡着了。

裴奈尔不得不中止阅读，他刚才注意力太集中了，简直忘了呼吸，弄得自己喘不过气来。他对俄理维怀有很深的感情，由于他不爱父母，因此所有的感情便都系于俄理维一身了。

爱德华日记（续）

十一月八日

拉贝鲁斯老夫妇住在一栋破旧的楼里，儿子与他的一个俄国女学生同居生下孩子，后来他们回到波兰，几年后儿子就死在那里，留下了一个孙子，他从来没有见过他，他曾秘密地寄了一点钱过去，夫人不知道，那边也不知道是他寄的，那个他从来没有见过的小孩子现在是他在世界上最爱的人。

十一月十日

俄理维快会考了，他的前途已被家里策划得很好 ，如果不是这样，我会收他做秘书。但他并不关心我，也不理解我对他的关心，如果我刻意引他去注意这些反倒会令他厌恶，为了避免这点，我才故意在他面前装出冷淡的样子。只有在他不注意时我才敢细细地观赏他。有时在街上悄悄尾随着他，我想他一定会因为遇见我而心烦。

斐奈尔最后念到了夹在日记中的萝拉给爱德华的信，他感到眼前一阵昏眩，他无法怀疑这位在信上哀诉求援的女子就是昨天晚上俄理维所说的被他哥哥抛弃的情妇。他现在意识到，由于俄理维和爱德华的日记，他成了唯一一位对故事的两边都一清二楚的人。他还意识到，就是今天早上他还不知道自己将要做什么，但他现在知道了。

他即刻跑到了信上说的萝拉的住址，斐奈尔说出了他的身份，他是俄理维的朋友，他就是那个无情的文桑的弟弟。萝拉顿时身子摇摇欲坠，最令斐奈尔心慌的是她发出的哀鸣，斐奈尔这才知道什么是痛苦。这时候叩门声响起来了，裴奈尔能够猜到是谁，进来的果然是爱德华。

爱德华已经在门外听了一会儿，他现在已经知道了这位就是窃取他箱子的小偷。不过这种不平常的事情倒激起了他的兴趣。

萝拉把头靠在爱德华的肩头哭泣，“把我带走吧！”她哭着说。

裴奈尔上来了，他的话让爱德华觉得这孩子很可爱，于是裴奈尔接着自荐当爱德华的秘书。

爱德华在萝拉身边待了一会就到俄理维家去了，但他已经去巴萨房伯爵家了。

巴萨房看见俄理维进来很高兴，他请俄理维来是希望他能在他的指导之下编辑出版一份文艺刊物。

当俄理维回到家时，爱德华刚刚离开。

文桑此刻正在莉莉安家里，抛弃萝拉后，他现在已经成了魔鬼掌握下的傀儡。

爱德华日记

那个取走我提箱的人已经找到，他是俄理维最好的朋友，只要我愿意，很快可以建立一重新关系。

访拉贝鲁斯老人，他委托我一件事。原来，他办了一份年金，是留给他那从来没有见过的孙子的。他请求我帮忙交给那孩子，因为他太老了，而且他们也不认他。他进去拿了一个信封出来，上面写着地址——沙费，我知道这是瑞士的一个小村落。信封里就装着那年金证，他还说，如果能够见到那孩子，他死也瞑目了。我答应尽一切可能把他带来给他看，但他必须答应不去想他三个月后就计划要实行的那件事。

第二部　沙费

裴奈尔寄俄理维的信

老俄：

历尽千辛万苦，我们到达了沙费。

爱德华和我已经登过几次山，非常有趣，空气极度新鲜，使肺部舒畅。旅馆里各国人都有，我们特别和一个波兰女医生友好，她和她女儿以及一个由她看护的小男孩在这里度假。那男孩神经有病，实在是一个可爱的孩子，那小女孩也是我生平仅见的最美丽的小女孩，他们形影不离。

裴奈尔为人正直，又太纯洁，对俄理维缺乏认识，因此不可能想到这封信会在俄理维心中激起如许漆黑的妒恨。特别是与爱德华同住那间大屋，令妒恨之蛇在他心头扭结，他同时妒恨他们两人，脑海中涌起了无数不洁的幻想。这是晚上的事，第二天早晨他就直赴罗培耳家。

爱德华日记

我全不费力地找到了小波利。他是他母亲托莎弗洛尼斯加带来度假兼治疗的。我问孩子得了什么病。她说他犯种种小毛病、怪习、幻觉，是一个神经质的孩子。她相信这种病的病根是一个人在其生活中曾受某种事件的打击，治疗就是设法发现这一事件。患者只要知道这个病因，治疗也就完成一半了。不过这种病因往往他自己并不知道，它隐匿在阴影之中，治疗的工作就是要找出它。

我已经把萝拉介绍给莎弗洛尼斯加夫人，她们很是投合。

裴奈尔虽然名义上是爱德华的秘书，但爱德华根本不交托他做任何事，他所有的时间都由自己支配。

喝茶的时候他们三人总在一起，莎弗洛尼斯加夫人也经常应邀加入。有一天，应裴奈尔与萝拉的怂恿，她大胆地问爱德华计划中的那部小说。

爱德华说，我这本书将没有任何事先的计划，如果有的话就会显得非常做作，我将等着，遵循现实的吩咐去做。但我每天都在不停地想，并在一本小册子上逐日记下小说在脑海里的演变。还有，如果那些大师们，像巴尔扎克，也把他们的大作萌芽与写作的经过这样记录下来，一定比作品本身更有意思。

裴奈尔说他已经知道了书名，爱德华要他告诉她们，是《伪币制造者》。

裴奈尔说，再请您告诉我们，伪币制造者究竟是指哪些人呢？

那我也不知道，爱德华说。他最初指他的某些同行，如巴萨房伯爵，但不久含义就转移得很广了。他还以一枚伪币为例：一枚十法郎的金币，它是假的，实际上只值几分钱，但只要你不发现它是假的，它就值十个法郎，我就是从这意境出发。

裴奈尔说如果是他，他不会从伪币的意境出发，他会从实际的伪币出发，说着还从身上掏出了一枚十法郎的真的伪币以做演示。

爱德华日记

> 莎弗洛尼斯加、裴奈尔与萝拉询及我的小说，为什么我竟随便发表了意见？全是些废话。我在旅客登记簿上发现了维克多·斯托洛维鲁的名字。他在我们到达的两天前才离开沙费。

裴奈尔告诉萝拉，自从遇到她之后，他立刻就放弃了他以前憧憬的自由，完全听从她的指挥。他说着说着就跪倒在了萝拉的跟前，拉着她的手按在自己的嘴唇上。

萝拉冷静地听他说完，把手收了回来，说：“裴奈尔，您多孩子气啊，我自己也并不是自由的人。”说着她拿出了一封信。是杜维哀写的，信中请萝拉快快回去，并保证爱萝拉腹中的孩子就像爱自己的孩子一样。

原来萝拉此前已经写信回去，并向他承认了一切，这是回信。萝拉说她准备回去，他问裴奈尔是不是准备继续当爱德华的秘书，裴奈尔说是的，只要爱德华肯用他，他希望能帮他写那本小说，因为爱德华一个人永远也写不成的。

萝拉请裴奈尔把那枚十法郎的伪币给她作纪念，他给了她。

爱德华日记

莎弗洛尼斯加又和我谈到她相信已经完全治愈小波利，他已经将他的一切全向她供认。那是他九岁时，他在华沙入学，班上一位比他大一岁的同学教给他那神秘的手技，说可以体味到难以言传的美妙滋味，他们给这种恶习起名为“魔术”，还有一张纸，上面写了“瓦斯 电话 十万卢布”字样。这就是手淫。他的母亲曾看见他这恶习，她一定为此斥责他，别人也告诉他说这是罪恶。恰逢这时候他的父亲去世，他便相信他应该对父亲的死负责。他害怕起来，于是在他很弱的体质中就造出一大堆的遁词来解除他内心的痛楚。这就是他的神经疾病的起源。她相信现在他已经被治愈了，因为他确实去掉了几乎所有的怪异的行为。

我谈到了在旅馆登记簿上看到的斯托洛维鲁这个名字，得知他拿走了波利写着“瓦斯 电话 十万卢布”的字条。我还谈到了我所认识的斯托洛维鲁，还有我们昔日相处的补习学校以及萝拉一家人。最后我谈到了拉贝鲁斯老人以及他与小波利的亲属关系，还有我这次来前答应他的事。因为莎弗洛尼斯加说小波利不宜与他的母亲一起生活，我就建议将他送到雅善斯补习学校去，希望在那里能够将他培养成一个脚踏实地的人，使他摆脱虚幻的追求，得到真正的解救。

俄理维给裴奈尔的信

老裴：

先让你知道给你写这信的是新杂志《前卫》的总编辑。巴萨房伯爵是杂志的后台老板，但他不想出面，因此封面上只有我的名字。第一期拟于10月出版，千万请你写点东西来。

裴奈尔把这封信给爱德华看，俄理维对罗培耳的各种恭维令他生气，俄理维信中只字不提他也令他伤感，但他绝不表露出这些情感。他竭力想辨认最后的三行附笔，但没有成功。那三行原来是："告诉我舅舅说我时时想念他；我不能原谅他把我丢下，而这致命的创伤永远存留在我的心头。"

爱德华说，他恐怕与裴奈尔之间很难有合作，继续与他相处反倒可能使他迷途。裴奈尔便提了一个建议：小波利不是要去雅善斯的实习学校吗？他可不可以去那里当一个监堂之类呢？他不要报酬，只要提供膳宿就行了，他在那里可以保护小波利，其间还可以为爱德华工作。

我这个未先布局的作者这时候要停下来，透一口气，看这故事究竟会将我带向何方？夏天已经使我小说中的人物星流云散，现在我要找机会对他们做仔细的检讨，因为我们已经抵达故事的核心了。

我怕爱德华把小波利带到雅善斯家是一件冒失的事，爱德华有善心，但他的善心总以好奇作为背景，因此常产生可怕的结果。他仅考虑到孩子在雅善斯老人的严教下可得到保护，但没有考虑到雅善斯的那种空气是带有毒素的。裴奈尔以为他能够保护小波利，但他最多只能当个看守而已。在小说的这些角色中没有比裴奈尔更令我失望的了，主要是因为我原来对他抱了比别人更大的期望的缘故。他读得太多，记得太多，而从书本中习得的又远过于从现实生活中学到的。

我始终抱憾的是裴奈尔占据了本来应该由俄理维占据的在爱德华身边的位置，爱德华爱的是俄理维，为了他他什么不肯做呢？巴萨房只会使俄理维堕入深渊，他天性色情、怨恨、自负，因此落入了巴萨房的掌握之中。不过他还年轻，我们有理由替他乐观。

巴萨房这个人，除了莉莉安式的女人外，没有哪种男人比他更招祸了。莉莉安之类的人财富、智慧与美貌样样都有，所缺的不过是灵魂，文桑天分不低，但经她的折磨，失去了原有的骨骼，我相信他不久就会醒来。

如果我再有创作的机会，也许会写些不同的人物，不过萝拉、雅善斯、拉贝鲁斯等这些人与我何干？他们并不是我找来的，只是由于追踪俄理维和裴奈尔我才在途中与他们相遇而已。只是从此我也不能把他们抛开，算我倒霉。

第三部　巴黎

爱德华日记

九月廿二日

我带小波利去看他的祖父，昨天莎弗洛尼斯加事先通知了他，得知拉贝鲁斯夫人已进养老院。我让小波利单独与爷爷相见，一个小时后莎弗洛尼斯加把他领了出来，说她发现老人独自坐在棋盘前，孩子则在另一端的角落里发呆。

九月廿七日

莫里尼哀告诉我一桩案子，一群孩子竟然在茶社里聚娼，放学后他们就去那个地方与妓女乱搞。很多有背景的家庭的孩子都牵涉其中，包括裴奈尔也可能如此。

今晚接到萝拉姐姐蕾雪的一张便条，说有要事相商，请我明天去她家。

爱德华日记（续）

九月廿九日

拉贝鲁斯说自己已经对别人一无用处了，我立即搬出了小波利，还提出了雅善斯先生要他去当监堂的主意，他立即同意了，因为他没有死成，与死了也差不多，在哪儿都一样。

那天天气很热，是浮台尔补习学校的开学日，雅善斯老人介绍了新老师，就是拉贝鲁斯老人，他特别指出他与某一位学生的关系，波利则在盼着自己不要被人注意。他虽然希望与同学们自然相处，打成一片，但他做不到，他娇弱的性格使他在人群里特别拘束痛苦。孩子们很快形成了小团体，以莱昂·日里大尼索为中心，他是个厚脸皮孩子，什么恶毒的话都敢说。这令得乔治·莫里尼哀服了他。巴萨房伯爵的弟弟龚德朗也在这里，父亲死后他没从哥哥那里得到一点同情与保护，寄宿在学校。他性格孤傲，勤奋读书，爱好运动。开学那天早晨，乔治等着朋友费费，在进门前要他把那条黄丝带拿走，因为“小泼辣给关起来了”，原来，十二天前他回到巴黎时，又去了那个地方，那里已经被警察封闭了。这个地方就是他父亲莫里尼哀院长所说的年轻人“纵乐的场所”，他们就是在这里与妓女鬼混。

裴奈尔当天晚上去见爱德华，谈起了在补习学校第一天的见闻，应爱德华的要求，他提到了阿曼，说他整天专注于破坏，特别是破坏自己。

当晚俄理维也回到了巴黎，第二天，他穿得整整齐齐跑向索尔本，裴奈尔正在这里笔试，到中午才出来。见到俄理维他惊喜地向他伸出手叫道：“多漂亮呀！”这指的是俄理维的服装。不过他们谈得不好。直至他们在街上遇到俄理维的弟弟乔治，他赶快拉裴奈尔躲到一边，因为弟弟还不知道他回巴黎了呢。

乔治正与日里大尼索和费立普在一起，日里大尼索用激将法怂恿乔治用一枚假钱买了烟，他的假钱是从表哥斯托洛维鲁那里得来的，斯托洛维鲁还有很多这种假钱。午饭时日里大尼索报告了乔治的事，他得知乔治的父亲是法院院长，费立普的父亲是上议院议员，就决定用这些人建立一个小集团来消化他的假钱。他还要日里大尼索设法从乔治和费立普手里弄到对他们父母不利的证据，好在将来出事时要挟他们一把，使他们网开一面。

这时俄理维和裴奈尔已经在一家餐馆内准备用午餐了，俄理维终于提起了巴萨房的名字，说今晚有一场聚餐，他希望裴奈尔来参加，最好把爱德华也带来。他请求裴奈尔为他主编的杂志写点什么，但裴奈尔没有答应。因为他不能与巴萨房合作。他也谈起了对萝拉的感情，他说，由于萝拉的缘故，他的各种本能都起了升华。他问俄理维明天考完拉丁文后能不能见到他，俄理维说他已经有了约会，他们就这样分手了。

俄理维想起他请裴奈尔把爱德华带到聚会去的事，他想到了爱德华不喜欢这类聚会，而且讨厌巴萨房，如果他来，他一定很难受，于是他跑去爱德华家找他，爱德华却不在家。因为爱德华去他家了，而他没有回家。

爱德华日记

我承认我不曾想到在菠莉纳幸福的外表下埋藏着这么多苦恼与容忍。她说起今年夏天的一桩极严重的事，她放在衣柜里的一百法郎不见了，虽然乔治在她面前装作若无其事，她明知道是乔治拿走的，但她还在替他辩护，甚至不让丈夫知道。还有丈夫，其实，关于他的私生活她知道得比他以为的多，每次他装着有要事出去时，虽然他装得总很笨拙，她还在孩子们面前替他打掩护，好像她是他的同党，其实她知道他要去干什么，甚至知道那个女人的名字。她唯一关心的是别让孩子们发现这些事。

我提到了她丈夫丢失的那些信，她当然没有拿，但我们立刻知道是谁拿走了。我答应找乔治一试，菠莉纳求我不要告诉丈夫这事，就让她仍疑心是她拿的好了，这样还好些。

俄理维未能遇见爱德华舅舅，感到懊丧而孤寂，他那渴求友谊的心就使他去找阿曼。阿曼说他大姐蕾雪双目已经开始失明。而他自己则是一个智障。当他开始笑时，俄理维知道那是用来掩饰眼泪的。他要走了，问阿曼今晚有没有空去参加聚会，很多带点狂浪的名人都会去。阿曼说他同这些名人没什么可说的，可以叫裴奈尔带莎拉去。

晚上九点多钟，莎拉借口睡觉，但房间里只有她一人时，她立即在梳妆台前把自己修饰得越发鲜艳，然后移开隐藏在梳妆台后面的小门，钻到了阿曼的房间里，静静地等着裴奈尔来找她，她已经决心不顾一切地争取她的自由，她断不能再像萝拉与蕾雪两个姐姐那样活着。

裴奈尔来了，他们迅速地悄悄地出了门，不久到了举办聚会的万神酒家。那里的宴会已经结束，一片乱哄哄的，一个人在发表演讲，恭维新杂志的主编俄理维，说："诗神之宠儿，年少英俊的莫里尼哀，不远的将来，桂冠就会落在他纯洁而高贵的头上。"

俄理维喝了不少酒，乘着酒劲把一些心里话告诉了爱德华舅舅，清醒时他是绝对不敢的。爱德华告诉他，他不应该和这些人来往，他指的就是巴萨房，俄理维岂能听不出来。与爱德华在一起时，他感到奋发上进；与巴萨房在一起时，他感到的只是堕落。于是他对巴萨房由感恩变成怨恨。一个小丑来大闹了一场，用装着纸塞子弹的大号手枪打中了某人的眼睛，引起了一片混乱与黑暗，黑暗中莎拉拉着裴奈尔躲到了桌子底下，在他嘴唇上印下了热吻。这时先前被俄理维抢了主编之职的杜尔美喊道："快看莫里尼哀吧，他胆小得像女人一样。"听到这话，俄理维冲向杜尔美，给了他一耳光，但杜尔美躲开了。他还要追过去打他，被人拖住了，于是他大声宣布要与杜尔美一决胜负，并请裴奈尔与贝加当证人。他的领带已经松开，头发披散在额头，双手痉挛地抖动着。

爱德华看他像个疯子了，抓住他的手臂把他拖了出去。一出餐厅，俄理维才知道自己有多醉，他投向爱德华怀中，哭着说："把我带走吧！"

坐在一家咖啡馆的台子前，俄理维给乔治写了一封信，要他去巴萨房那里将他的东西取回来，如果要与巴萨房交涉，则要对他非常冷淡。

由于公开接到了俄理维要求与杜尔美决斗的要求，裴奈尔跑到贝加那里，与他订了约，明天去与当事人谈判。然后他与莎拉回家了，两人一路默默无言，到了家，裴奈尔陪莎拉进了她的房间，一进门，阿曼就从外面把门反锁上了，说："晚安！但夜间少出声音。父母都睡在隔壁。"

天刚亮时，阿曼起床了，把昨天他反锁着的门轻轻推开一条缝，他姐姐正与裴奈尔紧抱着躺在床上。

爱德华住在一座大厦的顶层，他睡过一觉又起来时，突然感到要去看看俄理维。他发现隔壁工作室的躺椅前并没有人，那头的小浴室里一阵煤气味传来。他奔过去，发现俄理维的衣服已经脱去，身体冰凉发青。他立即开始用他懂得的一切急救的法子来抢救俄理维的生命，终于他感觉俄理维紧握在他手中的手有了微弱的反应，他俯下身去，在俄理维紧蹙的无限沉痛的额前印上了自己的嘴唇。

有人按铃，进来的是裴奈尔和贝加，爱德华把他们挡在门外。裴奈尔知道发生了什么事，说麻烦的是别人可能认为俄理维是因为畏惧才自杀。他们说能够由杜尔美退让，让他承当屈服的耻辱。这时候小乔治来了，他没有从巴萨房那里拿到行李，连门都没进去。他得知哥哥的秘密，喜出望外，跟着裴奈尔和贝加找杜尔美去了。

爱德华把工作室隔壁的房间安排了一下，让俄理维住在这里。

第二天爱德华对来访的裴奈尔说，昨天俄理维就想见他，只是太虚弱了。听到朋友来的声音，俄理维顿时容光焕发，不过他们并没有多说话，裴奈尔只静静地坐在俄理维的身边，读着他的考试资料。

到傍晚，俄理维的气色大好了，只是精神萎靡，爱德华开导他，说杜尔美已经逃往乡下，决斗的事解决了，杂志已经由贝加接手，他无须操心了。至于行李，乔治未能取回，但爱德华答应亲自去取。

夜里，俄理维喊爱德华过去，他像哄小孩子似的轻拍着他，虽然睡意已使俄理维昏沉，他还在说：“在你身边，我幸福得乐而忘眠。”

到天明他才放爱德华离开。

次日，裴奈尔一早就来了，仍带着一本书，爱德华则可以乘机脱身去找巴萨房要俄理维的行李了。他毫不为难就把行李给了爱德华。爱德华乘机又问起俄理维的哥哥文桑的事，巴萨房于是得意扬扬地拿出了莉莉安给他的一封信让爱德华看，信中不停地称他为亲爱的，说她与文桑现在经常吵架，简直像仇人似的。

两人冷淡地告别后，巴萨房其实心里感到极度苦恼，这时候斯托洛维鲁来了，才使他吐出了一口闷气。他知道斯托洛维鲁的厉害，但自信可以交锋。巴萨房现在请斯托洛维鲁来主编他的杂志。他认为在人类一切排泄的污秽中，文学是最污秽的。现在的东西全是假的，就像伪币，却畅行无阻。因此如果让他来主编一份杂志，他先得戳破这纸老虎，废止一切所谓美丽的情感。他知道有许多这样的年轻人想这样做，正在等待有人振臂一呼，如果让他出任主编，他敢担保不出两年，明日的诗人如果他的作品被人理解，他会觉得是一种耻辱。他的杂志将有一个“铲污者”的名称。

斯托洛维鲁的话让巴萨房大感兴趣，不过他一时不能决定接受，他要斯托洛维鲁先给他找一个秘书来，斯托洛维鲁推荐了小哥勃拉勿勒，说他一定称职。

爱德华日记

把俄理维的行李取回后，我立即开始工作，从未有过的心旷神怡，写《伪币制造者》三十页，没有一处涂改。我现在让自己的写作像水流一样，顺其自然，绝不事先布置。

普罗费当第先生来访，这实在出乎我的意料，他一来就说知道我是莫里尼哀院长的姻弟，有一桩不名誉的案子令他不得不来找我，因为乔治，此前他的风化案已经令他煞费苦心才过去，现在他又涉及了更大的案件，成为市面上使用和传播伪币中的一个。还有好几个与他年龄相仿的人也参与其中，他相信他们是受了某几个年长者的诱惑，但他不愿意通过逮捕他们而找出幕后主使，因此请我与乔治外甥谈谈。他说："先生，我自己也是做父亲的人。"我突然知道他来此的目的，我看到，他对裴奈尔所抱的感情是极真挚的，虽非生父，但同样强烈而真切。他其实一直在幕后关心着裴奈尔，知道孩子的一切行踪，他说，虽然他的母亲已经永远地离开了他，但他始终爱他，有如亲子。他的话令我感动，我开始怀疑裴奈尔离家出走是否合理了，并答应找裴奈尔一谈。

我们又谈起了伪币，我提起了裴奈尔在沙费拿出来的伪币，他顿时大感兴趣，立即把我说的详细记录，并表示要派员去那里追查。他对这个发现极为满意，走时已经全然忘记了当初的目的。

裴奈尔晚上回到家后遇到蕾雪，她说有话同他讲，他立刻理会她想说什么，不由恨起莎拉和他们那些销魂时光来。

这天晚上小波利在床上痛苦不堪，他接到了勃洛霞的信，信中说她生了病，将不久于人世，她永远不能再见到他，他多痛苦呀！没有勃洛霞，他将成为什么呢？

近十点钟时，裴奈尔到爱德华家去，手提包里装着他的家什，他来请求爱德华收容，因为他又没有栖身之地了，爱德华知道裴奈尔为什么必须离开实习学校，他早就看出来了他与莎拉的关系。爱德华说他可以睡在沙发上，其实他应该回自己的家去，他告诉了他父亲来的情形。裴奈尔犹豫着，他不愿再用父亲的钱，不过如今他最大的问题是将来做什么。讨论的答案是：从自身中觅取法则，以发展自己为目标。爱德华提议将他介绍进《大日报》工作。

爱德华特意在学生们到达之前到学校去找拉贝鲁斯，这位老人对他的工作可谓鞠躬尽瘁，同时也是一败涂地。他成了孩子们取笑与嘲弄的对象，这一切爱德华懵然不知。

爱德华日记

> 我去看雅善斯，请他准许我在上课时与乔治单独谈谈。乔治来到了那间小自习室，看到我，乔治摆出一副“我不怕您”的架势。我告诉他，有一个法院检事来找过我，乔治才突然失色，不过很快恢复镇定，要我把普罗费当第老人的话尽管告诉他。我没有直接说他的事，只把我正在写的小说中的一段给他读，里面的一个人物欧陀尔夫就是以他为原型的，通过书中的话我告诉他这样下去的危险。读后乔治仍然镇定自若，说欧陀尔夫这名字起得不好。我只好直接地告诉他：检事知道他正在使用假钱，如果他不停止，只好把他和他的同伴们都加以逮捕。

乔治立即把爱德华的话告诉了他的同伙，爱德华的劝导对孩子们毫无影响，他们只是由于不想吃眼前亏才找脱身之计。日里大尼索则赶快把剩余的假钱藏起来，又通知斯托洛维鲁，他也迅速做好了防备。

同一天，正当爱德华与外甥谈话时，阿曼跑来看俄理维。他现在已经是巴萨房的秘书，也是那份杂志的主编。他告诉俄理维，关于裴奈尔与莎拉之间的一切都是他告诉蕾雪的。他还叫俄理维看他口里的一个白点。俄理维说只是鹅口疮，阿曼说他故意瞎说，这东西是硬的，而且每周都在长大，但他没有去看医生，因为他宁愿不知道更好。他还谈起了他的大哥，他现在在非洲，过得好了，生意兴隆，还要他也去。他掏出他哥写的一封信来，抽出几页给俄理维看。信中他哥说他收容了一个怪人，他身高体壮，长得不错，像出自有身份的家庭，他不断地提到要把自己的手切下。他从不谈起过去，他对昆虫草木等很有兴趣，是一个饱学之人。他打算将他留在这里，因为他正需要一个助手。他来时有一个黑人陪着他，从黑人口中得知本来还有一个女人和他在一起，舟覆时她淹死了。他认为女人的死这个人很有嫌疑。

俄理维一言不发地把信还给阿曼，他没有想到信中的凶手就是他的哥哥文桑。

莎弗洛尼斯加夫人到学校来看波利，他才得悉勃洛霞去世已经有一个月了，波利自从接到她那封凄惨的信后就再也没有她的消息了。然而他珍藏起自己的悲哀，就像别人珍藏起财宝一样，他知道勃洛霞临终前想的是他。那时，她问母亲：

“妈，我那么地想知道……告诉我，人们所谓‘青梅竹马’究竟指的是什么？”

这句刺心的话只有波利一人理解。

后来，他掉进了日里大尼索等人设计的陷阱，当着祖父的面，用手枪对准自己的太阳穴，扣响了扳机。

波利事件的后果也非全都不好，经过此事，乔治投入了母亲的怀抱，走上了自新之路，彻底与日里大尼索断绝，不久裴奈尔也回到了父亲身边，普罗费当第和莫里尼哀两家从此享受着美妙的天伦之乐。

评论　我不大喜欢纪德的作品，因为读起来有一种怪怪的感觉，它的主要人物大都是男人，处处展现的是那些男人——例如作家爱德华（无疑他的原型就是纪德自己）与俄理维（它的原型则是纪德的无数同性情人）——之间的脉脉温情，对于没有同性恋倾向的人来说难免有些不自然，就像我们如果在街上看到两个男人拥抱接吻也会不自然甚至恶心一样。

不过上述事实并不妨碍纪德作品的价值，纪德作品的价值体现在两个方面：

一是内容上的。我们知道，纪德作品中有大量同性恋内容，它是纪德作品的基调之一。这并没有什么不对，所谓存在的就是合理的，既然社会上广泛存在同性恋现象，将之纳入文学创作的范畴也是合理的。文学不应该以传统道德作为尺度，然而作家们过去确实是这么做的，现在纪德勇敢地站出来突破此一窠臼，这正体现了纪德在文学内容上的创新。

二是形式上的。以这部《伪币制造者》为例，在形式上也颇有创造性，例如作品中有一个作家爱德华，他同样在写一部名为《伪币制造者》的小说，其内容也正是这部《伪币制造者》的内容。这样的写法使作品好像一环套着一环，绵绵不绝，读来回味无穷。

第十五章　茨威格与《同情之罪》

茨威格，奥地利诗人、小说家、剧作家、传记作家。代表作有中篇小说《一个陌生女人的来信》，长篇小说《同情之罪》，回忆录《昨日的世界》，传记《三大师》和《一个政治性人物的肖像》。

茨威格小传

《昨日的世界——一个人的欧洲回忆》这是作家茨威格的自传，它既是一部忠实的传记，又是一部杰出的文学佳作。因此，我就像对待那些伟大的小说一样对待它，将它同时也将茨威格的一生，浓缩下来。

倘若要用一句话来形容第一次世界大战之前我长大成人的世界，那么这句话就是：这是一个太平的黄金时代。

我的祖籍是摩拉维亚，他们早就不是正统犹太教的信徒，我父亲经过多年经营，即使以国际标准来衡量也可以称得上是一位巨富了。

我在国民小学毕业后被送进中学。除了课程之外还要另外学习许多东西，首先就是语言，要学习希腊语、拉丁语、英语、法语、意大利语，等等，这种负担之重可谓不堪忍受，我不记得在那时候可曾有过什么“幸福”或者“愉快”，天天只盼望着尽早结束那可怕的岁月。

我们年轻人应对枯燥的学校生活最好或者唯一可行的办法就是拼命读书，

我们什么都读，吸收了大量知识。

我还有了许多爱好文学的朋友，彼此激励，许多作品发表在主流的杂志，成绩斐然。

由于沉浸在自己的领域里，我们对周围的社会环境几乎没有感觉，事实上，这个环境正在变动，它们将要动摇与毁灭我们父辈的太平世界。

这时候，在奥地利已经兴起了一些声势浩大的群众运动，首先是社会主义运动，这是以工人们为核心的运动，此外还有小资产阶级政党基督社会党，以及德意志民族党，它的目标是在普鲁士领导下建立一个大德意志国家，并且公开地反犹。

中学时代我们不屑于与女孩子交往，然而随着年龄的增长，我们都十七八岁了，已经是成熟的男性了，身体里自然而然有了那种本能并且要求满足，而且我们有自己的满足这种本能的方式，那就是找在城市街头泛滥成灾、国家甚至颁发执照的妓女。但随着妓女泛滥带来的是性病横行，那时候十个年轻人中至少有一两个成为性传染病的牺牲品而丧命，在维也纳沿街到处是打着“皮肤病和性病专科医师”招牌的店子。

我盼望已久的时刻终于来到了——令人厌恶的中学生活在二十世纪的最后一年结束了，接着进了大学。

我在大学选择了哲学专业，因为选这个专业唯一必须做的事就是在第八学期末交一篇论文和参加唯一的一次考试。我从一开始就把时间安排好了：在前三年对学习不闻不问，然后在最后一年全力以赴去抠讲义，草草对付一篇论文了事。这样大学也就给了我想要从它那里得到的唯一的东西：在我一生中有几年自由支配的时间去研究文学艺术，还有人生的大学。

得到这个自由之后，我做的第一件事是把自己的诗作编成一部集子。编好后，我冒昧地将之直接寄给了当时出版德语诗歌最有声望的出版社，不久，出版社同意出版并且保留出版我今后著作的优先出版权。

集子出版后，我也得到了一些著名抒情诗人的衷心赞誉，伟大的里尔克也把他新出的诗集寄给我。最使我惊喜的也许是雷格尔，当时在世的最伟大的作曲家之一，他请求我同意从我的诗集中选出六首谱成歌曲。后来我经常在音乐会上听到自己的这首或那首诗，一些我自己早已忘记了的诗句却通过音乐大师而流传下来。

我以前就在一些报纸上发表过许多诗歌、评论、短篇小说等，不过从来不敢向维也纳影响最大的一家报纸——《新自由报》——投稿。《新自由报》有份专门刊登文艺作品的副刊，只有权威人士才有资格在上面发表作品。我不知道自己为什么有那么大的勇气敢把一首小诗投向这里，更令我不敢相信的是，《新自由报》副刊的编辑，这位维也纳读者最喜爱的人物，竟然请我去报社谈话。

这位副刊的编辑就是特奥多尔·赫尔茨尔，他认真地接待了我，并且成为我一生中认识的第一位应当享有世界历史地位的人物，他出版了一本小册子《犹太国》，号召犹太人必须在自己的故乡——巴勒斯坦——建立自己的新国家。

从此，赫尔茨尔对我多加关照，我也成了《新自由报》副刊的定期撰稿人之一。

跻身于《新自由报》副刊作者的行列之后，我很快差点成了这座城市里的名人，幸好我做出了一个明智的决定——到柏林去上大学。

当然，我到柏林并不是真的为了去上什么大学，我在那里和在维也纳一样，一个学期只去了两次：一次是为了进行听课注册，另一次是为了让教务人员在听课证书上签名盖章。我在这里所寻求的乃是比维也纳更彻底的自由。

在柏林，我不久就找到了一个气味相投的社交圈子，参加了一个叫“后来者”的社团，每周聚会一次。我在这里认识了一些真正出色的人物，如希勒，谁也弄不清楚这位山野樵夫是怎么到柏林来的，每当我们簇拥着他，要他念诗时，他就从口袋里掏出一张皱巴巴的纸片朗诵起来，都是别具一格的佳作，是天才抒情诗人的即兴之作。

这时候，我对今后生活应当走的路已经有所清楚了，这就是多看、多学，然后才开始真正的创作。

当然，我还必须戴着一顶博士帽回家。于是我用几个月时间将四年的教材匆匆理了一遍，大开夜车，死记硬背，顺利完成任务。这些完成后，我的生活从此完全自由了。

在我获得自由的第一年，我去了巴黎。

在这里，我不久就熟悉了一些伟大的作家，如里尔克和罗丹，还有诗人叶芝和一位孤寂的、有争议的天才威廉·布莱克。

回到维也纳后，我租了一小套公寓，将我收集到的许多名人手稿和遗物，例如歌德和里尔克的诗作、贝多芬用过的一张写字台等，安放在那里。

然而到这时，由于我见到了太多的天才人物，对我自己能否创作什么真正有价值的东西倒感到了疑问，我也一直没有勇气写一部长篇小说，我第一次在创作形式上进行较大胆尝试是在戏剧上。我在1905年或者1906年的夏天写过一出剧，叫《忒尔西忒斯》。

大约三个月后我收到了柏林王家剧院的回音，剧院经理告诉我，德意志民族当时最伟大的两个演员之一马特考夫斯基想演我的剧本，扮演剧中的阿喀琉斯。于是，演出的一切就开始筹备了，然而就在演出即将举行时，马特考夫斯基去世了。后来德意志民族另一位最伟大的演员凯恩茨又喜欢上了我的剧本，将在维也纳皇家剧院首演，然而当演出即将进行时，凯恩茨又去世了。

此后，我对于用明星演出我的剧本感到极为谨慎了，因此当伟大的意大利演员莫伊西要求演出时，我托词拒绝了。他找到我，不要求演出我的剧本，只要我将剧本译成德语，我答应了，结果，他也在演出我翻译的剧本前去世。

对于我的青年时代的最后几年，我的名声已经传开，甚至传到了国外，在一些人的引导之下，我的目光开始走出文学，甚至走出欧洲。

我第一次走出欧洲，到了印度，后来又去了美洲。

现在，我在新世纪已经生活了十年，这也是第一次世界大战前的最后几年。

乌云正是在这个时候悄悄涌来，欧洲各国之间更加分裂，法国、意大利、奥地利和德国都摩拳擦掌，准备大干一场，到处开始弥漫着战争的不安。于是许多人起来反对这些，要求各国人民之间和睦相处。这些人需要有一个领袖，一个高瞻远瞩之人，这个人就是罗曼·罗兰。

我又到了巴黎后，第一件事就是打听他，与他取得联系后，我们之间的友谊开始了，这是除了弗洛伊德和维尔哈伦的友谊外，我一生中最为重要的友谊。这时是1913年。

这时候，在奥地利已经弥漫着一股不祥的阴影，我们的老皇帝去世之后，这个千年王朝行将瓦解。我再一次感到战争的恐惧，我发觉，即使这些身处僻地的人们，政客们多年来的煽动也已经将仇恨的种子播在了他们的心里。

这样的结果是，1914年6月28日萨拉热窝的枪声终于揭开了第一次世界大战的黑幕。我听到奥地利向塞尔维亚宣战后，匆匆赶上了从比利时开往德国的最后一趟列车。回到奥地利后，我发现此时奥地利与以前完全不同了，到处充满了战争的狂热。

我深深地感到，这就是弗洛伊德所看到的人类那内在的要消灭这个有法律、有条文的正常世界、要求放纵嗜血之欲的本能。我自己没有陷入那种爱国主义的狂热之中，原因之一是在我的内心，从战争的最初一刻起我就肯定自己要当一个世界公民。我躲到了维也纳的一个郊区，以便在战争期间开始我自己的战争：向利用当时群众的热情背叛理性的行为做斗争。

我试着表明自己的信念，就写了一篇文章《致外国的朋友们》，与那些宣传仇恨的文章不同，我公开表示，为了一有机会就与所有外国的朋友们一起为重建欧洲文化而工作，即使现在还不可能取得联系，我也将保持着对他们的忠诚。

意外地，这篇文章没有被检查当局删掉，而是几乎全文刊登在《柏林日报》。十几天后我收到了罗曼·罗兰从瑞士寄来的信，肯定了我那篇文章，从此我们按时通信，持续了二十五年之久。

我打定了主意，一定要为反对战争而斗争！我要反对的敌人是那种将他人置于痛苦与死亡的错误的英雄主义、那种丧失良知的预言家们的廉价的乐观主义。

就这样，我写下了《耶利米》，我觉得这剧本才是我的第一本书。1917年复活节，《耶利米》出版了，两万册剧本很快销售一空。不久我又接到了瑞士苏黎世市剧院经理的信，说要立即将我的《耶利米》搬上舞台，并邀请我参加首演，我立即同意了。

我赴瑞士途中在萨尔茨堡停留了两天，在那里买了一幢房子，准备在战后居住。一进入瑞士，我立刻前往日内瓦，终于见到了罗曼·罗兰，在我们的交谈中，他给我看了列宁在离开瑞士回俄国发动革命前从他坐的那列封闭的列车上给罗曼·罗兰发来的电报，恳请他一起到俄国去。

在这里，我还遇到了詹姆斯·乔伊斯，他非常干脆地说他与英国没有关系，他是爱尔兰人。我认识他的时间越长，就越惊奇于他非凡的语言知识。我还感觉到在他身上总存在着一种孤独感。所以我后来一点也不奇怪，那部充满孤独感的、和一切都没有联系的、像流星似的坠入我们这个时代的作品《尤利西斯》是他写的。

在这期间，《耶利米》上演并取得了巨大成功。此时已经是1918年秋了，不久，美国参战了，战争结束了。

我们和无数其他人一样，相信随着这次战争的结束战争也永远结束了。一个新的世界已经开始，这将是我们的世界：一个我们梦想过的世界，一个更美好、更人道的世界。

我回到了奥地利。现在的奥地利已经一贫如洗，货币的贬值已经使钞票成为废纸，现在一个鸡蛋的价钱过去能够买一辆豪华汽车，将来，在柏林，一个鸡蛋的价钱要40亿马克，相当于以前整个柏林所有房屋的地价。

这时候在社会上，两种同样属于极端的思潮正在激烈地碰撞，就是法西斯主义和共产主义。

我呢，在这个大潮里只有一件事可做，那就是躲进小楼成一统，管它冬夏与春秋。我在我萨尔茨堡山上的房子里过着隐居生活，搞自己的创作，几乎与世隔绝。

有好几年我都是这样度过的，后来我看到一切慢慢地又好起来了，便再次跨越国界，到了近在咫尺的意大利，我在这里看到了法西斯主义的崛起。

1924年之后的十年，我个人生活最大的变化是我获得了自己从未期待过的成就。我的数百万册作品在各家书店和无数家庭中占有稳固的地位，我的著作被大量翻译成世界各国文字，有一天，我在日内瓦国际联盟的《智力合作》统计上看到，我是当时世界上被翻译得最多的作家。

这十年也是相对平静的十年，在这期间我去过许多地方，现在我到处都有朋友和读者。这给我带来了不少好处，我可以更为有效地宣传那个多年来已经成为我为之毕生奋斗的理想：争取欧洲的精神统一。为此我在瑞士用德语发表演说、用法语在布鲁塞尔发表演说、用意大利语在佛罗伦萨发表演说、用英语在美洲发表演说。

在这众多的旅行中，有一次我感到特别兴奋，就是去新生的俄国。我的书在那里流传很广，有由高尔基作序的全集。1928年夏天我应邀去莫斯科参加托尔斯泰一百周年诞辰纪念活动并在纪念晚会上发表贺词。我在那里度过了高度紧张的十四天，我感到这是一个官僚制度盛行的国家，新官僚们热衷于批条子签文件，而时间就这么白白浪费了。

我在俄国所见到的一切，再也没有比托尔斯泰的坟墓显得更伟大、更使人感动的了，它不过是树林之中一个由土堆积起来的墩子，没有人看守，也没有人保护，只有几棵大树给它遮阴。

我从未见过墨索里尼，但他是我在意大利最热心的读者之一，有一次，为了帮助一个可怜的妇女，她的丈夫因为想帮助他人被判入狱，我给墨索里尼去了一封信，请求他怜悯那可怜的女人，结果他不久就完全赦免了那女人的丈夫。如果说我有一件文字的工作曾产生过作用，那就是这封信了。

这时候，我仍然拿出许多精力来从事我对名人遗物遗墨等的收藏，我渐渐成了这个领域的第一权威。这时候我的收藏已经开始向精的方向发展，我只收集一位艺术家处于鼎盛时期的手稿，它们具有永恒的历史价值。例如我有达·芬奇的手稿、拿破仑手写的军令、尼采《悲剧的诞生》最初的手稿，巴赫、韩德尔的手稿等等。至于我收藏的莫扎特和歌德的手稿能够勾画出他们一生的轮廓。由于一次好运，我还得到了贝多芬去世时房间里全部的陈设，包括他的一绺白色鬈发。

岁月就这样随着写作、旅行、学习、读书、收集而年复一年地逝去了，当1931年11月的一个早晨我醒来时，已经是五十岁的人了。在德国有这样一种习俗，一个作家五十岁时要在报纸上大大庆祝一番。岛屿出版社特意出版了一本我的业已出版的各种文本的著作目录，作为庆祝我生日的礼物，它本身就像一本书了。

然而，每个艺术家的心中都隐藏着一种莫名其妙的矛盾：当生活十分坎坷的时候，他渴望安宁；可当生活十分安宁的时候，他又渴望紧张。这也许正是我五十岁生日时的心情，或者说，预感。

我所住的萨尔茨堡距慕尼黑只有两个半小时火车，我正是在这里第一次听说了希特勒这个名字。不久之后，希特勒这个还没有读完市立中学的人，一个过着不明不白生活的人，1933年1月竟然当上了德国总理，这是不可思议的。

一开始，大家都不把希特勒的上台看作一件坏事，甚至犹太人也并不感到十分不安，他们认为一个德意志帝国的总理当然一定会阻止反对犹太人的野蛮行径，何况德国是一个牢固的法治国家，有法律作为他们权利的保障。然而不久“国会纵火案”发生了，霎时德国的法律已经化为乌有。紧接着出现了第一批逃难的人。在国际上希特勒一开始并没有做出什么惊天之举，他却成功地运用慢慢试探、逐步升级的战术来对付一个在道德上、后来是在军事上越来越孱弱的欧洲。

在对待犹太人方面也是如此，1933年和1934年，虽然有一些德国大学生公开烧毁我的著作，不过，对于我来说，我的作品能够与托马斯·曼、爱因斯坦、弗洛伊德的伟大杰作一起被烧毁倒是一种荣幸呢！

这时候奥地利也不太平了，许多纳粹煽动者越过了边界来到这里招募新成员，我的一些老朋友在街上见到我也开始故意躲开。于是我决定去国外度过冬天，我原来只是想短暂地逃避一下，想不到这次离开我美丽的家园竟然是一种告别，这是1933年10月的事。

我原来准备去法国，但还是去了已经阔别三十年之久的英国，1934年初我重新回了一次奥地利。

一天，来了一队便衣警察，声称要搜查藏匿在我家的武器，虽然他们只是象征性地看看就走了，我却感到受了莫大的侮辱。我就此起不喜欢这个家了，直觉告诉我那只是更大规模的侵犯人权的小小前奏而已。于是当天晚上我把最重要的文件捆成包，决定从此长期定居国外。重返伦敦后，我做的第一件事就是通知萨尔茨堡当局，我已决定放弃我的住宅。

我在1934年2月底到达了英国，决定在这里长期居住，我租了一套简单的公寓房间。第一天晚上，我被一片陌生感包围，我已经五十岁了，却又要一切从头开始。

我在英国的最初几年很少感觉是一种流亡，我的祖国还继续挣扎了四年。在这几年里，我经常出去旅行，甚至两次横渡大西洋。这时候我隐隐有一种预感：我们的未来，以及我本人的未来，是在远离欧洲的大洋彼岸。一次横越美国的旅行演讲使我有极好的机会看到那个强大的国家的全部丰富多彩的生活，然而我对南美的印象更加强烈，我这次是接受国际笔会的邀请到那里去参加代表大会的。我在阿根廷和巴西看到了那广阔的没有被鲜血和仇恨污染的土地，那里有无限的空间和未来的粮食。特别是巴西，一种奇怪的预感使我觉得我可以在那里安宁地生活。

我深深地感觉，欧洲，我们神圣的故乡，我们西方文明的摇篮和圣殿，正在走向死亡。而欧洲文明的一切能够在这里以新形式得到辉煌的延续和发展。

在这里，我也看到了自己的未来。

我最后一次去奥地利是1937年秋，去看我在维也纳的老母亲。当我离开时，列车经过萨尔茨堡，我看到了山上我工作了二十年的住宅，但我没有下来。我知道我身后的一切都是尘土与灰烬，一切凝结成了像盐一样苦涩的历史。

1938年，希特勒占领了维也纳，我随即失去了奥地利的护照，不得不去向英国当局申请一张白卡，即一张无国籍者的身份证。我一开始不在乎，因为我不再用为某个国家承担义务。但不久我就明白我又降了一级，昨天我还是一位外国客人，今天我就成为一个流亡者了，所有国家突然都对我们这类无国籍的人表示不信任，如果我们在那个国家变得令人讨厌或者停留的时间太长，就可能会被驱逐或者遣返。

在我失去护照的那天，我已经五十八岁了，我发现，一个人随着祖国的灭亡所失去的，要比那一片有限的国土多。

这时候世界正面临灾难，就在那最后的灾难来临之前，我有幸与西格蒙德·弗洛伊德度过了一段美好的日子。我在维也纳时就已经认识了他，和他的每一次谈话对我来说都是莫大的享受，我既学到不少东西，也对他钦佩不已。在我们那个时代还没有人像他那样扩大和深化过有关精神的知识，他给自己的祖国增添的荣誉是世界性的和超越时代的。此后我们常常在一起，我们也常常谈论战争和希特勒世界的恐怖。作为一个有人性的人，他深为震惊。可是，作为一个思想家，他对那些可怕的野蛮行径一点也不觉得奇怪。他说，有人总是责骂他是一个悲观主义者，因为他否认文化能战胜本能。现在人们看到——这自然不会使他感到骄傲——他的见解得到了最惊人的证实，即野蛮残酷、自然的毁灭本能在人的心灵中是铲除不掉的。

逃到伦敦的犹太人越来越多，他们到各个领事馆去苦苦哀求，能到哪里就到哪里。有一个我过去认识的大工业家兼最有知识的艺术收藏家想去海地或者圣多明哥这些地方，还有人在问怎样才能去上海，他称听说中国人还会接受他们这些人。就这样，那里一个人挨着另一个人，拥挤不堪，他们是过去的大学教授、银行经理、商人、地主、音乐家。每一个人都准备拖着自己生活中可怜的破烂越过大地与海洋，他们什么都干，什么都能忍受，只要能离开欧洲，远远地离开，远远地离开！那是一群面黄肌瘦像鬼一样的人。可是最令我震惊的是这样一个念头：他们只是一支五百万、八百万，也许一千万的苦难的犹太人大军的零星先头部队。

我在那几个月里离开了伦敦，隐居到了乡间，我在我的一生中从未像当时那样感觉到自己对世界发生的事完全无能为力。

1939年9月，国际笔会代表大会在斯德哥尔摩召开，由于我这个两栖人不再代表任何国家，瑞典的同行们请我作为贵宾参加。此前的9月1日，我准备第二次结婚，去民政局登记，就在一位官员准备替我们登记的时刻，有人大喊德国人已经入侵波兰，战争爆发了，我刹那间成了敌国公民，登记也不让了。

战争又降临了，一场比以前世界上的任何一次战争更可怕、范围更广的战争。

我走进自己的房间，把我的东西收拾进我的小箱子。我知道我内心深处的愿望已成泡影，四十年来，我把自己信念的一切力量都献给了这个愿望：实现欧洲的和平统一。我害怕人类互相残杀的战争甚于害怕自己的死亡，现在战争第二次发生了。我整个一生热烈追求人性与精神上的团结一致，我在那个比其他任何时候都需要牢不可破的团结的时刻却感到无能为力。我感到一生中从未有过的孤独。

为了最后看一眼和平的景象，我又一次徒步下山，向那座小镇走去。它安详地沐浴在正午的阳光下。

我知道，过去的一切又全完了，一切业绩化为乌有——欧洲，我们曾为它而活着的故乡遭到了彻底破坏，远不止只是我们自己的生活。

然而我也知道，不管怎么说，每一个影子毕竟还是光明的产儿，而且只有经历过光明和黑暗、和平与战争、兴盛和衰败的人，他才算真正生活过。

附注　1941年9月，茨威格移居巴西。1942后2月23日，他听到了英国在亚洲最主要的基地新加坡沦陷的消息，绝望终于使他走上了绝路。这天，他与妻子在里约热内卢近郊的寓所内双双服毒自尽，终年六十一岁。

《同情之罪》

整个事件都是由我一手造成的，就是若干年后的今天，我也不能确定我的罪过是从何时开始的，恐怕以后也永远不会知道。

结识蕙迪

那时我二十五岁，是禁卫军骑兵上尉，我的故事始于1913年11月，我们的部队奉命调到与匈牙利交界的一座小城里。

有一天下午，我正同当地的药剂师和代理市长坐在饮食店里下棋闲谈，突然一位褐眼睛的漂亮少女风一样地飘了进来，她衣服华贵，完全不像本地人。

她一走，我立刻从药剂师那里问知她是柯克斯夫的侄女，他还告诉我，柯克斯夫乃是这一带最大的富翁，药剂师还说能够替我搞到柯克斯夫的请柬。

两天之后我接到了一张请柬，柯克斯夫请我星期三晚上去用餐。

到了星期三，由于临时有事耽搁了，等我终于踏进柯克斯夫家的大厅时，已经八点半了。一位年老的绅士，不用说就是柯克斯夫先生，走过来接待我。他极亲切和蔼，先把我带去见了他女儿，一位像他一样苍白文弱而秀丽的十多岁少女，长着一对害羞的灰眼睛，她没有站起来，我对她行了个礼便走开了。

处在这么多陌生人中间，一向笨拙腼腆的我难免局促不安，不过很快就好了，因为坐在我身边的恰好是那位褐眼睛美女，她叫伊萝娜，老朋友似的对我微笑。

坐在这样美丽的女郎身边令我十分兴奋，更加上美酒的壮胆，我开心极了，向美丽的伊萝娜大献殷勤。突然，一阵音乐声从隔壁的客厅传来，是华尔兹舞曲，我立即把手伸向伊萝娜，走向了舞厅。

我喜欢跳舞，也跳得很好，加上与我跳的是伊萝娜这样的美女，我跳得简直好极了，从来没有这样好过，我完全忘记了有时间这回事。

突然，我发觉自己犯了一个大错——跳了这么久，竟然没有请主人的女儿跳！我找了一圈，最后在隔壁中国屏风后面的演奏室里找到了她，我深深一鞠躬，说道：“小姐，您肯和我跳这支舞吗？”

接下来的情形太可怕了，她苍白的面颊一下子变得通红，眼睛带着我从未见过的可怕神气瞪着我，接着是一阵战栗通过她全身，她用两手支着，把整个身体的重量压到桌子上去，最后忽然爆发成失声的痛哭，像一条崩溃的河流，一发不可收拾。

我惊愕地站在那，不明所以。我退了出去，回到客厅，找到伊萝娜，心跳气急地把刚才发生的事告诉了她。她也完全被我的话惊住了，瞪着我，说：“你疯了，竟不知道？竟没看见？”

我当然没有，接着我得知薏迪——这就是那女孩的名字——的腿残废了，走路都要靠拐杖。

我逃走了，羞愧则像火一样地烧灼着我的心。这就是引出下面整个故事的错误开端。我感到自己像是狠狠抽打了一个无辜的孩子，却又逃走了，连歉也不道，又想到这事传到部队后会发生的可怕的情形。我越想越怕，真觉得开枪自杀一百次也比在那疑惧的痛苦中度过几小时容易。

天亮后，我有点清醒了，忽然有了一个念头，我跑到一家花店，订了最好的花，命令立刻送到柯克斯夫府上，给薏迪小姐，花里面夹上了我的一张名片。

到中午，勤务兵给我拿来一封信，请我有时间去喝茶，落款是“永远在家的薏迪”。

薏迪的信让我如释重负，我忍不住当天就去拜访了她，她仍然坐在昨天那个地方，友善地接待了我，但品味得出我们心里都有些苦涩。

当我想告退时，薏迪却发起了脾气，因为仆人告诉她按摩师给她治疗来了。下面的情景真是可怕，老仆人把薏迪架起来，她身体搭在拐杖上，一步一步往前挪动着。这时我看到了她的父亲，那位老人痛心的样子也令我心碎。

第二天一大早，我带着部队骑马往操场上去，在穿过旷野的时候，我一声令下，部队立即纵马飞驰，我也不由为自己是这场欢腾的主宰者而暗自得意。突然，我一拉缰绳，大喊一声：“慢步！”因为我看见了远处柯克斯夫家的房子，一个念头闪过我的脑海，也许那个跛脚女孩此刻正望着我们呢，如果看到我们像鸟一样飞奔，她会是什么样的滋味！我竟然觉得自己的健康与快活是一件惭愧的事了。

一切都由于这缰绳一拉，这就是我那怜悯精神中奇异毒素的初步症候，从此我那狭隘的生活竟完全为那天而活了。

三天后，我又应邀去他家吃晚饭，席间有国防部某上校。那天晚上我过得非常愉快，一个军队中的小后辈竟然得到几位长辈，包括国防部上校、糖厂经理等，平等地相待。令得我自信心爆棚，谈话也越来越流畅了。

用餐时，平时只听说过的山珍海味一样样端上前来，与名流们共享如此盛宴，我那虚荣心得到了极大的满足。

饭后，柯克斯夫问我是与他们一起玩牌呢还是与两位小姐聊天，我当然选择了后者。薏迪不像上次那样苍白病态，脸色红润。刚用完盛宴，手执粗大的雪茄，又与两位美貌小姐在一块聊天，我想不陶醉都难哪，我向她们大谈军中轶闻，逗得她们笑个不停，整个屋子里都充满了咯咯的笑声。

这是平生第一次我被证实对人有用，我这个连五十块钱都没有的小上尉竟然能够使那位富翁如此快乐，还能使那跛脚的女孩眼睛明亮，使那阴暗的房子充满光明。兴奋中我仿佛感到全身都温暖起来了。

此后好几个晚上，我都是在柯克斯夫家度过的，我感到自己已经成了这个家庭的一分子。我总是坐在薏迪身旁，用话语使她开心。当她不耐烦或者要发脾气的时候，用手轻轻一碰她，说声："亲爱的薏迪。"她立刻羞愧地温柔起来，这只有我能够，这使我体验了一种从不知道也未想到的温馨之情。

但不久我就从这种罗曼蒂克的情感中觉醒过来了。有一天，我在柯克斯夫家玩牌一直到十一点半，天又下着雨，柯克斯夫用车送我回去，我不想坐着豪华的车进兵营，就在两个街口外下了车，顺便到了一家咖啡馆，里面还有我的几个军官朋友在闲聊。看到我来，他们纷纷喊道："荣幸！荣幸！"分明以一种无恶意的讥讽来看待我在柯克斯夫家得到的待遇，说我很有一手。

他们的反应使我失去了一件再也无法收回的东西——信心。以前我一直以为自己是个施予者、助人者，现在他们的反应却使我觉得自己好像只是个沾阔人光的家伙，我在那里陪薏迪聊天就像伊萝娜在那里一样，她是因为柯克斯夫答应她出嫁时给她一笔嫁妆。这些思想使我决定一定要把事情先弄清楚，我不能让任何人说我的闲话。我决定首先要做的事就是明天取消照例前往的拜访。

第二天我没有去，回营的路上，我看到了伊萝娜，她问我今天下午为什么没去，我便找了个笨拙的借口搪塞，还拒绝了她一起回去吃晚饭的邀请，但答应明天一定去。

第二天，我去时，小姐们在塔上等我。这是一座古怪的方塔，现在柯克斯夫在上面搭了个平台，装上了电梯，好让女儿在那里瞭望原野的景色。薏迪把这个平台看成她一个人的，从来不准客人上来，现在竟然请了我，那简直是一种殊荣。

平台上只有薏迪，她问我昨天为什么不来？甚至连电话都不打一个，让大家坐等。我随口编了一个借口搪塞她，但她竟然已经预先打听到了我一整天的行程。她现在不生我不来的气，而是生我编谎话骗她的气。她求我不要再编谎话了，因为她已经被谎言塞得满满的，她说："每次你花一两个钟头的时间来陪陪我这可怜的残疾人，你就像做了件好事似的得意非凡，但我不要你的自我牺牲，不要你这种每天定量施舍的同情——我把你这珍贵的同情看得一文不值。"

这时柯克斯夫来了，我们一同进了他朴素的办公室。他说他想请我帮一个大忙，说现在只有一位康特医生坚持为薏迪治疗，但他一直不肯正面答复他薏迪的病情究竟怎样，要多久才会好。因此他想请我去见康特医生，想办法从他口里探听出来这些消息，因为我是个陌生人，康特医生不会对我讲假话的。说这些时，他眼泪都流出来了。

我当然不能拒绝他这个要求。一个像柯克斯夫这样的人竟然如此信托我这个小上尉，令我的自尊心受到了无比的鼓舞。

第二天我一早就做了安排，跟他一起去火车站。在路上，后来在一家小酒店，康特医生说了许多话。

我还听到了关于柯克斯夫的生平。原来，柯克斯夫出生在匈牙利边界一个穷苦的犹太人家庭，经过艰苦努力获得了巨额财富。但突然天降灾殃，他至爱的妻子突然得了胃癌死去，经过那次打击，他又把孩子当成了生活目标，随着女儿逐渐长大，活泼可爱，他的生命又逐渐恢复了活力，谁知道女儿现在又这样！他的痛苦可想而知。

康特医生还告诉我，他希望我能够理解那位倔强而被灾难打击得心碎了的老人，我把青春和活力带进了这个家庭实在是做了件好事。但犹太人和暴发户这样的字眼毕竟是难听的，因此，医生要先给我提个醒，免得以后听到难受。要知道了解是同情的基础。

康特医生还说，正因为我的天真，才使老人和不幸的孩子得到了纯真的友情的慰藉，我实在是无意地有了一个伟大的行为呢。至于薏迪的病，很难再进步，因为已经到了胶着状态。现在他只是用一些其实无用的方法来安慰他们的精神，哄骗他们的希望，也许还要哄骗五年，直到等到一种新的有效的治疗方法。他又提到最近的医药学学报上的一篇资料，说一个麻痹了两年之久的男孩，经过威那教授四个月的治疗，现在已经能够自己走上楼梯了。他要去向教授索要这方面的资料，看是否能够对薏迪有用。

说完这些，康特医生走了。我也往军营方向去，这时开始下雨了，我快要走到营门时，突然看到树下闪出一个人影，原来竟然是柯克斯夫。他来等我是为了打听我从康特医生那里得来的消息。这时候他已经筋疲力尽，路都走不动了，我只有把他扶到一条凳子上，他的固执和凄惨的情状再一次使我被同情和怜悯击倒了。我不忍再一次使他失望，于是斟酌康特医生的话，把他前面的话通通略过，只说起康特医生已经打听到了一种新的治疗方法，是法国的威那教授实验成功的。这话立即使疲惫不堪的柯克斯夫精神一振，看到我的话起了这么大效果，便又将那男孩的病例以及康特医生的打算也告诉了他。那老人顿时紧紧地抓住我的手，不停地问："他真的这样说吗？""他亲口说的吗？"他问得越急切，我回答得越肯定。甚至说："她不久就会好了，完全好了。"换取他一次比一次高兴地欢呼。上车离去的时候，他忽然双手捧着我的手，吻了又吻，狂乱地表达着他的感谢。

这天晚上，我睡了一个好觉，第二天差点把昨晚的事忘了。操练完后，我又高高兴兴地往柯克斯夫家去了。我听到了薏迪在轻声哼唱，从她的口中我得知，原来昨天晚上与我告别后，柯克斯夫把他与我交谈的内容全说了，现在薏迪急切地想知道是什么样的新疗法。现在薏迪一家都因为我的话而乐得发疯了。

然而我回到营房时，接到一封电报，是康特医生的，他知道了我告诉柯克斯夫的事，告诉我光有软心肠是无济于事的，同情就像双刃剑或者吗啡，起初对痛苦的确是灵药，但如果不知道使用的分量和停止的界限，它就会变成最可怕的毒物。现在最关键的是赶快打破薏迪一家的幻想，否则后果堪忧。

我则请求医生先不要说，等机会再慢慢说，并且由我来负责说。康特医生同意了我的建议，再以一些谎话去激发薏迪的力量。他先告诉薏迪那疗法不行，但说他有一个朋友在瑞士开了家疗养院，那里有新疗法，可以到那里去试验。他又告诉我，现在需要我的密切合作，现在他们依赖我比依赖他还要多，否则我就及早抽身。我保证绝不会那样。

说完康特医生到柯克斯夫家去了，三小时后，我收到了薏迪的短信，要我明天早点去，说十天之内，她就要动身去瑞士治疗了，她高兴得要命。

第二天，我一踏进门就受到了热烈欢迎，薏迪一直注视着我，比平日更加兴奋地一刻不停地说着话，她要我去瑞士看她，因为她准备去瑞士治疗了。我说我没钱，她说她爸爸可以替我付旅费。她的话令我顿时生气了。我明确地告诉她，我不需要她提供这些帮助，我也真的去不了。这下我点着火药桶了，她咬牙切齿地说我以后不要来了，她根本不需要被人当跛子来可怜。她甚至给我看她的手，那上面的伤口是她用剪子剪的，就是为了要摆脱这样的同情。她还说她总有一天会利用这平台达到她的目的，她还有力量两手在栏杆上一撑，这是五层楼，下面是水泥地。她甚至目光炯炯地看着外面，身子向栏杆外面探着。

后来，当我正要离开时，伊萝娜来了，她说薏迪问我能不能去她房间里一会儿。

她已经心平气和了，我们又谈了一会儿，我要走了，当我同她握手告别时，她突然说："你忘记一个好孩子睡觉之前应该得到什么了。"她要我给她一个晚安的吻。

当我想用嘴唇蜻蜓点水般掠过她的脸时，她突然伸出双手，抱住了我的脖子，拼命地吻起我来，嘴唇、整个脸部，同时口里喃喃地说道："你这傻瓜……你这傻瓜……呵，你这大傻瓜，你！”

薏迪的爱情

我踉踉跄跄地走出屋去，感到一阵晕眩，我懂了，原来她的激动不安，她的喜怒无常都是由于爱的苦闷，这秘密地揭开简直把我吓呆了。我完全没想到她这个残废可怜的瘫痪者也渴望着爱人和被爱，她这个半像孩子半像女人的未成熟的人也有着完全的性感冲动。而我出于怜悯之情的陪伴被她可怕的误解成爱情了！我也明白为什么她叫我傻瓜了，我的确有点像傻瓜，他们大家，老人、伊萝娜、仆人等大概早都看出来了，只有我还茫然无知。

我本想快快离开，但伊萝娜来了，她一见我的情形就明白发生什么事了。从她那里，我得知，这几个星期薏迪一直生活在对我的思念之中，一遍又一遍地问家里所有人我是不是喜欢她，她们又怎么能够给她否定的回答呢？她一夜之间要摇三四次铃，把大家全叫醒，只是为了问大家是不是觉得我有点喜欢她。她给我写了一封又一封信，都写了又撕掉。

我现在才知道，被不情愿地爱也是一桩多大的痛苦，尤其是对于男人，女人拒绝异性的追求是她们天然的特权，男人的拒绝会立刻变成苦难和罪过，会成为良心的歉疚。如果说拒绝一个女人的爱是残忍的事，那么要对这可怜的女孩说“不”将是怎样可怕呢？她忍受的痛苦已经够大了，现在还要我给她更沉重的打击吗？一个曾经引起我怜悯之心的女孩难道要由我来粉碎她信心的最后一点希望吗？但现在我已经没有选择的余地了。此前我的身体已经自动地抗拒过她突然而来的拥抱了，我并没有去爱一个跛脚女孩的忘我的魄力。

我完全像个梦游者一样，不知道是如何回到军营的，我随即接到了一封信，这是一封字迹缭乱的信，是那种人一生中只能写一次收一次的情书。

紧接着我又收到了第二封信，很短，信里要我撕毁第一封信，再也不去想它。信中的狂热令我恐惧，我不能置之不理，于是我去找了康特医生，我认为他最了解薏迪，能教我怎么办。

第二天下午，我到了维也纳，把事情的经过原原本本地告诉了他，还把信拿给他看。我要求他帮助制止薏迪这种疯狂的想法。但康特医生问我，我听说过感情有逻辑吗？如果我现在去告诉她我根本不爱她，那会致她于死命地，如果我不再与她见面，甚至一走了之，那是对一个无辜的孩子的罪行，甚至是一种谋杀，一种狠毒的蓄意杀害。

我回答康特医生，我不认为自己有这么伟大，我的忍受力也是有限的。一番沉默之后，康特医生请我答应最重要的一点：在薏迪去瑞士前的这一星期里，不要使她难堪，以后的事情再说。这我保证可以做到。

第二天和以后的几天我又踏进了柯克斯夫的家门，但薏迪一下知道了我并不爱她，只是在应付。她情绪沮丧得要命，她哭着闹着不肯去瑞士治疗了，因为那对她已经毫无意义。

柯克斯夫这段时间他一直躲避着我，女儿的公然表白令他实在难堪。忽然，他向我跪下了，我惊慌地要扶他起来时，他趁势抓住我的双手，哀求说："你一定要救救她，你是唯一能救她的人。……我求你，可怜可怜她吧！……她会自杀的。"

我说我愿意立刻到他的府上去，他要我做什么我就做什么。但柯克斯夫说这样不行，现在，我的暧昧不明会使她比死还难受，我为什么不给她一点希望？而且在她的腿被治愈之前她绝不会希望什么。柯克斯夫还说，他年老多病，他所有的一切都要留给我和他女儿，如果我愿意，明天就可以得到。他相信我是个好人，会好好对待她的。

我回答说，在我力所能及的范围之内，我做什么都可以，但那件事，是绝对不可能的。正是因为我穷她富，如果我娶了她，一辈子都会有人说我是为钱结婚，薏迪也将终身猜疑我是别有所图。听了我的话，那位老人勉强站起来，用一种自言自语的话说："那么……那么一切都完了。"他两眼茫然地望着空中，说了声"请原谅我的打扰"，然后像梦游似的离开。

他那身心崩溃的样子都是我造成的，而他还一再向我鞠躬道歉，我忽然一阵酸楚，热泪盈眶，怜悯之心又把我软化了。结果，我说了没有人比我更对她多情，更真心地喜欢她，她以为我不把她放在心上，那完全错了。相反，我是自认配不上她。等她治好后，我一定会来求他答应我娶她。

这些话让老人满眼感激的泪水，他忽然像变了一个人似的，用以前从未有过的轻快步伐走了。

不久我就接到了薏迪的信，说她明天就要出发去治疗，落款是“永远属于你的薏迪”。

第二天下午，我到柯克斯夫府上时，包括仆人约瑟夫在内，那里每一个人都那么快乐地迎接我，伊萝娜温柔多情地握着我的手，柯克斯夫又高兴得流泪了，我突然想到，一个人能使别人快乐，牺牲一点儿自己有什么不值得呢？我知道自己给别人带来了快乐，自己不由得也周身轻快起来，他们狂热的感谢使我发出一股自信的洪流，不由自主地在心里面漂浮起来。

至于薏迪，我简直认不出她来了，她是那样容光焕发，动作优雅，她接下来的话也让我感动，她说她以后的一切都是为了我，她要不顾一切地去努力使自己康复。如果失败了，她会独自承当一切，绝不会使自己心爱的人接受牺牲，成为他的负担。她的眼神是冷静的，口吻也完全是大人的。

我第一次有了柔情，我轻轻地握着她的手，与她谈论旅行的准备，在晚餐时，我甚至吻了她的嘴唇，这就是我的订婚之吻，薏迪给我戴上了一只戒指。这情景让约瑟夫都躲在角落里哭了。

这天晚上，我感到自己成了上帝，创造了一个新世界，一个充满了善良与正直的世界。

当很晚了我不得不离开时，我还感到一阵惆怅。

然而接下来发生的事永远地改变了一切。当我走到前厅，拿了军帽，准备离开时，薏迪竟然不顾阻拦，跟了出来，她扶着门框，丢下拐杖，拼命舞动着双手，移了左脚，又移右脚，咬着牙，目光如炬地望着我，向我走来。在这突然而现的奇迹面前，我们都惊讶得目瞪口呆。薏迪一步一步挪动着，快到我的身边了，我也伸出双手，准备迎上去把她抱住时，她由于过于激动，忽然一下子失去平衡，膝盖像被什么切断似的整个人跌倒在我的脚前。在这可怕的一刻，我吓得没有向前扶她，竟然本能地倒退了一步。

在这顷刻之间，那整晚像纱幕似的笼罩在眼前的欢乐之雾，忽然被撕开，我又看到了可怕的现实：她的瘫痪是不会痊愈的，他们全体期待着我创造的奇迹并没有出现。我不是上帝，只是一个渺小可怜的人。我的怜悯什么效果也没产生，只有灾害和不幸。我知道此刻正是向她表达忠诚的时机，现在不做就永远不会做了。此刻也正是需要安慰她的时机，我应该追随他们，到她床前坐下来，骗她说刚才走得好极了，一定很快就会复原，现在不做，将永远不会做的。但是我完全惊慌失措了，我怕面对那充满渴望的眼光；我怕掩饰不了自己内心的冰冷；我怕应付不了悲惨的结局。于是对自己的举动毫不反省地便拿起军帽和佩剑，第三次也是最后一次，像个罪犯似的逃走了。

薏迪之死

我要去城里喝点什么，我到了常去的咖啡馆，看到了几个同伴，他们竟然已经听药剂师说了我与薏迪订婚的事。我知道如果我承认了，马上会引来哄堂大笑的讥讽似的恭喜。我断然否认了这事。他们高兴极了，说我不会为钱出卖自己，还说要去教训那药剂师一通，因为他造出这谣言来。

和他们分手之后，这时我才完全清醒地想起了刚才发生的一切：我刚订了婚，立刻又毁约，并且是在军中同僚面前公然否认的。我让一个爱我的女孩任人奚落，一个可怜的老人顶上坏蛋的恶名，一个说实话的好人成为造谣者。我这些可耻的行为明天早晨将传遍全营，什么都完了。今晚亲热地拍我肩胳的人，明早就要恨不得把我扼死，军官的肩章将从我的身上取下，我将再不能回到我背弃的人们中间。那几分钟的懦弱已毁了我的一生，唯一留给我的只能是一枪了。

我为自己死后的事做出了种种安排，此后，我只要穿过院子，爬上楼梯，就可以了结一切了。这时，我在月色中遇到了司令官，我突然鼓起勇气，向他坦白了一切。他对我订婚的事一点也不介意，说这只是个人的私事。但当听到我在同僚前公开撒谎的事，并要以死来挽救部队的荣誉时，他阻止了我，他要我把那几个人的名字告诉他，由他来告诉他们，说我那时候是因为喝多了酒说了胡话，然后要我以名誉担保明天早晨五点半一定要来他这里报到拿调令，从此我将永远离开这里，到另一支部队去。

司令官的调令使我没有能够自杀，我以军人的机械执行着司令官的命令，第二天一早就坐上火车走了。直到坐在火车上，我才醒来，我突然想到薏迪，她不久就会知道我被调走的事，那时她会怎么办？我想起了康特医生的话："这是一桩谋杀！"我得赶紧去找她。我在维也纳下了车，去康特医生家里找他，他不在，只有他的太太，说要等到中午他才能回来。我在那里写了一封信，写下了发生的一切，包括我准备自杀的事。请他告诉薏迪，如果她能够原谅我的懦弱，我将把我们的婚约看得更加神圣，如果她允许的话，我可以脱离军队跟她到瑞士，不管她要医治多久，或是完全没有治好的希望，我都永远陪伴着她。我要康特医生赶快去找她，并且在"赶快"下面画了四条线。

我放下笔，觉得生平第一次做了个诚实的决定，知道从今以后，我知道为什么而活，为谁而活了。我获得了新生。

因为担心康特医生中午没回来，我又去拍一封电报："薏迪小姐安好，因公外出，即回。详由康特医生面告。到后信谈。"我奇怪的是，今天怎么有这么多人挤在电报室门口。

到达新驻地后，我找到一家旅馆睡了一觉，中途旅馆茶房敲门说我有电话，但当我去接时又挂了。此后我就在那里等着，等我的电话。但一直没有，电话线路这时候被军方紧急征用了。这一晚怎么过的，我无法形容，直到天亮时我才又睡着，醒来时已经十点。我立刻跑到军营报到。在那里得知一个消息：皇储被杀了！

回到旅馆时，我接到了一个通知，说我昨天的电报无法投递。我立刻给康特医生打了电话，他竟然在，在他的电话中，我听到了那个我最害怕的消息：薏迪自杀了。

原来，前天晚上，我那几个同僚乘着酒意直接去找药剂师，在他那里，大闹了一场，说他撒谎，药剂师受辱之后心有不甘，第二天便跑去找柯克斯夫质问，大吵大闹，他的话被在隔壁的薏迪听得一清二楚。但她不露一点儿声色，一如往常，与伊萝娜有说有笑，对父亲也温柔体贴。她还叫约瑟夫打电话到营里，证明我已经永久调离，没有留下一个字，一走了之。午饭之后，她叫人把她送到平台上，伊萝娜对她的反常欢畅觉得奇怪，寸步不离地跟着她。到了下午四点半，也就是我常来看她的时刻，她叫伊萝娜去给她拿一本书，伊萝娜一走，她便像告诉过我的一样，双手撑住栏杆，纵身跳下了高台。

在此后的战斗里，没有谁比我更不怕死了，我经常像是故意在找死般地战斗，抢着去执行最危险的任务。我的勇敢在军中盛传，使我挂满了勋章，然而我竟一直安然无恙。战争结束后，我看到了太多的死亡，经历了史无前例的血海的洗礼，我的心也归于平静了，安心地回到了这个世界。有一天，我去维也纳歌剧院听演唱，突然又看到了康特医生带着他的妻子，这位唯一知道我罪行的人令我不能不羞愧，我用发抖的手遮住自己的脸，迅速地逃离了。

评论　很少人会将茨威格看作是能够同卡夫卡、普鲁斯特或者纪德媲美的作家，主要原因是茨威格的作品无论从形式还是内容上都缺乏真正的创造性。与传统作家相较，他不如莫泊桑，更不如托尔斯泰；与现代作家相较他又不如卡夫卡与普鲁斯特；他的作品有大量心理描写，但他又明显不是意识流作家。总之，茨威格在现代名作家里似乎是一个异类。他作品最大的特点是可读性极强，在这一点上恐怕整个西方文学史上也少有作家能超过他。其可读性可以从三个方面来分析：

一是情节十分紧张曲折，使人读时有一种喘不过气来的感觉；二是绝不拖泥带水，使读者不知不觉之间一口气从头读到尾；三是语言生动有力，富于美感，使人读完之后仍感到余香满口，不忍释卷。

也因此，茨威格虽不如其他作家之伟大，但其读者之数量殊不亚于古今任何西方作家。

第十六章　加缪与《局外人》

加缪，法国作家、哲学家，存在主义文学、“荒诞哲学”的代表人物，代表作品《局外人》。

加缪小传

阿尔贝·加缪是法国作家，1913年11月7日生于当时是法国殖民地的阿尔及利亚东部一个叫蒙多维的小镇。

加缪的父亲名吕西安·加缪，是个酒窖工，第一次世界大战爆发后，他立即应征入伍，不久就在马恩河战役中阵亡，这时候加缪还不到一岁。

五岁时加缪上了小学，他读书的条件十分艰苦，连书桌都没有，但他勤奋学习，成绩优异，更重要的是显示了出众的天赋。这一切看在他的一位老师路易·热尔曼眼里。

1923年加缪小学毕业了，依他的家庭条件根本不可能上中学，热尔曼先生不忍心一个才智出众的孩子就此被埋没，他找到加缪家，请求他母亲同意加缪继续上学，并保证替他弄到一份供贫困孩子求学的奖学金，母亲同意了，前提是弄到奖学金。结果加缪不负所望，以优异成绩考取了中学并获得了奖学金。

1930年，加缪升入哲学班。这年年底的一天，他冒雨打比赛，回家后就感冒了，由于一直营养不良，抵抗力差，加之没钱治病，不久病毒就一直侵袭到了他的肺部，等到有一天他因为咯血被送到医院时，诊断的结果是他得了可怕的肺结核。肺结核在那时候还是可怕的不治之症。

这个病彻底改变了他的生活，当时肺结核没什么特效药治疗，主要是保养，多吃有营养的食物，他便被送到了开肉铺的叔叔家。这可称得上加缪时来运转，他的叔叔家境殷实，没有孩子，因此待加缪如子，天天给他吃牛排之类的好东西。更重要的是，叔叔是有知识的人，很爱读书，藏书不少，使加缪在这里既有物资食粮又有精神食粮，真是快哉快哉。不久他的病情就大为好转，又可以上学了。

1932年，加缪进入了阿尔及尔大学哲学系。在大学里，加缪最幸运的是遇到了阿尔及尔大学哲学系教授格勒尼埃，他看出来加缪天赋过人，对他关爱有加，并且引导加缪走上了文学之路。加缪以前喜欢读纪德主持的《新法兰西杂志》，这时候在阿尔及尔有一份叫《南方》的小文艺杂志，在格勒尼埃的帮助下，加缪最早的文章就发表在这里。

1933年，加缪与西蒙娜订婚了，她既富有又漂亮，但是个吸毒者，1934年6月他们结婚了，这段婚姻只维持了一年多。

这时的欧洲已经是山雨欲来风满楼了，希特勒已经上台。1934年初，法国的左翼政党组成了强大的人民阵线，与右翼的法西斯对抗，在这样的政治背景下，出身贫困家庭的加缪自然转向了左翼。不久他加入了法国共产党，但到1935年就离开了。

这时候加缪开始热衷于戏剧。他与一些朋友成立了“劳动剧团”，第一场演出在1936年1月举行，有超过一千人观看，产生了相当大的反响。不久加缪又与几位朋友一起创作了《阿斯图里暴动》，加缪是导演兼男主角，由于这个剧宣传了暴力，被市政当局禁演，为了表示反抗，加缪秘密出版了剧本，结果颇受欢迎，第一版五百册在两个星期内就卖完了。

就在这年，加缪大学毕业了，毕业论文题目是《基督教玄学与新柏拉图主义》，分析了柏罗丁和圣奥古斯丁哲学中希腊和基督教思想之间的关系。

此后加缪进《阿尔及尔共和报》当上了记者，开始了他的新闻生涯。同时他还在积极组织“文化之家”的活动，这个文化组织将不只是阿尔及利亚的、更不是法国的，而是整个环地中海国家的。这时候，使整个地中海地区形成统一的文化的理想已经出现在了加缪的脑海里，他在此后的人生中将一直坚持这个堂·吉诃德式的理想。

1937年5月，加缪公开出版了第一部文学作品，即散文集《反与正》，它包括了五篇散文，都有一个好听的名字，分别是《在是与不是之间》《心灵之死》《对生活的爱》《嘲弄》《反与正》。

这时加缪的主要工作仍是《阿尔及尔共和报》的记者，他十分同情在欧洲人歧视与迫害之下的当地土著，曾替一个被冤枉犯了谋杀罪的穆斯林伸张正义，还深入阿尔及利亚北部山区写下了调查报告《卡比里调查》，揭露了那些地区人民的悲惨生活。这些行动触怒了只想粉饰太平的当局，他们对《阿尔及尔共和报》施加种种压力，但加缪仍然坚持自己的主张，到1940年初，失去了耐性的当局干脆将《阿尔及尔共和报》封闭了。

怎么办呢？《阿尔及尔共和报》的老板便给他推荐了一份新工作，去《巴黎晚报》当编辑部秘书。

加缪到巴黎不久，德军就向法国发动了进攻，结果我们知道，当时号称欧洲第一陆军强国的法国在六个星期内就灭亡了。加缪到了里昂，在那里与早已订婚的弗朗西娜·福尔结婚了。并在这年底脱离晚报，来到了福尔的故乡、阿尔及利亚的奥兰，这时候已经是1941年1月。不久他就在这里找到了工作，在一家私立学校当老师。

从巴黎那样的大城市到了奥兰这样没有战争喧嚣的小地方，对加缪的创作大有好处，此时他已完成了代表作之一《局外人》，不久又完成了另一部重要作品《西绪福斯神话》，《鼠疫》也登上了写作日程，它将以奥兰作为小说情节发生的地点。他将《局外人》的稿件寄到了法国，几经辗转，这年12月到了著名的伽利马出版社，得到赞赏。

1942年初，加缪的肺结核加重了，还吐了血，他只得离开奥兰，他渡过大西洋，到了法国南部山区的尚蓬静养。

这年7月，《局外人》出版了，虽然处在战乱之中，仍在巴黎文坛引起震动，萨特撰文说："加缪先生的《局外人》一出版就受到了最热烈的欢迎，人们反复地说：‘这是停战以来最好的书。’”年仅二十九岁的加缪一举成为文坛新星。

1943年初，加缪回到了巴黎，在伽利马出版社工作。这年6月，他认识了当时法国文坛另一员大将萨特，我们知道，萨特与加缪被并称为法国存在主义的两大代表，不过萨特偏重于哲学，加缪则偏重于文学。初见之时，两人相谈甚欢，但不久两人的思想分歧就显露出来了，这并没有妨碍他们彼此合作，他们都是法国地下抵抗运动的一员，都在用笔杆子为法国的解放而战斗。

1944年时，在朋友介绍下，加缪进入了当时巴黎抵抗运动的重要喉舌之一《战斗报》并成为其重要一员。

巴黎解放后，不久加缪就在《战斗报》上与人发生了论战。原来，加缪及其《战斗报》主张对在德国占领期间与纳粹合作的法奸严惩不贷，另一位著名作家莫里亚克则以《费加罗报》为阵地，主张从基督教的宽容精神出发，要以宽恕为主，两人为此展开了激烈的论战。

1945年，加缪被法国政府授予抵抗运动勋章，这是对抵抗战士的最高奖赏，是一项巨大的荣誉，就是萨特也没有得到过。因为加缪是法国抵抗运动的主要代表人物之一了，其影响之大甚至要超过萨特。

第二年3月，已经功成名就的加缪作为政府的文化代表出访美国，举行了一系列巡回讲演，讲演地包括哈佛、哥伦比亚等著名高等学府，获得了很大成功，因为加缪乃是一个出色的雄辩家，思想敏锐、才智超群。不过当记者们问他关于存在主义的问题时，他坚决否认自己是存在主义者，也坚决否认通过什么主义来戴意识形态的帽子。

从美国回来后，他躲到了乡下，埋首创作第一部长篇小说《鼠疫》。1947年6月，《鼠疫》出版了，这是加缪最重要的作品之一，刚一出版就大获成功，不久被授予批评家大奖，后来它被翻译成20余种外文出版。《鼠疫》描述的是一场假想的鼠疫。在阿尔及利亚第二城市奥兰突然爆发了鼠疫，整个城市被封锁，小说描写了面对这场可怕的灾难时人们的各种反应与态度，全书读起来有些阴暗压抑，但却不难从中看到希望之星光。

1949年加缪最重大的活动是6月到8月的南美之行。他到了南美各国，包括巴西、智利、阿根廷等国，到处发表讲演。这时候的加缪虽然仅仅30余岁，但已经是举世闻名的大作家了，所到之处都受到热烈欢迎。

1951年初，由于肺病加重，加缪离开巴黎，到了卡布里，一边疗养一边写作，不久完成了五年以前就已经开始动笔的《反抗者》，但这时候一场暴风雨般的争论已经在等着他了。

《反抗者》堪称集加缪思想之大成的作品，在这里，加缪认为历史是无所谓方向与意义的，马克思主义关于人类未来社会的理论，即共产主义，不过是某种神秘主义或乌托邦主义之类的东西。事实上，人不可能创造一个绝对完美的社会，就是那些正在作此宣传的苏联人也是如此。同时，加缪还认为世界上根本不存在所谓“善的”暴力。他因此激烈地谴责在西伯利亚设立了残酷的劳改集中营的苏联。而且，在他看来，与革命伴随的往往是法西斯主义与独裁，法国大革命和俄国十月革命就是例证。因此他反对进行类似的革命。后来他还将矛头直接指向了萨特，认为他不谴责苏联的集中营是错误的。

为此，萨特发表了《致加缪书》，回击加缪的批评，甚至替苏联的集中营辩解，认为是资产阶级分子在小题大做、幸灾乐祸。这样的争论之后，他们的友谊中断了。

1954年春，他出版了抒情散文集《夏》，加缪称它是“以太阳为中心主题”，包括《巴旦杏树》《没有过去的城市的指南》《重返蒂巴萨》《靠近大海》，等等。

1955年加缪完成了一个长久以来的心愿：到希腊去。我们知道，希腊是西方文明的摇篮，几乎没有哪个文人甚至没有几个有文化的人一辈子没去过希腊的，然而直到现在，已经四十二岁且成就卓著的加缪却从来没有去过希腊，这不能不说是个遗憾，现在这个遗憾被弥补了。

他去了雅典，在雅典的法语学院发表了讲演，题目是《悲剧之未来》，在演讲中回顾了当代法国戏剧的历史，认为法国戏剧正在向真正的悲剧回归，此后他又去了迈锡尼、奥林匹亚等早已久仰大名之地，直到5月才回巴黎。

回国不久加缪在《快报》当上了记者，他之所以加入《快报》，主要是因为他赞成老板的政治主张，反对当时法国在印度支那的殖民政策。反对殖民是加缪一贯的政治立场，在阿尔及利亚问题上如此，在印度支那问题上同样如此。

1956年9月，加缪改编自福克纳小说《为一个修女的安魂曲》的剧本在巴黎上演，获得巨大成功，连续演了两个季度，福克纳亲自致电加缪表示祝贺与感谢。这年他还出版了短篇小说集《流放与王国》，其中最好的是《沉默的人们》。

1956年最重要的大事是诺贝尔文学奖。

1957年10月17日，瑞典皇家文学院宣布将当年的诺贝尔文学奖授予44岁的加缪，授奖原因是他的作品“照亮了我们这个时代人类良心的种种问题。”

12月10日在瑞典首都斯德哥尔摩举行的颁奖典礼上，加缪发表的受奖词中，一开头就说：

> 在接受你们自由的科学院授予我的这项荣誉时，我的感激之情是难以言表的，而且我自知这一奖赏远远超出了我个人的成绩。所有的人，尤其是艺术家都希望自己的价值得到认可，我也渴望如此。但是，在获悉你们决定的同时，我不得不将这一决定的影响与真实的我做一比较。一个差不多还算得年轻的人，拥有的只是怀疑和尚待完成的作品，习惯于生活在孤独的工作和友谊的庇护之中，在得知这样一个突然把他置于一片耀眼光明的中心的决定之时，怎么能不感到惶恐呢？

从这些话中可以看出来加缪是个很谦逊的人。在谈到他的艺术时，他说：

> 从个人角度来说，没有我的艺术我就无法生存。但是我从未把艺术置于一切之上。如果说艺术对我是不可少的，那是因

为它不脱离任何人，它使我能够以本来面目和大家过着同样的生活。我认为艺术并不是一种孤独的享受，它是通过给予最大多数人一个同甘苦的特殊形象来感动他们的一种方式。艺术迫使艺术家不离群索居，要求他服从于最谦卑、最普遍的真理。

它被看作是诺贝尔奖历史上最出色的一篇受奖词。

1958年是法国现代史上的重要一年，这年阿尔及利亚问题走向高潮。在这个问题上，加缪的基本立场是和平解决，绝不要战争。这年3月，他到了阿尔及利亚，受到了热烈欢迎，在母校阿尔及利亚大学发表了演讲，作为诺贝尔文学奖获得者，他也是阿尔及利亚人的骄傲。

1958年10月，他在法国南部普罗旺斯一个叫卢马兰的小村子里买下了一幢房子，准备在这个远离都市的地方安顿下来静心写作。

1959年初，加缪由陀思妥耶夫的小说《群魔》改编成的剧本在巴黎上演，现在加缪最想从事的是戏剧，他甚至想过领导一座剧院。

5月他回到了卢马兰村，过起了他渴望已久的田园生活：早晨起来，修整修整房子，栽花种草，下午写作，晚上读书，过着有规律而充实的生活。

这时他正在写作自己的第二部长篇小说《第一人》，到1960年1月2日已经写了145页草稿。

1月3日，加缪乘汽车从家出发去巴黎，第二天，由于冬天天冷路滑，汽车突然失控，撞上了路边的树，加缪当场死亡，时年仅47岁。

《局外人》

今天，妈妈死了，也许是昨天，我不知道。我收到养老院的一封电报，说：“母死，明日葬，专此通知。”这说明不了什么，也可能是昨天死的。

母亲的葬礼

养老院在马朗戈，离阿尔及尔还有80公里，我明天晚上就能赶回来。我向老板请两天假，我说，这可不是我的错。汽车的颠簸、汽油味儿，还有道路和天空亮得晃眼，使得我几乎睡了一路。

到了养老院，院长是个小老头，说母亲是三年前来的，我赶紧向他解释，他说我无须解释，我无力负担她，她需要有人照料，在这里更快活些。还说我年轻，她跟我在一起会闷得慌。这是真的，妈妈跟我在一起时，一天到晚总看着我，不说话。她刚进养老院时常常哭，这是因为不习惯。几个月后，如果再让她出来，她还会哭的，也是因为不习惯。近一年我几乎没来看过她，当然也是因为来看她就得占用星期天，还不算赶汽车、买车票、坐两小时车所费的力气。

母亲在小停尸间，屋子里很亮，中间停着一口棺材，门房建议打开让我看看，我说我不想。

这时天已经黑了，门房开了灯，我们又抽起烟来，我还打了个盹儿。

当天晚上我边打盹边守灵，第二天走出门时，看到乡下大好的景色，要不是因为妈妈，这会儿出去散步该多好啊。

我们跟在抬棺材的人后面，送葬车停在大门口，长方形，漆得发亮，像个铅笔盒。天空阳光灿烂，我穿着深色衣服，觉得很热，很烦躁火辣辣的太阳炙烤着这片土地，显得既冷酷无情，又令人疲惫不堪。

我脸上流下汗来，我没戴帽子，只好拿手帕扇风，殡仪馆那伙计用手帕擦着额头。我问他："怎么样?"他指了指天，连声说："晒得够呛。"我说："对。"过了一会，他问我里边是我的母亲吗，我回了个"对"。他又问她的年纪，我答道："还好。"因为我也不知道她究竟多少岁。

以后的一切都进行得迅速、准确、自然，我什么也记不得了。除了一件事，那就是在村口，有人对我说："走得慢，会中暑；走得太快，又要出汗，到了教堂就会着凉。"她说得对。进退两难，出路是没有的。

第二天是星期六，昨天太累了，今天我要去放松一下。我坐电车去了海滨浴场，在那里我看见了玛丽·卡多娜，我们以前在同一间办公室工作过，我曾想把她弄到手，现在我认为她那时也是这么想的，只是她很快就走了，我们没来得及。她看见我戴着一条黑领带，问为什么，我说妈妈死了，昨天死的，她吓得倒退一步，但没说什么。晚上我们一起看电影，我抚摸她的乳房，电影结束后她跟我回到了我的住处。

第二天我醒来时玛丽已经走了，卧室外面就是通往郊区的大街，肮脏而人烟稀少。我学着对面卖香烟的人，将一把椅子倒放过来，叉开腿骑坐在上面。五点钟时电车驶过来了，车上满是从郊外看体育比赛归来的人，有一个对我喊："我们赢了他们。"我大声说"对"。一到黄昏，电影院又把大批人抛向街头，附近的姑娘们也挽着胳膊在大街上走，我认识好几个，她们向我打招呼。我在椅背上趴得脖子发酸时，下楼买了面包和面包片。现在妈妈已经安葬了，我又该上班了，总之，没有任何变化。

莱蒙

今天晚上下班后，我径直回了家。我遇到了邻居莱蒙，人们都说他靠女人生活，一般人都不理他，他经常跟我说话，我没有任何理由不理。他对我说他那里有猪血香肠和葡萄酒，请我一起吃点。我想到这样就不用做饭了，就去了。他只有一间小房子，里面有几张裸体女人画片。我看见他的手用肮脏的纱布缠了起来，他解释说一个家伙向他挑衅，他揍了他一顿。他又说他正要就这事向我讨个主意，因为我是男子汉，又有生活经验，他还问我愿不愿意做他的朋友。我说怎么都行，他好像很满意。他拿出了香肠和葡萄酒，一边吃一边讲了他的故事。他说他有一个情妇，他供养着她，每个月总共要给她一千法郎，可她总说钱不够花，还欺骗他，他打了她一顿，打得她出了血。为这事他要听听我的主意。他还想惩罚那个女人，然而他对她还有感情，不想按他参加的流氓团伙的主意破了她的相。后来他说出了他的主意，他要给她写封信，信里狠狠羞辱她一顿，再给她点甜头让她后悔。然后，等她再来时，先跟她睡觉，正要完事的时候，吐她一脸唾沫把她赶出去。我觉得这样她就的确受到了惩罚。

莱蒙说他写不好信，要我写，并问是不是马上写不方便，我说不。于是我按他的要求写完了信，根据名字看，那个女人是摩尔人。信写完后，莱蒙就用“你”来称呼我了，问我做不做他的朋友，我说怎么都行。

又到了星期六，玛丽来了，穿着漂亮的连衣裙，我们坐公共汽车到了一处海滩，在水里接吻，然后急急忙忙回到我的住处，跳上了床。早晨玛丽没走，我们准备一道吃午饭，我下楼去买肉时，听到莱蒙屋子里传来女人的声音。玛丽问我爱不爱她，我回答说这种话毫无意义，我好像不爱她。她好像很难过，但做饭时又无缘无故地大笑起来。就在这时，莱蒙屋子里打起来了。

我听见莱蒙骂道“你不尊重我”，接着扑通几声，女人大叫起来，楼梯口立即站满了人，莱蒙一直在打，女人一直在叫。直到有人叫来了警察。那女人一直在哭，不住地说莱蒙打了她，他是个乌龟，警察叫莱蒙在屋子里等着警局的传讯。

下午三点钟时，莱蒙来敲我的门，说他已经惩罚了她，他问我愿不愿意跟他一块儿出去，还叫我当他的证人。我答应了。我们一起出去，喝了白兰地，打了弹子，他还要带我去妓院，我说不喜欢那玩意。但觉得他对我挺好。

莱蒙给我办公室打电话，说他一个朋友请我到他离阿尔及尔不远的海滨木屋过星期天。我说我很愿意，但已经答应与女友一起过了，他立刻说也请我的女友去。他还告诉我，一帮阿拉伯人已经盯了他整整一天，其中有他过去情妇的弟弟。这时候老板派人来找我，他说打算在巴黎开设一个办事处，问我愿不愿意去，那样的话我就能在巴黎生活了，一年中还可旅行旅行。我说怎么样都行。他又问我对改变生活是不是不感兴趣？我说生活是无法改变的，什么样的生活都一样。他说我没有雄心壮志。我上大学时也有过不少这类雄心壮志，但我不得不中途辍学，很快我就明白了这一切实际上并不重要。

晚上玛丽来看我，问我愿不愿意跟她结婚，我说怎么样都行，如果她愿意，我们可以结。她想知道我是不是爱她，我说这种话毫无意义。如果一定要说，我大概是不爱。她问那为什么我要娶她，我说这无关紧要，如果她想，我们可以结婚。再说是她要跟我结婚的，我只要说行就完了。她说结婚是件大事，我说不。她又想知道如果另外一个女人提出这个要求，我是不是会接受，我说当然。她心里想我是不是爱她，关于这我一无所知。后来她微笑着挽起我的胳膊，说她愿意跟我结婚。我说她什么时候愿意就什么时候结。

我在赛莱斯特的饭馆吃饭，一个怪女人坐到我旁边，她走时，我跟了她一阵子，直到看不见她了，但我很快忘了她。

今天是星期天，我和玛丽去叫莱蒙，我们出门时街上已经一片阳光，照在我脸上，好像打了我一记耳光。前一天我和莱蒙去了警察局，我证明那女人不尊重莱蒙，他只受到警告就没事了。我们乘公共汽车去海滩，莱蒙突然示意我看对面，原来一帮阿拉伯人正在那里盯着我们，莱蒙的对头，就是那情妇的弟弟，也在其中。海滩离公共汽车站不远，莱蒙的朋友就在海滩尽头的一座小木屋里。莱蒙的朋友叫马松，高大魁梧，肩膀很宽，他想去游泳，但他妻子和莱蒙不想去，我们三人就出了木屋，玛丽立刻跳进了水里，马松说她真不错。我也下去游了一会儿，累了后就趴在海滩上，太阳的热气烤得我迷迷糊糊地睡着了。

十一点半，我们已经吃完了午饭。两个女人留在屋子里刷盘子，我们三人出去散步。太阳直射在沙上，海面上闪着光，刺得人睁不开眼睛。海滩上一个人也没有。我没戴帽子，太阳晒得我昏昏欲睡。就在这时，我看见了海滩尽头一泓清泉旁有两个阿拉伯人，就是莱蒙的对头。我们越走越近，后来就打了起来，莱蒙打他对头，马松打另一个，打得他们满脸是血。莱蒙的对头抽出了刀，莱蒙嘴上和胳膊上各挨了一刀。他们拿着刀慢慢后退，后来飞快地跑了。

马松陪莱蒙找医生去了，我望着大海抽起烟来。后来莱蒙和马松回来了，莱蒙脸色阴沉，闷不发声。后来他说要去海滩走走，我们在海滩上走了很久，此时太阳酷热无比，晒在沙上和海上，散成金光点点。我们又走到了海滩尽头，在那里看见了那两个阿拉伯人，莱蒙的手朝装着手枪的口袋里摸去，一边问我是不是干掉他。我说先不，后来又要莱蒙把枪给我，要他单挑对头，说如果他们拿出刀子或者另一个也上，我就开枪干掉他。莱蒙把枪给了我，但那两个人突然跑了。我们也就往回走了。

我们又回到了木屋前，他进去了，我脑袋被太阳晒得嗡嗡直响，我想待在屋里，还是走开，都是一样的，过了一会儿，我就转过身去，往前走了。

到处依然是一片火爆的阳光，我慢慢地走着，觉得太阳晒得头都膨胀起来，我咬咬牙，决意战胜太阳。从沙砾上，雪白的贝壳或一片碎玻璃上反射出来的光亮，像一把利剑劈过来，剑光一闪，我的牙关就收紧一下。我走了很长时间，远远地，我又想到了那泓清泉，我想去休息一下。当我走近，我看见莱蒙的对头又回来了，只有他一个人，躺着。我吃了一惊，那件事我已经完全忘记了。他一看见我，就抬起了身子，把手插进了口袋里，我自然而然地握紧了口袋里的手枪。我盯着那个阿拉伯人，我只要一转身，事情就完了，可整个海滩在阳光中颤动，在我身后挤来挤去，太阳晒得我两颊发烫。我觉得汗珠聚在眉峰上。那太阳和我安葬我母亲那天的一样，头也像那天一样难受，皮肤下面所有的血管都一齐跳动。我热得受不了，又往前走了一步。我知道这是愚蠢的，我走一步也逃不过太阳。但我往前走了一步，仅仅一步。这一次，阿拉伯人没有起来，却抽出了刀，迎着阳光对准了我。刀锋闪闪发光，仿佛一把寒光四射的长剑刺中了我的头。就在这时，聚在眉峰的汗珠一下子流到了眼皮上，给我蒙上了一幅模模糊糊的水幕。这泪水和盐水掺和在一起的水幕使我的眼睛什么也看不见。我只觉得铙钹似的太阳扣在头上，那把刀刺眼的刀锋总是隐隐约约地对着我。滚烫的刀尖穿过我的睫毛，挖着我痛苦的眼睛。这时一切都摇晃了，大海呼出一口沉闷而炽热的气息，我觉得天门洞开，向下倾泻着大火。我全身都绷紧了，手紧紧握住枪。猛然一声震耳的巨响，我扣动了扳机，一切都开始了。我又对准那具尸体开了四枪，子弹打进去，也看不出什么来。然而，那好像是在我的苦难之门上短促地叩了四下。

在狱中

被捕之后，我很快被审问了好几次，不过每次都是问些身份之类，时间不长。八天之后，一个预审推事好奇地看了看我，问我是否找了律师，我说没有，又问是不是一定要有一个。他说如果我不找，他们将为我指定一个临时的。我觉得法律还管这种小事，真是方便得很。他表示赞同。他坐在暗影里，我则在光亮中，我觉得这景象是一场游戏，觉得他是个通情达理的人，甚至想跟他握握手。

第二天，一个又矮又胖的律师来监狱找我，他说研究了我的材料，胜诉毫无问题。他又问起我母亲的死，说法院已经调查了，我在那天表现得麻木不仁。还问我那天是否难过，对这问题我很为难，无言以对，后来我又说我很爱妈妈，但这不说明任何问题，所有健康人都或多或少盼望过他们所爱的人死去。我的话让他恐惧甚至厌恶，他说养老院的人那天会出庭作证，将会令我大吃其亏。后来他很生气地走了。

不久我又被带到了预审推事跟前，还有一个年轻的书记，律师没来。他首先说人家把我描绘成一个生性缄默孤僻的人，我说因为我没什么可说的，因此我就不说话。他让我把那天的情形再说一遍，我又说了一遍：莱蒙、海滩、游泳、打架、海滩、小水泉、太阳和开了五枪。这些话我翻来覆去已经说了多遍，感到厌烦，觉得我从来没有说过这么多话。他又问我是不是爱妈妈，我说爱，就像大家一样。推事又问我是不是连续开了五枪。我想了想，说是先开了一枪，几秒钟之后又开了四枪。于是他问为什么我在第一枪和第二枪之间停了停？我什么也没说。推事的神情这时候很不安，他说，为什么我还往一个死人身上开枪呢？为什么？声音都有点变了。我一直不说话。他觉得我的供词中就这一点他不懂，我觉得固执这个是没有道理的。他冲动地拿出了一个十字架，问我是否信仰上帝？我说不。这回答让他疯狂，后来他说，从来没有见过我这样顽固的灵魂。他还问了我是不是感到悔恨，我感到的更是厌烦。

后来这样的预审又进行过了多次，每次都有律师，现在他们不对我追根究底地问这问那了，我觉得他们对我不坏，甚至有了一种大家都是一家人的感觉。推事有时叫我“反基督先生”。

进监狱的头几天，我并没有感觉是在坐牢，直到玛丽来看我之后，一切才开始。我被捕的那天，先被关在一间已经有好几个囚犯的牢房里，臭虫在我脸上爬，几天后我进了一个单间。有一天玛丽来了，在监狱的会见大厅里，我见到了她，她穿着连衣裙，站在一排人中间，由于我们中间隔着铁栅，要大声喊才听得见。她勉强地朝我微笑，很美。不久我收到了她的信，说她不再被允许来探视我了，因为她不是我妻子。在我被监禁的开始，我有些难受，因为我还有些自由人的念头，例如想去海滩走走。从我囚室的小窗子里就看得见大海。但几个月后我就只有囚徒的想法了。我等待着每天在院子里的放风或者律师的来访，其余时间我也安排得很好。我甚至想，即使我被关在一棵枯树干里，每天只能看天上的流云飞鸟，我也会习惯的。妈妈常常说人什么都能习惯。还有一件事开头几个月也很苦，就是我老想女人，我年轻嘛！我并不特别想玛丽，只想女人，结果牢房里充满了一张张女人的面孔，到处都只见我性欲的冲动，这使我精神失常，但老想这个也使我消磨了时间。我终于赢得了看守长的好感，他跟我谈女人，说这也是其他囚犯抱怨的头等大事。我认为这不公正，他说正是为了这个才让我坐牢的，还说自由就是这个，而我被剥夺了自由。还有我不能吸烟了，后来我也明白了，这也是惩罚的一部分，但不久我同样习惯了。

现在全部的问题就是如何消磨时间。这我也对付过来了，办法就是回忆。我从牢房的一个角落开始走，再回到原处，数着一路上看到的东西，每一件东西，包括每件家具上的裂缝、木头的纹理什么的，等等，把一切都数全。结果，几个星期之后，单单这样数就得花几个钟头了，而且这时候我已经能够睡觉了，白天黑夜都是，一天能够睡上十六到十八个钟头，剩下的六个来钟头还得吃饭大小便或者回忆，这样时间很快就过去了。不过这时候，我已经失去了时间概念。我还第一次清楚地听见了自己说话的声音，我这才明白，一段时间以来我一直在一个人说话，于是我想起了母亲下葬那天护士长说过的话，出路是没有的。

我的案子定于重罪法庭最后一次开庭时审理，听说在我之后立即有一件弑父案。早晨七点半，我被装在囚车里送进了法院，审判大厅里满是人，使我想起了节日里音乐会之后大家收拾场地准备跳舞的情形。我看到了陪审员、报馆记者还有许多其他人，他们彼此之间好像很熟悉，像老朋友一样打招呼打趣，场面热烈。我感到自己成了这里的局外人，一个陌生的闯入者。我看到红衣的庭长法官坐在中间椅子上，宣布审讯开始。

即便坐在被告席上，听大家谈论自己也总是很有意思的，大家谈我的人比谈论我的罪行还多。律师说我有罪但有可以宽恕的地方，检察官说我有罪并且没有可以宽恕的地方。我有一种插话的冲动，但律师不允许，说这样对我更好。于是我很快感到厌烦了。检察官把我的罪证一一列举，包括妈妈、玛丽还有替莱蒙写信把那女人叫来的事，加上我向莱蒙要来了手枪，又一个人回去，在光天化日之下杀了人，甚至为了保证事情干得彻底，还沉着地、在某种程度上经过深思熟虑地开了四枪。总之，我是预谋杀人。他又说，自始至终我都没有表现出丝毫悔恨，这我也不能不承认，因为我对我的行为确实不怎么悔恨。他还探究起我的灵魂来，说我实际上根本没有灵魂，对于人性和人们心中的道德原则一窍不通，他还谈起了明天要审的弑父案，说我是一个在精神上杀死母亲的人，和一个在肉体上杀死父亲的人都是以同样的罪名自绝于人类社会，并且前者只是为后者所做的准备而已。他说我与一个我连它最基本的法则都不承认的社会毫无干系。

这时候我已经因为炎热感到昏头昏脑了，庭长问我还有什么要说时，我想说话，但语无伦次，我听到有人发笑。很快我的律师就发言了，他为我进行了辩护，他很激动，但我看得出他的才智远不及检察官。辩护结束后，他的同事都过来与他握手，说很棒。我也表示同意，但我的赞扬并不真心实意，因为我太累了。

我们等了很久，约三刻钟，我听到了庭长用一种奇怪的方式宣判要以法兰西人民的名义在一个广场上将我斩首示众。庭长问我还有什么话要说，我说没有，就被带走了。

现在是我最后的日子了，我一次又一次地拒绝接待神父，我跟他没什么可说的，我不信也不要上帝，它跟我没关系。我也想过无数次判死刑的人因为一种什么偶然，例如绞索的滑轮停了或者逃跑了而躲过那不可逆转的过程，当然这一切只是想想而已。我还考虑了上诉与特赦，不过事实上我不知道三十岁或七十岁死有什么区别，反正总是要去死，现在也好，二十年后也好，假如一定要死，那么怎么死，什么时候死，都无关紧要，我放弃了上诉。

在神父最后一次来我这里，对我大讲上帝时，我终于忍不住了，我揪住他长袍的领子，把我内心深处的话劈头盖脸地发泄起来。

神父走后，我平静下来，扑到床上，睡着了。我醒来时，发现满天星斗。突然，我第一次向这个世界的动人的冷漠敞开了心扉。我体验到了这个世界如此像我，如此友爱，我觉得我过去曾经是幸福的，我现在仍然是幸福的。为了把一切都做得完善，为了使我感到不那么孤独，我还希望处决我的那一天有很多人来观看，希望他们对我报以仇恨的喊叫声。

评论 加缪的小说从形式到内容似乎都与传统的小说没有太大区别，然而它又是地道的现代派作品。它的现代派特色在哪里呢？在主人公对于世界的态度上。

读《局外人》时，一个鲜明的印象是，里头的“我”与“他人”——无论是母亲、朋友还是社会——之间，存在着一层巨厚的隔膜，这种隔膜将“我”与“他人”分隔成两个互不相关的世界，“我”对于这个世界不过是一个局外人而已。这令我们不由想起了另一个存在主义大师萨特的名言：“他人就是地狱。”

因此，存在主义作家加缪作品的现代性意义在于它用文学的语言深刻地反映了现代人的心态、现代人存在的状态，具有极其深刻的思想性，这种深刻的思想性通常只有哲学著作能够达到，加缪却通过文学达到了。也因此，读毕《局外人》之后，我们通常的做法是掩卷深思。

第十七章　加西亚·马尔克斯与《百年孤独》

马尔克斯，拉丁美洲魔幻现实主义文学的代表人物，二十世纪最有影响力的作家之一，1982年诺贝尔文学奖得主，被誉为“二十世纪文学标杆”。其代表作有《百年孤独》《霍乱时期的爱情》。

加西亚·马尔克斯小传

加西亚·马尔克斯的父亲出身贫寒之家，中学时成绩优异，上大学时成绩也很出色，但由于家贫付不起学费，被迫中途辍学，后来遇上了漂亮的伊瓜兰小姐，她重要的是哥伦比亚自由派将军马尔克斯上校的女儿。他们于1927年结婚，次年3月6日就生下了加西亚·马尔克斯，后来还生了十一个孩子。

加西亚从小在外祖父家长大，在这里，小马尔克斯最喜欢的事是听外祖母讲故事，对于她而言，现实世界就是一个梦幻世界，屋子里到处充满了鬼怪精灵和先人魂魄。在她那里，几乎什么事情里面都包含着一个故事，大部分故事都是关于鬼呀、怪呀、神呀或者亡灵什么的，听得他如醉如痴。

外祖母家里还有一些印第安女人帮佣，两个姨妈也住在这里，都是讲鬼的能手，有的据说还能预卜未来。一个姨妈，身体好好的，有一天忽然替自己缝起寿衣来，就在她缝好的那天真的就死了。

这一切都镌刻在小马尔克斯的脑海里，不但激发了他丰富的想象力，而且直接为以后的写作准备了丰富的素材。例如，这替自己缝寿衣的姨妈后来就成了《百年孤独》中的阿玛兰塔。

还有他的外祖父马尔克斯上校，他仪表堂堂，深受当地人尊敬，他曾参加过多次内战，听说年轻时还杀死过本村一个向他挑衅的人，为了避祸，他带领家人远走他乡，在一个偏远的地方建立了一个村庄。他的妻子乃是他的亲表妹，他还曾牵着小马尔克斯的手去香蕉公司冷库看冰，这些情节也都将出现在《百年孤独》里，而他的外祖父将成为《百年孤独》里身经百战的马尔克斯上校的原型。

8岁这年，马尔克斯离开了外祖父家，回到了位于哥伦比亚北部苏克雷省巴兰基亚市的家里，不久进了附近的圣何塞学校。

两年后，1938年，马尔克斯进了巴兰基亚的耶稣会中学，这时候他已经开始写诗。

在这里，也许因为整天想诗读文学的缘故，马尔克斯有些落落寡合，但成绩很好，两年后得了奖学金，能够免费去位于首都波哥大附近的希帕基拉国立学校学习。

马尔克斯在希帕基拉国立学校待了四年，即1940年至1944年。

希帕基拉国立学校有丰富的藏书，在这里，马尔克斯阅读了大量西方文学名著以及哥伦比亚本土的“石头与天空”诗派的作品。他还一直有意识地收集写作素材，到十六岁离开希帕基拉国立学校那年收集到的素材已经有一大包了。

1946年底，马尔克斯中学毕业了，第二年就进了位于首都波哥大的哥伦比亚大学法律系。但他对法律毫无兴趣，从来没有好好听过课，也根本没打算过拿到毕业文凭后当律师。

这时候马尔克斯爱的只是写作，就在进入大学的这年，他发表了第一篇小说《第三次无奈》，写一个死人的各种想法：他在18年前还只有7岁时就死了，但还能继续生长，也能思想，只是不能动弹，是一具“活尸”。

1948年，波哥大发生了一件大事：广受普通哥伦比亚人爱戴的在野党自由党领袖盖坦在光天化日之下被人杀害，他的被害激起了人们的强烈反抗，大规模的抗议活动持续多日，保守党当局残酷镇压，数千人被打死。后来抗议活动从首都发展到全国，终于将哥伦比亚引向残酷的内战，直到1966年才基本结束，期间有数十万哥伦比亚人死于非命。内战期间的基本态势是自由党在全国到处组织游击队反抗保守党，保守党政府则对游击队残酷镇压。马尔克斯的许多作品，包括《百年孤独》所反映的就是这段时期的哥伦比亚。

内战之初，马尔克斯也参加了抗议示威活动，后来学校被当局封闭，他只得离开波哥大，到了父母现在生活的卡塔赫纳市，不久进了《宇宙报》社。

他在《宇宙报》工作了一年多，写了近四十篇各类文章。1950年4月，马尔克斯离开《宇宙报》，进入《先驱报》，并在这里开辟了一个叫“长颈鹿”的文学专栏，写些短篇小说和杂感散文之类。这时候他开始写自己的第一部长篇小说《家》，不过他并不满意，也不打算出版。

1953年，马尔克斯又担任了《国民报》的编辑部主任，但第二年就离开巴兰基亚前往首都波哥大。到了波哥大后，他进了一直为其写短篇小说的《观察家报》当编辑，负责电影专栏，写了许多电影评论和新闻报道。经过几年磨砺，这时候马尔克斯写起新闻报道来已经是驾轻就熟，游刃有余了。他的新闻报道与一般人的不一样，读起来就像一个故事甚至一部短篇小说，引人入胜，为报纸吸引来了众多读者。

1955年，波哥大的作家也参加艺术协会举行文学竞赛，马尔克斯听说此事，便提交了一篇《周末后的一天》，结果顺利获奖。

这一年马尔克斯最重要的作品是《枯枝败叶》，他就是由原来的《家》修改而成的，也是马尔克斯第一部正式出版的长篇小说。由于没有出版社愿意接受，只得自费出版。然而出版之后立即引起了强烈反响，被认为是当年哥伦比亚的最佳小说之一。

这年7月，马尔克斯写了一个长篇的新闻报道《水兵贝拉斯科历险记》，记述一位名叫贝拉斯科的水兵在军舰遇险后被抛进大海，在海上漂流了十天，不吃不喝，竟然奇迹般生还的事。由马尔克斯采访贝拉斯科写成，情节紧张曲折，有如惊险小说，但又是千真万确的事实，轰动一时，使《观察家报》一时洛阳纸贵。这本来对当局没有什么危害，然而由于在里面揭露了政府的军舰竟然被用来运输走私物品，使当权的皮尼利亚将军大为光火，指使新闻检查部门宣称要查封《观察家报》，马尔克斯也面临被迫害的险境。在这种情况下，《观察家报》决定派他去欧洲采访，马尔克斯同意了。

他先到了罗马，1955年底来到了欧洲的文化中心——巴黎。到巴黎后不久，《观察家报》就被查封了。一直靠薪水勉强维生的马尔克斯顿时陷入了可怕的赤贫，他栖身在最破旧的出租屋里，身上的钱花光后，只能靠沿街捡破烂卖几个钱来填肚子，或者捡一些别人不要的没有肉的骨头熬点汤喝，由于营养不良而骨瘦如柴。有一次实在饿急了，只得向一个路人讨枚硬币好买点面包。

然而，即使贫困如此，他也没有放弃写作，仍然每天写他的小说，常常一写就到天亮。1957年初，他见到了心仪已久的著名作家海明威，后者给马尔克斯留下了难忘的印象。

这年6月，他在巴黎就遇上了由他的旧相识奥利维利亚率领的哥伦比亚民间艺术代表团，准备去苏联和东欧参加青年联欢节，马尔克斯乘机加入。从1957年6月一直玩到9月，逛遍了整个东欧和苏联。

这年底他接到了委内瑞拉《瞬间》杂志的主编邀请，并提供了回南美的路费，于是马尔克斯打起包就回去了。

1958年，马尔克斯结婚了，妻子是梅赛德斯·巴霞，他们十一年前相恋，十一年后才与一直在等他的未婚妻举行了婚礼。

马尔克斯此后之所以取得这么大的成就，与妻子的扶助是分不开的，她的细心照料、勤俭持家使马尔克斯能够全心全意地投身于创作之中。

婚后不久，他离开了《瞬间》，到了《委内瑞拉画报》工作，又为《精华》杂志写稿，同时还在别的杂志上发表作品，例如在波哥大的《神话》上发表了名作《没有人给他写信的上校》。

1958年拉丁美洲最重大的历史事件是爆发了古巴革命。不久古巴政府建立了自己的新闻机构拉丁美洲通讯社，他们请马尔克斯负责在波哥大建立分社，马尔克斯同意了，在1959年2月回到了波哥大。

1960年9月他到了哈瓦那，在拉丁社的总部工作了半年，但他自由的个性受不了革命政府的种种限制，他认为“如果我们留在那里，坚持我们的思想方式，最后我们一定会被那些教条主义者扣上反革命分子、帝国主义走狗之类的帽子揪出来的。”于是他携娇妻和前一年刚出生的儿子罗德里戈离开哈瓦那，移居美国纽约，同时担任拉丁社驻联合国记者。

但第二年他就辞职了，他又一次失业，便决定去看看福克纳笔下的美国南方，然后从那里一直走到墨西哥，去那儿谋生。由于没钱，一路历尽艰辛。

1961年7月2日，也就是海明威开枪自杀的那天，马尔克斯到达了墨西哥。

次年4月，他出版了《格莱德大妈的葬礼》，这是马尔克斯的重要作品之一，包括八个短篇，所写的同样是马贡多发生的事。不过这年最重要的作品还是《恶时辰》。这年哥伦比亚要举办一次文学评奖，马尔克斯随手寄了被他视为失败之作的《恶时辰》，当时连名字都没署，他信手写下了“无名”就把稿子寄出去了，想不到一下子得了大奖，奖金高达三千美元，这可是马尔克斯从来没有见过的巨款。

从1965年的某一天起，马尔克斯开始全心全意地创作他最伟大的作品——《百年孤独》。

那一天是这样来的：那天，他与妻子正开着车奔驰在马路上，准备去旅游，突然他脑海里灵光乍现，知道怎样写他长久以来一直在酝酿的那部小说了，他知道应该像外祖母讲故事那样，从父亲带儿子看冰的那天下午写起。他立即调转车头回家，开始创作了。他迅速写好了第一句、第一段，所谓万事开头难，一旦开好了头，以后的问题就迎刃而解了。

为了专心致志地写作，马尔克斯将刚买的新小汽车卖掉，把钱给妻子以维持接下来几个月的生活，因为这几个月里他只写这部小说，什么活也不干。

事实上，他这一写就是一年半，在这一年半里，他将自己关在写作间里写作，心无旁骛，可以说外面的世界对他而言不存在了。

他之所以能够做到这点，全靠了梅赛德斯，她将家庭生活的一切重担全部承担下来。卖小汽车的钱花光了，她就卖掉了家里的电视机、收音机等几乎所有值钱的东西，实在不行了就去向邻居借钱。由于马尔克斯写作时一页只要有一个字打错就会将整页纸扔掉重打，因此需要大量纸张，而这些都要用钱来买。所幸的是他的邻居是一对善良而小康的夫妻，他们对于梅赛德斯的求助总是来者不拒，才使得马尔克斯这么顺利地整整写了一年半。

一年半之后，书完成了，这就是《百年孤独》，它的稿纸厚1300页，这时他却已经欠下了约一万美元的债务。

1967年5月，《百年孤独》由阿根廷的南美出版社出版了，它立即激起了无比强烈的反响。整个文学史，尤其是现代文学史上很少有这样的盛况：从普通读者到批评家到著名作家，无数人立即对它着了迷，在讲西班牙语的世界，除了塞万提斯的《堂·吉诃德》，还从来没有这样的情形。确实也有许多人认为它是自《堂·吉诃德》以后最伟大的西班牙语文学作品，堪与《堂·吉诃德》媲美。它的影响迅速超越了西班牙语世界，其他文种的译本迅速出现，几个月内便有了近二十种语言的译本。

《百年孤独》的走红受惠的不仅仅是马尔克斯及其作品，而是整个拉丁美洲文学，它引起了世人不只对《百年孤独》而是对于整个拉丁美洲文学的高度关注。

《百年孤独》就像一盏明灯，给世人照出了一片文学的新大陆——拉丁美洲文学，它那独特无比、魅力无边的写作手法使整个人类文学的面貌为之一新。

《百年孤独》的出版使马尔克斯几乎在一夜之间成了当代最伟大的作家之一，成了无数人崇拜的对象，成为新闻记者争相报道的对象。无论他走到哪里，总有这些崇拜者和“狗仔队”紧追不舍，使得他无法正常工作。到1967年10月，马尔克斯再也忍不住了，毅然离开住了六年的墨西哥城，漂洋过海迁居到了遥远的西班牙大城巴塞罗那。

住到巴塞罗那后，开始一年多没人来打扰他，他可以安静地写作，他每天早晨开始在一种特别的稿纸上写作，写了一些后，就修改誊清，放到一边，继续写下去。对于那些不满意的初稿则毫不客气地扔进废纸篓。

这时候他开始着手写另一部长篇小说《家长的没落》。1968年时，他发表了《巨翅老人》和《世界上最漂亮的溺水者》，都是精品之作。第二年又发表了《纯真的埃伦蒂诺和残忍的外祖母——一个令人难以置信的悲惨故事》。这年《百年孤独》的意大利文译本获得了“齐安恰诺”奖，并被法兰西学院评为当年的最佳外国小说。

到1970年，他已经名满天下，成为全世界最知名的哥伦比亚人的马尔克斯接到了一个提议，当时的哥伦比亚外交部长请马尔克斯出任哥伦比亚驻巴塞罗那总领事。这个建议不久就被传开了，大家议论纷纷。于是，马尔克斯就在1971年2月发出了一封公开信，公开拒绝了政府的任命。但下一年他接受了另一个荣誉：美国哥伦比亚大学授予的荣誉文学博士学位。

马尔克斯虽然是个作家，但并不是眼睛里只有写作的人，他一向关心政治，1973年他公开表示愿意加入委内瑞拉社会主义运动党，对于社会主义他这样说：“是一个无用武之地的共产党人。不过，我仍然相信，社会主义是一种现实的可能，这对拉丁美洲来讲是个不错的途径，为此应该进行更积极的战斗。”

自从1967年的《百年孤独》后，马尔克斯一直没有出版过长篇小说，是不是他江郎才尽了呢？当然不是。事实上，从1968年起他就在创作另一部巨作了，这就是《家长的没落》。但直到1975年5月，《家长的没落》才终于在西班牙面世，迅速引起了巨大反响，被尊为又一部经典之作，美国《时代》周刊将其评为这年的世界十大优秀作品之一。

这一年，马尔克斯从墨西哥城搬到西班牙巴塞罗那并在那生活了八年之后，又搬回了墨西哥城。

1976年，马尔克斯突然做出了一个令世人惊讶不已的决定：只要智利的独裁者皮诺切特不倒台，他就不再发表小说。

此后，马尔克斯将主要精力用于写政治新闻，他去了许多新兴社会主义国家，例如非洲的安哥拉、莫桑比克，亚洲的越南等，写出了许多优秀的政治新闻作品，也成为国际知名的政治新闻记者之一。

1979年，马尔克斯关心政治达到了顶点，他建立了一个“哈伯亚斯基金会”，其宗旨是维护拉丁美洲国家的人权。基金会的资金主要靠马尔克斯的钱来维持，现在他已经很有钱了，每年收到的版税、卖出作品的电影版权所得的收入等都很高。

1980年，在外国生活多年之后，马尔克斯终于回到祖国生活，但由于他在政治评论中一再抨击当时的哥伦比亚政府当局，特别是当时的自由党总统图拜，终于激怒了他们，他们向马尔克斯发出了逮捕的威胁。

这样的结果是，1981年3月16日，马尔克斯向墨西哥驻哥伦比亚大使馆发出了政治避难的请求。第二天，他们夫妻便由墨西哥外交官陪同，驱车前往波哥大机场，飞往墨西哥避难去了。

到墨西哥后，他继续从事新闻写作。这年底，他获得了当时的法国总统密特朗授予的荣誉军团勋章，密特朗在授奖时赞美马尔克斯是一位“伟大的作家”。

到1981年，马尔克斯坚持他不再发表小说的诺言已有五年，在各方面的强大压力下，他终于坚持不下去了。他自己也认识到：“如果我能够写出好书，那将比我搁笔坐视更能打击皮诺切特。”这年4月，他出版了中篇小说《一件事先张扬的谋杀案》。一经出版就引起轰动，销量空前，第一版印了100万册，第二版150万册，还译成了几十种外文。各种评论也充斥报端，掀起了另一股“马尔克斯热”。

1982年5月，马尔克斯应邀担任了法国戛纳国际电影节评委，还应密特朗总统的邀请当了西班牙语国家与法国文化交流委员会的主席。这些足以显示马尔克斯在文学界那执牛耳的地位了。

于是，另一桩更大的荣誉的到来就成了水到渠成之事。

1982年10月21日，瑞典皇家学院宣布将这年的诺贝尔文学奖授予哥伦比亚作家加西亚·马尔克斯。

由于马尔克斯良好的人际关系、已有的崇高地位和他的身份——他是整个西班牙文学和拉丁美洲文学的代表，他的获奖引起的轰动远远超过我们此前看到过的那些诺贝尔文学奖的获得者们，例如纪德、海明威或者加缪。向他道贺的不但有许多著名作家和无数普通人，还有许多国家元首，例如法国总统密特朗、西班牙国王胡安·卡洛斯、古巴总统卡斯特罗、哥伦比亚当时的总统贝坦库尔，以及墨西哥、委内瑞拉、厄瓜多尔等国的总统总理，等等。最热闹的当然是哥伦比亚，举行了各种形式的庆祝活动，他的家乡阿拉卡塔卡更是举行了不亚于狂欢节的庆典，他的父母、十一个弟妹和数不清的侄儿侄女真是无比自豪。

当他抵达斯德哥尔摩领奖时，可不是一个人或一帮人，而是整整一飞机的人，这里有他的朋友、亲人，有政府官员，还有一个完整的哥伦比亚民间乐队。仿佛这次不是马尔克斯去领奖，而是哥伦比亚甚至整个拉丁美洲和西班牙文学界去领奖！

1982年12月10日，晚上，在斯德哥尔摩的诺贝尔奖颁奖大厅举行了隆重的颁奖仪式，马尔克斯从瑞典国王手中接过了十五万美元奖金和镌刻着诺贝尔肖像的金质奖章。

接着，瑞典皇家学院常任秘书宣读了授奖词，其中有这样的话：

> 加西亚·马尔克斯先生：
>
> 在这短短的时间里，我只能描绘出您的文学作品个别基本的、比较抽象的情况。当然，您的长篇和短篇小说是全面的，可以说它们具有全人类的意义和影响。但它们并不深奥难懂。
>
> 相反，您的作品具有生动的艺术真实性和对现实的高度凝聚力，这是任何抽象的概括所不能给予正确评价的。我所能做的就是劝那些没有读过这些作品的人去阅读它们。

确实，这话是对马尔克斯作品的抽象而简要的评价，如果我们想理解马尔克斯，就应该读他的作品，那的确是引人入胜的，与我们中国现在的这些小说味道迥然不同。

《百年孤独》

许多年之后，面对行刑队，奥雷良诺·布恩地亚上校将会回想起，他父亲带他去见识冰块的那个遥远的下午。

早年马贡多

这时的马贡多还是一片崭新的天地，这里的许多东西连名字都没有。每年3月，这里总会涌来一伙吉卜赛人，他们搭起帐篷，吵吵嚷嚷地向村民们介绍外面世界的新发明，这些人当中包括墨尔基阿德斯，他带来了一块磁铁，称是马其顿炼金术士们创造的世界第八大奇迹。他拽着磁铁挨家挨户走着，村民们惊异地发现，那些铁盆、铁钳等东西纷纷从原地落下，木板里的铁钉也因为拼命想挣脱出来而嘎嘎作响，他们成群结队地跟在墨尔基阿德斯后面乱滚。

霍塞·阿卡迪奥·布恩地亚认为可以用磁铁来从地底下吸出金子来，就像吸出铁来一样，于是不顾妻子的阻拦，用一群家畜换来了磁铁，开始了他毫无结果的“吸金”活动。

墨尔基阿德斯后来还送给了霍塞·阿卡迪奥·布恩地亚一间炼金试验室。霍塞·阿卡迪奥·布恩地亚花了大量时间，将铜屑、硫黄、雄黄、铅等还有他费尽心机从妻子乌苏拉那儿哄到的30枚金币放到一起熔炼，结果，这些珍贵的金币成了粘在锅底抠都抠不下来的锅巴。

这一切让他的妻子、沉默而坚强的乌苏拉难以容忍，当她正准备反击时，吉卜赛人又来了，这次他们带来的玩意更加可怕：本来早已经老态龙钟的墨尔基阿德斯，这次竟然变成了一个充满朝气的年轻人！原来没有一颗牙齿的口里也有了满口新牙。更令霍塞·阿卡迪奥·布恩地亚惊奇的是，当墨尔基阿德斯将口里的牙齿——那原来是假牙——取出时立即就变回了原来的糟老头子。

这时候的霍塞·阿卡迪奥·布恩地亚已经有两个儿子了，大儿子霍塞·阿卡迪奥14岁，小儿子奥雷良诺6岁，他是创立马贡多后出生的第一个孩子，也是本书开头那个面对行刑队的人，他好静而孤僻，却有某些奇能。

在所有吉卜赛人的新玩意中，霍塞·阿卡迪奥·布恩地亚最迷的是冰块，当他从来没有接触过冰块的手放到上面时，他大声宣布：“这是我们时代最伟大的发明。”

这时候村子里有一个轻佻、满嘴脏话、同无数个男人睡过觉的女人，名叫庇拉·特内拉，她用纸牌算命，看自己要和哪个男人睡觉，她发现了强壮如牛的霍塞·阿卡迪奥已经成熟后，不久就把他拉上了床。初尝性事的霍塞·阿卡迪奥立即被迷住了，还将与庇拉·特内拉之间的性事秘密全都告诉了弟弟奥雷良诺。

乌苏拉又怀孕了，在1月的某个星期四的凌晨两点，阿玛兰塔出生了，乌苏拉在别人能够看到之前小心地看了看，虽然瘦得像条小蜥蜴，但还是个正常孩子，没有猪尾巴。

这时候，另一条小生命也快要降生了，庇拉·特内拉告诉霍塞·阿卡迪奥："你就要有儿子了。"这使得他陷入烦恼之中，他开始躲开庇拉·特内拉。

就在乌苏拉生下孩子四十天左右，另一群吉卜赛人来了，他们带来了会在天上飞翔的毯子和将人变成蛇。霍塞·阿卡迪奥喜欢上了这里一个美丽而纤弱的吉卜赛姑娘，他在遇到她的第一天就同她上了床，然后跟着她走了。

霍塞·阿卡迪奥·布恩地亚对儿子的出走一点儿也不急，乌苏拉只好自己去找，结果也失踪了。

这时候霍塞·阿卡迪奥·布恩地亚的试验室里发生了怪事：一根试管突然重得无法搬动、工作台上的水自己就沸腾起来、阿玛兰塔的摇篮自己在屋子里兜起圈子来，等等。这让霍塞·阿卡迪奥·布恩地亚父子高兴万分，认为是新物质诞生的征兆。

乌苏拉一脸平静地回来了，跟在后面的是同马贡多人一样的人：他们来自大沼泽另一面，距马贡多只有两天路的市镇，那里的人们每月都能收到信件，能看到造福于人类的机器。

庇拉·特内拉的孩子生下两个星期后被送到了霍塞·阿卡迪奥·布恩地亚家里，因为他不愿意自己的苗裔在外漂泊，这个孩子被取了他父亲同样的名字霍塞·阿卡迪奥，为了避免混淆，大家只叫他阿卡迪奥。

马贡多的繁荣

这时候，外面的文明世界已经迅速占领了马贡多，这里成了一个繁华的市镇。

一个星期天，雷蓓卡来了，她是个十一岁的孤儿，她带来了她父母的遗骨和一封言辞恳切的信，声称她是霍塞·阿卡迪奥·布恩地亚的远房亲戚的孩子，并请求他们照顾这可怜的孤儿。

雷蓓卡开始时是一个健康状态不佳的胆怯的孩子，她父母的骨殖很长一段时间里到处作祟，常常自己在大家意想不到的地方出现，并且像生蛋母鸡似的咯咯咯乱响。更可怕的是，雷蓓卡还有吃土的恶习，她靠吃土来维持生命。但通过乌苏拉的大力教训，她终于变正常了，成了一个能干的讨人喜欢的孩子和霍塞·阿卡迪奥·布恩地亚家的一员。

然而，他们不知道，雷蓓卡已经患上了失眠症！不久，失眠症显示了它可怕的威力，先是霍塞·阿卡迪奥·布恩地亚一家，然后是整个马贡多人都患上了失眠症。一开始，大家都认为没什么，他们夜以继日地干活，然而不久所有的活都干完了。他们变得无聊透了。更可怕的是，随着失眠症而来的是健忘症，他们慢慢地忘掉了日常用品的名字，忘掉了最熟悉的童年往事。不久他们不得不在所有的东西上贴张纸条，上面写了这东西的名称和用途，如在牛身上贴了这样的条子：“这是牛，每天早晨应挤奶以生产牛奶，牛奶应在煮沸后加入咖啡，配制牛奶咖啡。”

然而，他们也知道这一切只是暂时的，他们迟早会连文字的意义也忘掉。

直到有一天，霍塞·阿卡迪奥·布恩地亚家里来了一个衰朽的老人，他从随身携带的装满怪东西的箱子里倒了一些液体给霍塞·阿卡迪奥·布恩地亚喝，霍塞·阿卡迪奥·布恩地亚的记忆豁然开朗，立即认出了老人就是墨尔基阿德斯。

墨尔基阿德斯曾经遭遇过死神，由于不能忍受阴间的寂寞又重返人间，他决定在马贡多定居。这时候，由于他忠实于生活，遭到部落唾弃，并被剥夺了一切超人的神力。他跑到马贡多这个死神尚未光临过的地方来隐居。他在这里建起了一个铜板摄影室，不用说马贡多的人们第一次看到照片时有多么惊奇。

奥雷良诺现在在干银匠活，他技艺高超，工作室就与墨尔基阿德斯的试验室合在一块。

这时候乌苏拉正在振兴着这个家，她靠糖制品买卖挣了不少钱，决定大兴土木，建筑一座马贡多前所未有的大房子。

不久老房子里到处堆满工具，更热闹了，连雷蓓卡的父母的骨殖袋也不失时机地来凑热闹，到处“咯咯咯咯”地跟着工人们，令他们心烦意乱。

有一天，当房屋行将竣工时，马贡多来了一位镇长，他命令村民们将所有房子涂成蓝色而不是他们一向喜欢的白色。

这镇长的出现是马贡多剧变的开始。

革命与马贡多的剧变

奥雷良诺心里开始躁动不安了，因为他看见了镇长如天使一般美丽的小女儿雷梅苔丝。

乌苏拉洁白巨大的房子终于落成了，她用马贡多人从来没有过的各种豪华的东西装备着它，其中包括一架自动钢琴，它能够自己按着乐谱弹奏。为了安装这个新奇玩意，克雷斯庇来了，他是马贡多的姑娘们从来没有见过的最漂亮、最有教养的男子，他还教雷蓓卡和阿玛兰塔跟着钢琴的节拍跳舞。结果，雷蓓卡和阿玛兰塔都爱上了他，爱得如醉如痴。

现在，霍塞・阿卡迪奥・布恩地亚的家里充满了一样新奇的东西——爱情，它像空气一样到处弥漫。

就在年轻人们忙于恋爱时，墨尔基阿德斯正在迅速地走向死亡。他不知年岁，已经衰朽不堪，甚至于死过若干回，但这次他真的死了，死于水中。霍塞・阿卡迪奥・布恩地亚按照他死前的话，在他的尸体旁边烧了三天水银，直到他的尸体上起了紫斑发臭，才以最隆重的仪式安葬。

由于克雷斯庇选择与蕾蓓卡订婚，阿玛兰塔气得发疯，乌苏拉决定带她出去旅行找对象，她们一走，房间顿时空了，墨尔基阿德斯的幽灵便成天在房间里转悠。而霍塞・阿卡迪奥・布恩地亚也进入了一个幻想世界，终于完全疯了，奥雷良诺找了马贡多最强壮的二十个男人才将他制服，捆绑在院子里的栗树下。乌苏拉回来时他已经认不出她来了，她在他头上搭了个棚子，阻隔日晒雨淋。

一个星期天，奥雷良诺与雷梅苔丝举行了婚礼，婚后她立即得到了布恩地亚全家人的热爱，她勤劳、孝顺，充满爱心。来替她主持婚礼的是一个远方来的牧师雷依纳神父，他看到马贡多的人们竟然不施行洗礼，连教堂都没有，大为愤怒，决定在这里兴建一座全世界最大的教堂。为了表现出神的伟力，他在马贡多人面前喝下一杯热巧克力，使自己双脚离地十五厘米。马贡多人被他的神力折服了，纷纷捐款，他的教堂开工了，进展迅速。

克雷斯庇和雷蓓卡原来准备等教堂一完工就举行婚礼，但雷梅苔丝的死却使婚礼无限期地推迟下去了。雷梅苔丝是这样死的：她的内脏像打嗝似的撕裂，一股热乎乎的液汁喷了出来。

这时候在乌苏拉家里，她还是一家之长，但年轻一代已经成长，现在家里最活跃的是三个曾孙辈：他们是阿卡迪奥的三个孩子：俏姑娘雷梅苔丝和一对双生子霍塞·阿卡迪奥第二和奥雷良诺第二。俏姑娘雷梅苔丝的美貌这时候已经远远地传出了沼泽地，成了一种神话，乌苏拉一直害怕这种美貌会带来伤害，从来不允许她在人前露出她的脸来，但一次偶尔的露出已经让所有惊鸿一瞥的男人发疯了！一个最英俊的男人因她而死。然而她心中根本没有爱情的概念。

在狂欢节达到最高潮时，从沼泽地那边来了一队人，抬着轿子，里面坐着一位说多美有多美的女人，他们是赶来参加狂欢节的，美女就是他们的女王。后来她成了奥雷良诺第二的妻子，名叫菲南达。菲南达给奥雷良诺第二生了两个孩子，儿子同他的曾祖父和祖父一样仍叫霍塞·阿卡迪奥，女儿叫雷梅苔丝。

现在有关奥雷良诺·布恩地亚上校的传说已经成了神话，政府想要给他授勋，这事传遍了全国，于是引来了一群特别的人，就是上校的十七个私生子。他们是上校在长期的征战中在各处留下的种子，因为按照当时的风俗，那些母亲总是在夜里把女儿送到最杰出的武士的床上，好让她们的后代更出色。十七个私生子没有经过商量，来自大地的各个角落，却在同一天齐聚到了乌苏拉家，他们的头发肤色个头差别很大，却统统有一个共同的特点，就是脸上那孤独的表情，使人一眼就可以看出他们属于布恩地亚家族。

十七个奥雷良诺们又回来了，这次另一个留了下来，他叫奥雷良诺·森特诺，他跟特里斯特一起干。他有两个神奇的本领：一是有惊人的毁坏本领，无论什么东西一到他手上准会坏掉，二是有同样惊人的制造能力，他将制冰厂的产量大大增加了，远远超过了马贡多的所需。于是他们决定兴建一条铁路，将冰运到外面去卖。

列车与马贡多的再度剧变

列车通车后，大批外乡人涌入马贡多，使马贡多一下子热闹起来，不过使这里发生最大剧变的是一位美国佬，他带来了一列车一列车的人，使马贡多变成了喧嚣的海洋，新屋子像笋子似的长出来，以至于老马贡多人必须在一大早起床时仔细看看，好认清楚街道现在的样子，记住回家的路。

俏姑娘雷梅苔丝有一种能力，几乎能杀死任何对她动念头的男人，那些看到她俏丽得无法形容的男人，脸上总显出一种痛苦的神情，那是一种被美丽征服、无可挽回地征服，愿意或者说无奈地献出自己性命的表情。如果不是后面发生的事，不知道还要死多少个男人。这是三月的一个下午，在花园里，雷梅苔丝抓着一张床单，升上天去了，永远地消失在太空。

因为在香蕉工厂当工头而被菲南达列为不受欢迎人物的霍塞·阿卡迪奥第二这时又回来了，他竟然一直闯进从来不让别人进去的奥雷良诺·布恩地亚上校的房间里，与他秘密地谈了许久，谁也不知道他们谈了什么。现在上校几乎成了一个影子，他饭都在工作间里吃，只有去院子里从前捆绑霍塞·阿卡迪奥·布恩地亚的栗树下方便时才出门，这天，他正要去那里时，听到外面鼓乐齐鸣，正如小时候吉卜赛人来时的样子，他直到大门口，站在看热闹的人群里，马戏团过后，他回到了栗树下，像小鸡似的把头缩进脖子里，前额往栗树一靠就一动不动了，第二天上午家里人才发现奥雷良诺·布恩地亚上校已经死了，政府为上校的死举行了隆重的悼念仪式。

乌苏拉很早以前就已经只能躺在床上了，她宣布她在等着雨停才死去。她的背上爬满了蚂蟥，差点把她的血都吸干。她一辈子最后一次上街是到门口在大雨中看为马尔克斯上校送葬的队伍。在下雨的第三年，她的头脑就不清楚了，有一次竟然伤心地为伊瓜朗的去世哭了整整三天。死者是她的曾祖母，去世已经一个多世纪了。她还颠倒时空，将现在的人与过去的人通通混淆起来，与他们进行超越时空的对话。这使她成了阿玛兰塔·乌苏拉，她是菲南达和奥雷良诺第二最小的女儿和小奥雷良诺，就是梅梅的孩子，最好的玩具。小奥雷良诺是在三岁时从那间屋子里出来的，奥雷良诺第二发现了他并且喜欢这个小外孙。两个孩子是家里唯一不感到痛苦的人了，小奥雷良诺也成了阿玛兰塔·乌苏拉眼中顶好的玩具，他们经常在一块嬉戏，把乌苏拉当成老朽的大洋娃娃，给她披上花花绿绿的破布，涂上胭脂和烟垢，抱着她在家里走来走去。

大雨下过四年十一个月零二天后终于停了，从此这里整整十年没有下雨。这时马贡多差不多完全毁了，香蕉公司和大批外乡人早已撤走，这里只剩下原来土生的马贡多人。奥雷良诺第二又回到了佩特拉·科特那里，看见她浑身长满了绿霉，正准备重做彩票生意，好重整她的家业呢！

乌苏拉死时大概有一百二十岁，参加她葬礼的人不多，因为现在的马贡多已经没几个人记得起她了。这年底，雷蓓卡也终于去世了，她孤零零地躺在床上，头顶光秃秃的，大拇指还放在嘴里，身子蜷得像一只虾。已经累得油尽灯枯的奥雷良诺第二回到了菲南达这里，一个星期后就去世了，这时候他瘦得只剩下了骨头，霍塞·阿卡迪奥第二也死了。他们是同时下葬的，死亡又使他们像出生时一模一样了，连棺材都是一模一样，结果抬棺材的人把两具棺材搞混了，他们埋错了坟。

霍塞·阿卡迪奥一直准备离开马贡多回到意大利去，然而，9月的一天，被他殴打赶走的四个孩子从屋顶冲进来，把他摁在水池里溺死了，并抢走了他剩下的三麻袋金子。

马贡多的末日

12月初，阿玛兰塔·乌苏拉用一根丝带牵着她丈夫加斯东的脖子回到了马贡多。她穿起一套旧亚麻布工装裤，开始收拾屋子。她驱散了已经占据整个走廊的红蚂蚁，救活了玫瑰花，拔除了野草，在栏杆上的花盆里重新种上了欧洲蕨、牛蒡和海棠。她带领一批木匠、锁匠和泥瓦匠，嵌平了地板的裂缝，修复了门和窗框，翻新了家具，里外墙壁粉刷一新。于是，在她回家三个月后，这里又呼吸到了买自动钢琴那个年代的青春和节日的气息。阿玛兰塔·乌苏拉像乌苏拉一样纤瘦、好动而倔强，像俏姑娘雷梅苔丝一样俊俏而风流，与她们不同的是，她是个极富现代感的姑娘，精通欧洲最新的时尚与潮流，准备重新振兴古老的布恩地亚家族。

百无聊赖之际，加斯东便常常去墨尔基阿德斯的房间找奥雷良诺聊天，他惊奇于奥雷良诺的无所不知，他对于加斯东从小生活于之的遥远的欧洲小镇的各种情况都了如指掌，好像他一辈子都生活在那里似的，当加斯东问他怎么知道连百科全书上都没有记载的东西时，奥雷良诺仍然只是回答道：“一切都是可知的。”这时候，除梵文外，奥雷良诺还学会了英语和法语，并懂得希腊语和拉丁语。

自从阿玛兰塔·乌苏拉回来后，奥雷良诺的生活有了变化，他不再成天躲在墨尔基阿德斯的小房间里，有时候也去马贡多的街上走走。这时候的马贡多已经与繁荣时代判若两地了，从前人们大把烧钱的娱乐区如今只剩下一条条高低不平的小巷，寒碜得令人伤心，几盏零落的红灯还亮着，花瓣凋谢的花环装饰着无人光顾的舞厅，形容憔悴、体态臃肿的无主寡妇，法国曾祖母和巴比伦女族长们还在留声机旁等候接客。除了最早移居这里的一位黑人外，奥雷良诺没有遇到任何还记得他们家族的人，甚至连奥雷良诺·布恩地亚上校也早已不为人知了。奥雷良诺只用几个星期就学会了他们难懂的方言与老黑人聊天，老黑人有一个重孙女，是个身材高大的女黑人。这时候，奥雷良诺的心里早已经不平静了，因为阿玛兰塔·乌苏拉两口子没日没夜、不分地点地在家里做爱。使奥雷良诺一分钟也睡不着，浑身像火烧一样。终于，有一天，他手里攥着阿玛兰塔·乌苏拉给他的一点钱，找那个女黑人去了。从这天起他们成了情人，奥雷良诺每天上午读他的羊皮书，下午则到女黑人那里去。

现在的马贡多已经开始走近它的末日了，庇拉·特内拉终于死了，当她的妓女们在埋她的大坑中唱歌时，马贡多的历史陈迹已经在瓦砾堆中腐烂。然而，这一切都没有进入奥雷良诺和阿玛兰塔·乌苏拉的脑海，他们现在完全沉醉在一种迟来的爱情激起的狂热之中。在昏头昏脑的情爱中，一群群蚂蚁在毁坏着花园，它们啃吃着家里的木器，活像岩浆流似的红蚂蚁又一次淹没了长廊，但她不再去驱赶，奥雷良诺也把羊皮纸丢在一边。他们俩失去了现实感，失去了时间概念，失去了日常饮食起居的节奏。一群准备把他俩活吞了的食肉蚁爬过来，才把他俩从梦中惊醒。

阿玛兰塔·乌苏拉已经怀上了他们的孩子，但有一件事令他们烦恼，就是奥雷良诺的身世，从来没有人告诉过奥雷良诺的血缘，就像他从来不知道他的母亲梅梅这个人一样。

一个星期天的下午，孩子生下来了，这是一个强壮、好动的家伙，个头极大，像叫霍塞·阿卡迪奥的，然而那睁大的眼睛和锐利的目光又像叫奥雷良诺的。当他们把他翻过身时，发现他多长了一样东西：屁股上有一条猪尾巴。

阿玛兰塔·乌苏拉产后发生大血崩。他们用蜘蛛网和灰头给她止血，还请来了一个女人念止血咒，但那奔流的血对一切措施都无动于衷，继续奔流，二十四小时后，阿玛兰塔·乌苏拉的血流尽了。

奥雷良诺将孩子放在他们准备好的摇篮里，出门去了，他脑子里一片茫然，漫无目的地在荒凉的镇子里游荡，这时候的镇子已经像昨天产后垂死的阿玛兰塔·乌苏拉了。

当奥雷良诺想起孩子，回到家里时，看到孩子没在摇篮里，当他找到孩子时，发现他已经成了一张肿胀干枯的皮了，全世界的蚂蚁群一起出动，正沿着花园的石子路费力地把他拖到蚁穴中去。在这一瞬间，奥雷良诺突然领悟了墨尔基阿德斯羊皮书上的密码，他发现羊皮纸上的标题完全是按照人的时间与空间排列的：布恩地亚家族的第一人被绑在一棵树上，最后一个人正在被蚂蚁吃掉。

奥雷良诺仿佛醍醐灌顶，在墨尔基阿德斯的羊皮书上写着他的归宿。植物丛、冒着水汽的泥潭、闪光的昆虫已经把人的足迹从房间里完全抹去了，但在这中间，他却看到羊皮书完好无损。雷奥良诺甚至不需要光照，站在黑暗中毫不费力地大声把它们译了出来。这是墨尔基阿德斯提前一百年写就的他的家族的历史，细枝末节无不述及。

奥雷良诺逐字逐句地大声朗读着，读到了阿卡迪奥将被处决的预言，读到了羊皮书上预言一个世界上最美丽的女人的降生，说她的肉体和精神将要飞升，他还看到那对孪生遗腹子的来历。

当奥雷良诺急着想知道自己的来历时，外面起风了，那刚刚吹起的和风中充满了过去的声音。这时候他发现了自己的身世。看到了他好色的外祖父奥雷良诺第二穿越了一片荒野去寻找一个漂亮女人菲南达，但女人没有使他幸福。他又看到了自己在一个昏暗的浴室里，在成群的黄蝴蝶中间被孕育的时刻。奥雷良诺全神贯注地看着，第二阵风吹来他也没有发觉。飓风的力量把门窗都吹脱了，掀掉了走廊的屋顶，拔出了房基。这时候奥雷良诺才发现阿玛兰塔·乌苏拉原来不是他的姐妹，而是他的姑母。

至此，马贡多在《圣经》上记载的那种飓风的狂怒袭击下已经变成了四下抛洒灰尘和瓦砾的可怕旋涡。而奥雷良诺也看到了最后一页，但他还没有看完就已经明白了，他从此再也不会离开这间屋子，因为马贡多这座镜子般的幻影城在奥雷良诺读出全本羊皮书的时刻将被飓风刮走，并将从人们的记忆中完全消失。

魔幻与现实之间

《百年孤独》是魔幻现实主义的代表之作，也是整个现代派文学的经典之一。要理解它首先要理解何谓魔幻现实主义。

“魔幻现实主义”这名字听起来也许有些怪，其实不然，它比一般的现代派文学作品，例如意识流或者象征主义都要好理解一些。所谓魔幻现实主义的含义实际上是两个词——魔幻与现实——的叠加。中心词乃是现实，即魔幻现实主义本质上是一种现实主义，是像狄更斯的《大卫·科波菲尔》或者托尔斯泰的《战争与和平》一样的现实主义，从这个角度上来说魔幻现实主义也是现实主义的作品，这乃是它的本质性的特征。

既然是现实主义，那么它所描绘的当然是现实。不错，正是如此，魔幻现实主义所描述像的乃是它所处的地带即拉丁美洲的现实。而《百年孤独》所描述的则是它的作者加西亚·马尔克斯所在的哥伦比亚的现实。这一点从一个典型的例子，就是《百年孤独》中所描述的属于自由党的奥雷良诺·布恩地亚上校一生发动了三十二次内战，就可以看出来。

然而，《百年孤独》毕竟是现代派文学作品，与西方传统的现实主义还是有着巨大的差别的，这种差别就表现在魔幻现实主义的第二个词“魔幻”之上。

什么是“魔幻”呢？我们可以近似地看作“魔术”与“幻想”两个字的结合。在《百年孤独》中，我们随处可以看到许多许多的超越现实的情节，即这些事情在现实生活中是不可能发生的，它们有些类似于魔术，有些则纯粹是一种头脑里产生的幻想。前者从吉卜赛人来到马贡多，在那里表演文明世界的伟大发明，例如飞毯啦、人蛇啦等等，都可以说是魔术，尤其是后者，现在的魔术师们还玩呢。不过，《百年孤独》中更多的情节则是幻想，这些幻想类似于民间的神话传说。例如俏姑娘雷梅苔丝的升天：

> ……菲南达觉得有一阵发光的微风把床单从她手中吹起，并把它完全展开，阿玛兰塔感到衬裙的花边也在神秘地飘动，她想抓住床单不致掉下去，就在这时，俏姑娘雷梅苔丝开始向上飞升。乌苏拉的眼睛几乎完全看不见了，此时却只有她还能镇静地辨别出这阵无可挽回的闪着光的微风是什么东西。她松开手，让床单随光远去，只见俏姑娘雷梅苔丝在朝她挥手告别。床单令人目眩地扑扇着和她一起飞升，同她一起渐渐离开了布满金龟子和大丽花的天空，穿过了刚过下午四点钟的空间，同她一起永远地消失在太空之中，连人们记忆所及的、飞

得最高的鸟儿也赶不上。

这就是典型的魔幻现实主义的描写场景，不用说，这些作品来自人们头脑中的幻想，当然不一定是作者的，更可能是作者听来的，是在哥伦比亚流传了数百年的民间传说，就像中国古代的嫦娥奔月的传说一样。不同的是，作者在这里不是将它作为民间传说来写，而是当作"事实"来写，好像这是正儿八经发生过的事实，这就使我们在《百年孤独》中读到它时产生一种如梦如幻的感觉与印象。

这些使得《百年孤独》读起来给人一种"超越"的感觉，就是说，觉得《百年孤独》所描述的并不是人间、并不是现实，而是另一个王国，一个幻想中的古老的王国，这些都是在那个王国里所发生的事实。

这也正是《百年孤独》与魔幻现实主义的优越之处。